教育部人文社会科学重点研究基地
中国人民大学刑事法律科学研究中心　　系列丛书
中国人民大学网络犯罪与安全研究中心

*Cyber Crime and Security*（*2019*）

# 网络犯罪与安全

## （2019）

谢望原 / 主编

知识产权出版社
全国百佳图书出版单位
—北京—

**图书在版编目（CIP）数据**

网络犯罪与安全. 2019 / 谢望原主编. —北京：知识产权出版社，2020. 12
ISBN 978-7-5130-7359-2

Ⅰ. ①网… Ⅱ. ①谢… Ⅲ. ①互联网络—计算机犯罪—研究—中国 Ⅳ. ①D924. 364

中国版本图书馆 CIP 数据核字（2020）第 260957 号

**责任编辑：** 彭小华　　**责任校对：** 潘凤越
**封面设计：** 刘　伟　　**责任印制：** 孙婷婷

**网络犯罪与安全（2019）**
主编　谢望原

出版发行：知识产权出版社有限责任公司　　网　　址：http://www. ipph. cn
社　　址：北京市海淀区气象路 50 号院　　邮　　编：100081
责编电话：010-82000860 转 8115　　责编邮箱：huapxh@ sina. com
发行电话：010-82000860 转 8101/8102　　发行传真：010-82000893/82005070/82000270
印　　刷：北京九州迅驰传媒文化有限公司　　经　　销：各大网上书店、新华书店及相关专业书店
开　　本：720mm×1000mm　1/16　　印　　张：14. 75
版　　次：2020 年 12 月第 1 版　　印　　次：2020 年 12 月第 1 次印刷
字　　数：295 千字　　定　　价：68. 00 元
ISBN 978-7-5130-7359-2

# 目　录
CONTENTS

# 互联网金融犯罪的刑事规制路径探究

## ——以金融创新背景下的刑法谦抑性为视角

胡　江　刘宛春*

**摘　要：** 互联网金融兴起的同时伴随着一系列刑法问题的出现，对于互联网金融犯罪，刑事规制方面存在着大量罪名，因而使互联网金融行为面临各种入罪风险，这对互联网金融行业的发展产生了不利影响。现有的刑法规制则存在刑法滞后性与金融行业时代性的冲突、行政法规不完善而刑法作用时间点提前以及固化解释导致犯罪圈可能不当扩大等问题。考虑到鼓励金融创新等原因，采用谦抑性的刑法规制路径有利于金融行业发展及控制犯罪圈的不当扩张。为此，可以通过构建谦抑性解释体系、重视行为实质危害性的认定以及分类型进行规制等方式实现谦抑性规制的目标。

**关键词：** 互联网金融；金融犯罪；刑事规制；刑法谦抑性

互联网金融，是指在以互联网为代表的现代信息科技——包括移动支付、社交网络、搜索引擎和云计算等——的基础上建立起的一种既不同于商业银行间接融资、也不同于资本市场直接融资的第三种金融融资模式，是一种能通过提高资源配置效率、降低交易成本来促进经济增长，进而产生巨大社会效益的新兴领域。① 作为一种新兴的金融模式，互联网金融在飞速发展的同时也带来了许多刑法问题。与传统犯罪不同，互联网金融犯罪涉及的相关罪名多样且复杂，刑事规制法网密集而束缚性极大。此时，选择适当的规制方向或者路径就显得非常急切和重要。在金融创新的背景下，选取谦抑性规制路径既能保持互联网金融行业发展的动力，又能起到良好的行业引导作用。

---

* 胡江，西南政法大学法学院副教授、硕士研究生导师，法学博士。刘宛春，西南政法大学毒品犯罪与对策研究中心研究人员，刑法专业硕士研究生。

① 参见谢平、邹传伟：“互联网金融模式研究”，载《金融研究》2012 年第 12 期。

## 一、互联网金融犯罪刑事规制的现状考察

### （一）易涉罪名类型化考察

互联网金融犯罪并非刑法分则规定的类罪名，故对其进行刑事规制认定的罪名分处不同的类罪中，跨度较大，类型较多，不仅有典型的互联网金融行业犯罪，还有大量其他非金融行业的犯罪。

1. 违法违规类犯罪

违法违规类犯罪，也可以等同为互联网金融犯罪中的行政犯，是指由于实施了违反行政法律法规的行为而导致触犯刑法的犯罪。具体的易涉罪名包括：擅自设立金融机构罪，非法吸收公众存款罪，非法经营罪，擅自发行股票、债券罪，违规披露、不披露重要信息罪等多个罪名，集中于《中华人民共和国刑法》（以下简称《刑法》）第三章第三节“妨害对公司、企业的管理秩序罪”和第四节“破坏金融管理秩序罪”中。该类犯罪的特点包括：第一，存在前置性的行政法律法规，包括《中华人民共和国公司法》（以下简称《公司法》）、《中华人民共和国证券法》（以下简称《证券法》）等法律，以及《征信业管理条例》《非金融机构支付服务管理条例》等行政法规，金融行业的特殊性衍生了大量的行政法律法规，而这些行政法律法规都可能成为金融行为入罪时借鉴的依据；第二，在刑法条文中一般表述为“未经……批准”“非法”“擅自”等词语，例如，擅自发行股票、公司、企业债券罪，其成立前提是“未经国家有关主管部门批准”，体现该种刑法禁止行为属于一种违规操作；第三，行为危害的多是金融管理秩序，例如，擅自设立金融机构罪，就是指未经国家有关主管部门批准，擅自设立商业银行、证券交易所、期货交易所、证券公司、期货经纪公司、保险公司或者其他金融机构的行为，其所侵害的个人法益并不明显，可以确认的法益只有国家对于金融行业的管理秩序；第四，该类犯罪的形成机制中不乏行业束缚的原因，过多的法律法规及程序制度造成了行业的禁锢，而互联网金融行业最大的特征就是时代性和创新性，各种发展行为都要在密集的行业“束缚网”的边缘冲撞，一不小心就会违规，进而形成犯罪。

2. 侵权类犯罪

侵权类犯罪主要是指针对财产和信息的侵权行为所构成的犯罪，包含“金融诈骗罪”一节中的所有罪名，以及在金融活动或者其他金融犯罪中伴随的侵犯公民个人信息罪等罪名。该类罪名的特点如下：第一，除了侵犯公民个人信息罪等少数罪名外，大多数犯罪本身即具有当然反社会和反道义的性质，无须以行政法律法规为入罪前提，可以划进自然犯范畴；第二，有明确侵犯的公民个人利益，主要是公民的财产安全和信息安全；第三，不是互联网金融特有的犯罪，在

其他金融行为、互联网行为甚至其他行业外行为中都会广泛触及此类罪名；第四，其形成原因多是由于大数据背景和互联网发展，金融行业只是其犯罪行为借助的实施渠道，或者是犯罪行为附带涉及金融行业。

3. 职务经济犯罪

职务经济犯罪主要是指行业相关人员利用职务便利谋取个人经济利益的犯罪，主要包括挪用资金罪、职务侵占罪等罪名。在互联网金融行业，第三方支付平台、P2P① 网贷平台等，在运作过程中都会存在资金沉淀，而且会有自有资金和客户资金存管界限不明晰的问题，管理人员的自主性较大，极易出现挪用客户资金的问题。例如，天使计划、优易贷等公司在挪用大量客户资金，投资失败后引发挤兑造成资金链的断裂，导致公司倒闭，严重侵害了投资人的利益。② 职务经济犯罪在其他行业中也存在，但是基于互联网行为的技术性和易隐藏性，以及金融行业本身的资金数额庞大等原因，职务经济犯罪在互联网金融行业较为多发，且社会影响力较大，最终造成的社会危害也较大。

4. 洗钱罪

洗钱罪是一种比较特殊的犯罪，其目的是掩饰、隐瞒上游犯罪所得及其收益的来源和性质，行为特征就是有大量的现金流加上复杂的数据操作，而互联网和金融的结合恰好形成了洗钱行为最好的温床，“犯罪分子利用互联网金融平台只重资金用途、不对资金来源进行严格审查和核实的便利条件进行洗钱。第三方支付平台、P2P、众筹等模式存在交易匿名性、隐蔽性的问题，也为犯罪分子洗钱犯罪提供了便利条件”。③ 例如，行为人将赃款兑换成虚拟货币，再通过专业网站换回实际货币，最终达到洗钱的目的；还有以投资的形式将大额犯罪所得收益通过分散购买或后台操作的形式转化为游戏的虚拟币，演变为合法收益等。

（二）入罪刑事风险类型化考察

在现有刑法大量罪名的规制之下，互联网金融行业面临的刑事风险自然也比较大。

1. 越线风险

金融行业专业性强，社会影响力较大，国家对其管控比较严格，不仅对于金融行业制定了“可为不可为”的实体规范，同时对于“可为”的金融行为也制定了严格的程序性规范。这些都阻碍着我国金融业的发展。

首先，金融立法的复杂性及严格性成了阻碍互联网金融行业发展的绊脚石。

---

① P2P 是 peer to peer 的缩写，指的是个体对个体通过互联网实现的直接借贷。

② 参见蓝之瀚、曹凤：“大数据时代互联网金融犯罪特点及防控体系构建”，载《江苏警官学院学报》2017 年第 6 期。

③ 刘伟丽：“互联网金融环境下我国洗钱犯罪的惩治与预防”，载《法学杂志》2017 年第 8 期。

“一些金融立法制定于改革开放初期，深受计划经济思维的影响，有些法律、法规已经不能适应金融业发展的需求”。[①] 这是法律法规的滞后性与行业发展时代性、创新性的碰撞，也是借此完善互联网金融法律法规的契机。

其次，金融领域法律法规的明确性较低，对于新兴的互联网金融行为，只能依靠执法者的自由裁量认定其是否违法或违规，相对来说也就增加了行为人违法违规的风险。

最后，金融行业涉及的犯罪多为法定犯，类似于“未经……批准”“非法”“擅自”等词语出现频率颇高，表明其成立前提是由其他金融法规规定了特定行为的实施标准和程序，触犯该类犯罪的行为多为违规操作行为，也就是建立在前面所介绍的两种情况之上的。

以上几种情况导致的风险单纯是基于越过金融秩序维稳划定的固态管控界限产生的，本文将此类越过管控界限导致的遭受刑事处罚的风险划为“越线风险”。

2. 裁量风险

裁量风险指向司法认定中的入罪可能性，其来源可能是规定模糊、解释偏差、行刑衔接不力和司法人员知识局限等。

（1）忽视对于社会危害性的实质认定。社会危害性是犯罪的基本特征之一。但社会危害性通常被运用于立法过程中，立法者将具有严重危害性的行为作为犯罪规定进刑法中，而在具体司法认定的过程中，往往只根据刑事违法性判断是否定罪，根据应受刑罚处罚性判断是否处刑。但是，因为牵扯犯罪的本质认定，忽视对于实质社会危害性的判断将成为裁量风险中最严重的风险。

（2）概括性规定的纳入性解释。互联网金融行为实质上还是一种金融行为，刑法对于金融行为的规定都可以适用于新型的互联网金融行为，因此司法人员很容易将新型的行为解释进固有的构成要件中，这是一种明显不合理的裁量风险。

（3）行政机关违法认定意见的地位不明。“法定犯的构成前提是行为人违反了国家规定，包括全国人民代表大会及其常务委员会制定的法律，国务院制定的行政法规、规定的行政措施、发布的决定和命令”。[②] 金融犯罪大多是法定犯，基于司法人员掌握金融知识的局限性等原因，对于许多金融犯罪的认定都要以行政机关的违法认定为前提。但是，行政机关出具的违法意见是否能够作为刑事案件认定的直接证据，并没有明确的法律规定。而理论上对此也存在三种不同的观

---

① 吴羽：“金融犯罪的特点、原因与对策”，载《大连海事大学学报》（社会科学版）2018 年第 4 期。

② 毛玲玲：《金融犯罪的实证研究——金融领域的刑法规范与司法制度反思》，法律出版社 2014 年版，第 117 页。

点：第一种认为可以作为直接证据采纳；第二种认为只能作为参考意见；第三种认为给予该种意见在刑事诉讼中相当于公文书证的地位。[①] 互联网金融领域则同时涉及金融行业和互联网行业两大领域的知识，更为专业和复杂，因此，行政机关作出的违法意见对于刑事裁量显得更加重要，其地位的不明确无疑使得某些特定的互联网金融行为在罪与非罪之间摇摆不定。

3. 异化风险

异化风险是指互联网金融行为本身可能合法合规，但在进行过程中会被其他犯罪行为利用，进而异化发展。例如，借助众筹的形式实施违法犯罪行为并通过伪装使司法机关不易察觉犯罪事实的存在；或者行为人虽然开展的是真实的众筹活动，但是在开展的过程中却实施了违法犯罪行为。[②]

互联网金融的异化刑事风险主要涉及三类罪名：一是诈骗、盗窃类，包括诈骗罪、盗窃罪、集资诈骗罪、合同诈骗罪等；二是挪用侵占类，包括挪用资金罪、职务侵占罪、侵占罪等；三是洗钱罪，主要是将金融行为作为掩盖其真实资金来源和走向的手段。

异化的风险可能在每个行业中都存在。刑法规定具有一定的概括性，符合构成要件即可能构成犯罪，但不会规定具体手段，并不必然涉及特定的行业。因此异化的风险是一种普遍化的风险，可以说是一种正常现象。这种风险的特点在于：属于行为人主观选择的风险，完全属于其可控的范围之内，对其进行严格追责具有正当性。

## 二、互联网金融犯罪刑法规制的问题分析

### （一）金融发展迅速，刑法滞后性明显

互联网金融行为是具有创新性、时代性的有益于经济发展的行为。互联网金融的发展方向是要服务于小微企业，而中小企业融资难是我国长久存在的难题。受这一现实情况的影响，类似于P2P网贷和众筹等互联网金融融资方式的出现和发展，在很大程度上促进了金融创新和金融资源的合理配置。[③] 互联网通过对交易对象、交易方式、金融机构、金融市场以及制度与调控机制等要素进行重塑，使得传统金融业透明度更强、参与度更高、协作性更好、中间成本更低、操作方法更便捷。这样一种“互联网 +”的发展模式，开放性更高、市场化程度更高，

---

① 参见毛玲玲：《金融犯罪的实证研究——金融领域的刑法规范与司法制度反思》，法律出版社2014年版，第118页。

② 参见刘宪权：“互联网金融股权众筹行为刑法规制论”，载《法商研究》2015年第6期。

③ 参见王良顺、杨成：“互联网金融下融资犯罪与法律规制——以P2P网贷和众筹为视角”，载《山东警察学院学报》2016年第4期。

符合时代的发展方向，符合行业的发展要求，但却受到刑法滞后性规定的制约。

刑法的滞后性与金融行业发展要求之间的冲突主要表现为两种：一种是刑法规定上的冲突，例如，对于非法集资的定性不准确、处理手段不符合法律逻辑，相关的司法解释也没有为合法的公众集资预留生存空间。[①] 另一种是司法认定上的冲突，例如，擅自设立金融机构罪将“未经国家有关主管部门批准”作为入罪条件，而设立金融机构的准入标准非常高，新兴金融模式很容易被认定为属于设立金融机构，符合犯罪构成中“未经国家有关主管部门批准”这一条件，而在刑事司法认定中，通常只审查是否经过批准，而不会考虑互联网金融发展的时代性要求。

### （二）行政规制不完善，刑法发挥作用的时间点提前

刑法对于金融犯罪的立法态度是积极的，但是有关金融犯罪的立法在顺序上存在颠倒问题，刑法中所规定的金融犯罪理应以有关行政或民事经济法律的规定为前提，然而在很多情况下，刑事立法却走在行政或民事经济立法的前面[②]，将原本可以用非刑事法律手段规定的行为按照犯罪处理。例如，对于破坏金融秩序类罪名的适用，必须考虑到其维护金融管理秩序的法益特征，对于互联网金融领域中所发生的一些行为，虽然在形式上符合了刑法关于具体罪名构成要件的规定，但从实质上看并不具有严重法益侵害性，甚至从长远来看是有利于社会经济发展的，对于这些行为，如果直接进行刑法规制，那么不仅会制约社会经济的发展，也会使得刑法出现不当扩张的结果。对于互联网金融行为这种新型的形为，目前的处理方式通常是在行政法规不完善、不明晰时，直接动用刑法去压制，使得互联网金融行为不得不为法律法规的不完善而“买单”。

国家对金融行为的管控比较严格，有关的行政法规非常多，但互联网金融行为的出现也明显反映了其中存在的诸多问题。当前，行政法规并不完善，且未能与时俱进，在这种情况下，轻易动用刑法介入并不合适，国家应当有责任先将这个行业引入正轨，才能说明某种情况是“越轨”的，从而动用刑法去规制它。刑法规制的时间点过于提前，刑法发挥作用的时间不合理必然会使市场主体在进行市场创新时望而却步或畏首畏尾。

### （三）固化的解释思维，扩大了入罪的行为范围

常见的犯罪圈扩张大多来自于立法和司法解释对于某种犯罪的范围划定进行扩张，但互联网金融的发展还体现出另一种方式的犯罪圈扩张模式。这种扩张来自于对罪刑法定原则的僵化理解，或者说对于罪刑法定原则的机械教条式的尊

① 参见梁清华：“我国众筹的法律困境及解决思路”，载《学术研究》2014年第9期。

② 参见刘宪权：《金融犯罪刑法学原理》，上海人民出版社2017年版，第61页。

祟，不结合犯罪的本质特征去理解和运用罪刑法定原则，也不会进行时代化、具体化的考虑，而是“顺理成章”地将新兴事物根据刑法规定的要件去解释和对应，导致新兴事物在未显现其重要性和独特性时便进入了刑法禁止的犯罪圈。这种固化的解释不仅是指对刑法规范本身的解释，还包括对相关前提性行政法规的解释。

以股权众筹网站为例，股权众筹网站向有资金需求的项目发起人以筹集资金之名而行股票转让之实，并按照一定比例收取服务费用，而且其形式上具有长期存在的特征。依照固化的解释思维，这种新型的平台可类比于证券交易机构，那么股权众筹网站将涉嫌违法设立金融机构。虽然目前并没有法律或司法解释对此予以明确规定，但对于股权众筹的讨论已经明显体现出该种倾向性。但是，众筹行为作为一种新兴事物，其法律概念、法律性质都处于模糊状态，众筹网站的机构性质也“并未纳入法律规制的范围之内，如果贸然进行刑法责难，将会破坏法律的整体性和稳定性”①。此种固化解释会使新兴事物的独特性、重要性、时代性淹没在刑罚的严苛之下，同时刑法在介入经济生活时如此“一锤定音”的武断方式，也不利于其他相关行政、经济法规的发展和新金融市场的形成与发展。

## 三、互联网金融犯罪刑事规制的立场选择

“互联网金融的诞生顺应了网络营销、网络消费的大趋势，对此不能一味地‘堵’，而应妥适地‘引’”②。因未适当引导新事物招致社会风险，而简单粗暴地以刑法去打击和抑制是不可取的，我们应当从金融市场本身的特殊性出发，结合刑法的特质，寻求刑法介入金融犯罪的合理限度。因此，在规制互联网金融犯罪时应当保持刑法的谦抑性，起到“引”的良好效果。

### （一）谦抑性规制的内涵

刑法的谦抑性是指刑法应当谦和、抑制，若是可以不用刑法就能实现维护社会秩序的目的，就不必动用刑法，只有在不得不用的必要场合才可动用刑法。刑法谦抑性强调的是避免在不必要时动用刑法，避免不必要地过度使用刑罚，不使国家刑罚权过多地去干预已经形成、存在甚至发展中的社会关系。

而在对互联网金融犯罪的刑事规制中，谦抑性的刑法规制路径要求以社会治理为基本目标，以推动金融行业、互联网行业的健康、快速发展为最终目的，在有规制必要性的范围内、适用刑法，发挥其引导、把关的优势，注重社会问题的解决和社会的科学健康发展，而不是单纯以严苛刑罚的威慑力使个人或行业畏缩

① 王林：“‘互联网＋众筹’的立法考量——从刑法角度出发”，载《哈尔滨学院学报》2017年第8期。

② 刘宪权：“论互联网金融刑法规制的‘两面性’”，载《法学家》2014年第5期。

不前。

（二）谦抑性规制的优势

1. 支持金融行业创新发展

我国对金融行业实行严格的管制，国家权力几乎垄断了金融资源配置，而当前金融创新程度较低，投资渠道单一，导致社会资金供需矛盾不断扩大。[①] “经济社会的创新需要自由的社会环境，只有自由，每个人才可以做自己擅长之事，在分工中发挥自己的优势”。[②] 对这种创新的限制在刑法中主要体现在对于经济领域的管控。对既有经济秩序确实应该保护，但若是过分强调对其的保护，经济创新行为就极易受到否定性评价，主体的创新动力将会衰退，就会形成对经济社会发展源动力的扼杀。尤其是刑法的否定性评价对于相关主体的打击几乎是毁灭性的，并且其还附带很多行业领域的限制，对于有创新能力的主体来说其将再无用武之地。

互联网金融犯罪的刑法走谦抑性规制方向，对于金融行业的创新发展是一种鼓励和支持。首先其能够明晰刑事政策，即国家鼓励创新行为，鼓励自主创业，认同金融创新对于经济发展的正面贡献，从而增加行业创新者的积极性和自信心，而不用小心翼翼地试探法律的模糊边界。其次其能够促进行政和刑事实体法律的放宽。行政准入标准的降低可以适应中小微企业的发展，使之不会因为没有雄厚的实力而放弃创新发展的机会。此外，这也为个人踏入金融圈提供了可能性，实现个人对个人的金融合作的可能性（最有代表性的就是 P2P 的金融模式）。刑事审查标准则应以行政标准为基准进一步放宽，加上明确严重社会危害性的判断标准，以达到行刑界限的明晰，避免以刑事手段处理行政问题。最后其能够促进程序法的偏向性建构。侧重监管而非审批，降低门槛而在过程中设置“监控”，引入市场自由淘汰的有序规制，使得市场经济充分发挥作用，鼓励自由而有序的行业出入机制。

2. 保持金融监管的正当性

“一般认为，金融市场的功能在于通过构建直接融资和间接融资的桥梁，帮助资金从无生产性用途的人手中转移到有生产性用途的人手中，促进社会资本流通，提高经济效益”[③]。金融监管的根本目标是缓和信息不对称，适时调整措施

① 参见杨兴培、朱可人：“论民间融资行为的刑法应对与出入罪标准”，载《东方法学》2012 年第 4 期。

② 何荣功：“社会治理‘过度刑法化’的法哲学批判”，载《中外法学》2015 年第 2 期。

③ 安曦萌：《金融犯罪的刑法治理——以刑法谦抑为视角》，北京大学出版社 2017 年版，第 84 页。

抑制逆向选择和道德风险的发生，刑法在其中所起的作用应该是防止金融危机发生、维护金融秩序，最终保障金融安全，而不是控制资本流通，抑制金融创新，阻碍市场发展。

金融市场的创新是符合社会发展规律和时代特征的。从20世纪90年代末开始，利用金融创新解决社会经济和金融问题，成为一些新兴市场经济国家和发展中国家管理宏观经济的重要手段。[①] 而在互联网金融蓬勃发展的当代社会，出现了法律规定同产业生产的激烈冲突，“法律承载的使命是能动性地回应社会关系的发展，并积极主动地对原有社会关系与新社会关系从规则价值取向上进行理性的疏通，从而因应社会规律的客观要求”。[②] 既然金融的创新发展是社会发展的客观规律，金融监管制度必然要适应其发展，才能够保持金融监管的正当性。因此，作为最严厉的刑法，在适应金融创新发展的时代要求下，既不能舍弃规制而放任自流，也不能过于严苛而阻碍发展，因而谦抑性的刑法规制路径自然是良好的选择。

3. 控制刑法的过度使用

如前所述，互联网金融领域的刑事扩张原因之一是对新兴事物不加甄别地解释进犯罪圈内，如此草率地运用刑法，无疑是一种过度的利用，不仅不利于金融行业的发展，更不利于保持刑法的地位以及刑罚的作用力。“刑法的过度运用，正如死刑的滥用一样，会导致人民心灵麻木、耻感递减，对刑罚的感受力日益减弱，最终导致刑至无刑。”[③] 采用谦抑性的规制路径可从立法和司法两方面对于刑法的过度使用进行控制。

第一，谦抑性的立法，要求刑法调整的行为必须具有严重的社会危害性，对于有利于社会创新和经济发展的行为，不应纳入刑法规制的范围。对需要进行规制的行为，则可以采用行政法规对其进行引导和规制。

第二，谦抑性的司法要求除非刑法规定清晰明确，否则不能将某个行为解释为犯罪，同时，谦抑的刑法解释也要求在坚持罪刑法定的同时应当考虑时代发展和行为的实质危害。例如，刑法及司法解释对非法集资罪中的“不特定对象”的界定非常模糊，在股权众筹中一些平台会采用审核会员资格、搭建合格投资者

---

① 参见尹龙：“金融创新理论的发展与金融监管体制演进”，载《金融研究》2005年第3期。

② 黎四奇：“对我国民间金融何处去问题之法律思考”，载《云梦学刊》2007年第4期。

③ 刘艳红：“当下中国刑事立法应当如何谦抑？——以恶意欠薪行为入罪为例之批判性分析”，载《环球法律评论》2012年第2期。

社区的方式去控制对象的“特定化”，但仍然难以避免受到刑事追责。①

## 四、互联网金融犯罪刑事规制的具体路径

### （一）防止入罪解释泛化，构建谦抑性解释体系

#### 1. 对新兴概念及模糊性概念进行定义

刑法要与时俱进，必须跟上新生事物的脚步，对于新兴的概念必须及时进行内涵解读及外延划定，以避免概念泛化，造成新兴事物被过度纳入犯罪圈。目前刑法中的模糊性概念非常多，如果不对其进行明晰，传统金融犯罪的很多问题仍然没有解决的可能性。因此，概念的明确是首要问题，但考虑到刑法必然要维持一定的稳定性，频繁的刑事司法解释似乎也并不现实，故本文提出以下建议。

首先，刑法要求处罚的行为的基本概念必须由刑事司法解释进行确定，可采用“类型描述＋列举界定”方式对基本概念的范围进行划定，并且明确规定新生事物如不属于所规定类型或与列举的形式不同，即不可类推解释；但即使符合此种类型，如没有严重社会危害性，亦应排除出罪。其次，对于基本概念的下位概念的认定，可直接规定认定该概念所参照的相关法规，可分类型规定参照不同的相关行政、经济法规。同时应该明确若行政、经济法规无明确规定时，则该概念也不能类推至刑法中适用，因此，该解释必然建立在更新和完善行政、经济法规的基础上，从而倒逼相关法规的制定及完善，因而刑法可因所参照法规的更新和完善相应地得到更新完善。最后，对于前两步已经确认的概念，因时代发展而更新的，应当认可司法人员有依据地进行出罪式解释的自由裁量权，但依照罪刑法定原则及刑法谦抑原则，进行入罪式解释则至少应当依照明确的行政、经济法规的规定进行。

#### 2. 对是否行政前置进行明晰

对于互联网金融犯罪来说，存在两种行政意见，二行政违法认定意见，另一是专业性参考意见。行政违法认定意见是针对行为的违法性问题所做的认定，而专业性参考意见则是只针对互联网或金融行业的专业知识问题进行的一种分析解答。

首先，要对于规定是否需要行政法规前置进行明晰，即认定一种行为是否需要参考甚至依照行政法规。其次，要对于是否需要行政程序认定前置进行明晰，即在定罪前是否需要经过行政违法认定，以及对行政违法认定意见的地位进行明晰，即行政违法认定意见是作为刑事证据使用还是只能参照适用，同时也应当对

① 参见莫洪宪、刘芷含：“互联网股权众筹的刑事风险防范及规制”，载《广西大学学报》（哲学社会科学版）2018年第2期。

专业性参考意见的地位进行明晰。最后，应当对所依仗的机构及依据的流程进行规定，以避免责任的互相推诿。

笔者主张，对于互联网金融犯罪中的法定犯，必须要有行政法规前置和行政违法认定前置，这是法定犯的应有之义。对于行政违法意见，可以将其作为一种刑事证据使用，因为行政违法认定是行政机关的职责，代表着一种国家公权力的认可，因此只要其本身符合法律及程序，就可以作为法定证据甚至是效力颇高的证据被使用。而专业性参考意见则不是行政机关处理公务的行为，不能作为证据使用，只能作为佐证加以参考。

3. 对模糊性金融行为进行出罪解释

该部分是从司法理念层面提出的，因为模糊性金融行为本身就很难定义，也很容易被解释成应受刑法处罚的行为，因此对模糊性金融行为进行出罪是一种原则而非具体措施，是防止泛化入罪解释泛化的保障，是刑法谦抑性的应有之义。只有司法人员建立谦抑性的刑法观念，对于刑法规定不明确的行为不轻易作出入罪解释，才能真正保障前述解释体系的实际有效施行。

（二）重视实质危害性，对新型问题进行实质危害性审查

传统刑法调整的行为往往具有一定的稳定性，不大容易随着时代发展而出现难以分辨和认定的情况，且符合构成要件的行为一般都具有实质的严重社会危害性。而互联网金融行为发展过于迅速，时代性极强，是否具有实质危害性并不能因行为近似而予以认定，因此新型行为本身应当经过社会危害性和构成要件符合性双重考量，才能确认是否能够纳入刑法调整。从谦抑性规制的角度，为避免犯罪圈的不当扩大，本文提出适用于司法认定的以下考量因素。

第一，对于符合构成要件而不具有严重社会危害性的行为进行出罪。该条的适用是对刑法总则规定的犯罪本质的应有之义进行的解释，根据《刑法》第13条“但书”的规定，构成要件并非认定犯罪的唯一依据，“危害不大”是反向的犯罪定义，即要求构成犯罪至少是“危害大”的行为，刑法理论中称为“严重社会危害性”。与此相应，对于一个形式上已经符合构成要件的行为，如果从实质上判断不具有危害性或属于“情节显著轻微危害不大”的情形，则应该作出罪化处理。

第二，对于符合构成要件而是否具有社会危害性不能断定的进行无罪推定。无罪推定在刑事领域多体现于在司法认定中事实不清、证据不足时进行有利于被告人的处断，此处所说“社会危害性”应当是事实层面的存疑，既然社会危害性判断仍然存疑，就应当对其进行无罪处断。

第三，对于符合构成要件、具有严重社会危害性，但是属于非故意犯罪且实质未造成较大危害的金融行为从轻处断。符合构成要件且具有严重社会危害性的

行为，根据罪刑法定原则，必然要作为犯罪处理，即使遵照刑法谦抑性原则也不能主张对其进行出罪，但非故意犯罪行为的危害性有限，如果未造成实质性的较大危害，对其从轻处理本身是符合刑法处理原则的。因此，根据谦抑性原则，应当对互联网金融领域中的行为作实质性判断，对行为的危害性不大但具有创新精神、能够推动市场发展的人以改过自新的机会，在法律认定上给予从轻处理。

（三）类型化规制，防止“一刀切”的入罪模式

互联网金融犯罪大多可以分为法定犯和自然犯两种类型，这两种类型无论是刑法规制的法理依据或者规制方式都有极大的不同。根据刑法谦抑性原则，对于法定犯不应采用同自然犯一样严苛的规制方式，并且进行类型化规制有利于实现最优的治理效果。

1. 法定犯：先行后刑双层次路径

法定犯设置的目的不同于自然犯，其更加强调行为人在完成符合社会发展和人类利益的行为时应当按照既定的路线和方式去进行，使他们能够尽全力履行公共健康、安全或道德的义务。相较于刑罚，完善的指引方案和示警或教育式的惩罚或许更为有效，因此行政法规和行政处罚具有更为凸显的地位，行政前置是法定犯认定的应有之义，只有行政法规难以奏效时，才能动用刑法，若未经行政处罚的前置性规制，则不应直接动用刑法规制。

所以，对互联网金融犯罪中的法定犯应当坚持行政法规先行，可以采用先行后刑的双层次规制路径。首先，规定准入、审批、程序等行政法规，同时规定相应的行政处罚手段。其次，可在行政法规中规定，违背行政法规后仍继续实施违规行为的，是继续使用行政法还是采用刑法介入。最后，在刑法中或刑法解释中明晰法定犯必须经过一次以上行政处罚才可定罪处刑。

2. 自然犯：“行政作审刑法作罚”链条式路径

自然犯本身即具有严重的违反道义性，不是基于它扰乱了社会秩序或者蔑视其他法律而被处罚，因此直接使用刑法进行规制具有合理性。问题在于金融行业和互联网行业都涉及专业化知识，且对其是否触犯刑法往往需要互联网金融知识、行政知识和法律知识的三重判断。故对于自然犯虽然可以直接动用刑法加以规制，但为了公正有效地实施，必须辅以行政审查手段进行判断。

为此，可以构建“行政作审刑法作罚”的链条式规制路径。首先，可以确认行政违法认定意见可直接作为刑事诉讼证据使用，控辩双方均可提起行政违法认定的审查，设置相应行政机关协助司法机关认定违法与否的程序；其次，可以搭建专业性问题“行政—司法”协作审查桥梁，先由行政机关审查专业问题，作出意见反馈，再由司法机关参考意见进行司法认定，建立即时的沟通机制。由于类型化规制中涉及行刑双重审查判断，当事人面对行政机关、检察机关及审判

机关三方压力，处于弱势地位，对当事人的权益保障不可忽视，因此，还应当建立即时的信息公开及三方沟通机制，重视流程透明，保障当事人的知情权及辩护权。

## 五、结语

在当前金融创新的大背景下，谦抑性的刑事规制路径对于互联网金融这种新兴的具有时代性、创新性、发展性的事物具有极大的积极意义。一方面，对于具有严重社会危害的行为应当予以犯罪化处理；另一方面，在进行刑事规制时，应当保持刑法的谦抑性，注重刑法与民法、行政法等法律部门的衔接，从而为互联网金融发展营造宽松的法治环境。总之，选择谦抑性的规制路径，根据互联网金融的特殊性而采取有针对性的规制措施，才能起到对行业发展的良好的引导作用，才符合金融行业监管的本来目的。

# 利用比特币洗钱犯罪的刑事治理

时延安　王熠珏*

**摘　要**：利用比特币（Bitcoin，BTC）洗钱犯罪的治理，首先要明确认识其洗钱风险和洗钱模式。目前非金融机构领域是我国反洗钱监管的短板，反洗钱内控机制的缺失和反洗钱义务的模糊是放大利用比特币交易平台洗钱风险的主要原因。为预防和惩治利用比特币洗钱犯罪，须合理把握反洗钱规制与刑事惩罚之间的关系，并从犯罪协作角度理解其中的犯罪产业链现象，同时有必要以《刑法》第312条为洗钱犯罪的普通法条，第191条和第349条为特殊法条的思路，来辨明我国洗钱罪名之间的逻辑关系。

**关键词**：比特币；虚拟货币；反洗钱；刑法治理

## 一、引言

时下互联网金融、金融科技已经不再是新鲜事物，虽然其诞生不过短短几年。互联网金融的出现，为活跃金融市场、扩宽融资渠道，无疑提供了更为多元多样的形式，但由于对互联网金融的运行模式缺乏足够的认识，对互联网金融活动的风险估计不足，在过去几年里，由此带来的问题可谓层出不穷。反思五六年前互联网实质性金融刚起步阶段，[①] 很多研究者（包括一些金融法研究者）以相当乐观的态度迎接各种形式的"金融创新"，却极大忽视了其本身具有的极大风险，可以说，一段时间中集中出现"P2P"非法集资现象即与当时过于宽松的治理模式有关，而当这些问题集中出现后，刑事司法比较被动地要去解决复杂的案件处理问题。

互联网金融发展的逻辑似乎是不断摆脱政府监管，最明显的例子就是数字货

---

* 时延安，中国人民大学刑事法律科学研究中心特聘研究员、教授。王熠珏，中国人民大学刑事法律科学研究中心博士研究生。

① 有学者将我国互联网金融发展分为三个阶段：第一阶段是1990—2005年，为传统金融行业互联网化阶段；第二阶段是2005—2011年前后的第三方支付蓬勃发展阶段；第三阶段是2011年以来的互联网实质性金融业务发展阶段。参见郑联盛："中国互联网金融：模式、影响、本质与风险"，载《国际经济评论》2014年第5期。

币的诞生。对于这种新生事物的诞生以及发展，还需要做进一步的研究和观察，不过，从目前数字货币交易的现状看，它被利用进行违法犯罪活动则是不争的事实，其中利用数字货币洗钱现象是比较突出的。就影响力和接受度而言，比特币无疑是最具代表性的数字货币，是故可将比特币作为研究该类“隐性”互联网金融犯罪的切入点。

从已有研究成果看，关于利用比特币洗钱犯罪的研究问题包括三个方面：(1) 依循经济学路径，认为比特币等虚拟货币的兴起带来了区块链技术应用于金融行业的新纪元，[①] 通过宏观介绍客户识别、大额与可疑交易报告以及交易记录保存等传统反洗钱措施，来揭示我国比特币交易平台运行中存在的纰漏。[②] (2) 采取比较法视角，其中较为典型的思路是对反洗钱金融特别行动工作组（FATF）的相关虚拟货币报告进行译介和说明，进而探寻《中华人民共和国反洗钱法》（以下简称《反洗钱法》）在虚拟货币反洗钱监管方面与 FATF 建议之间的差距。[③] 另有学者对比世界各国的比特币监管政策，以此反思我国当下的监管现状，指出交易平台是构建数字货币行业法律监管体系的核心所在。[④] 还有学者通过研究美国的比特币监管措施，认为我国可在其保护消费者、抑制洗钱犯罪和鼓励虚拟货币发展等方面予以借鉴。[⑤] (3) 立足整体研究的思路，综合研究网络洗钱犯罪的惩治和预防，其中既有从实体法层面对我国洗钱罪名体系进行深入阐释，[⑥] 亦有从程序法角度提出完善我国去中心化虚拟货币犯罪资产的扣押策略。[⑦] 尽管这些文献将利用比特币洗钱与利用网上银行、在线销售服务、网络赌博、网络保险、网络证券及网络理财产品等洗钱方式作一并讨论，[⑧] 但已经开始注意到，伴随网络技术的发展，洗钱手段从早期的现金走私、利用金融机构洗钱等传统方式，逐步演变出利用网络创新工具等更为巧妙、踪迹难寻的新方法。

通过回顾有关研究利用比特币洗钱的论著，不难发现，其研究进路均呈现出一种“对比与借鉴”的共同特质。这种“对比与借鉴”的思路对于研究我国利

---

① 参见史广龙：“比特币革命的监管因应”，载《金融与经济》2017 第 8 期。

② 参见杨庆明：“虚拟货币支付领域反洗钱监管的国际实践与借鉴”，载《武汉金融》2017 年第 1 期。

③ 参见冯涛、张翠芳：“虚拟货币洗钱风险研究及监管对策——基于 FATF 监管指引视角”，载《西部金融》2016 年第 6 期。

④ 参见樊云慧：“比特币监管的国际比较及我国的策略”，载《法学杂志》2016 年第 10 期。

⑤ 参见牛馨雨：“美国纽约州比特币牌照制度研究”，载《金融法苑》2016 第 1 期。

⑥ 参见刘伟丽：“互联网金融环境下我国洗钱犯罪的惩治与预防”，载《法学杂志》2017 年第 8 期。

⑦ 参见兰立宏：“论利用虚拟货币洗钱犯罪资产的扣押策略”，载《公安研究》2017 年第 7 期。

⑧ 参见皮勇、张启飞：“互联网环境下我国洗钱犯罪立法问题及完善”，载《青海社会科学》2016 年第 2 期。

用比特币洗钱犯罪很有裨益，尤其是未来我国央行发行法定数字货币之后，“点对点”的交易机制将产生大量游离于金融机构之外的交易主体，势必对我国的反洗钱监管提出新的挑战。[①] 但从目前研究成果看，论者们多是从学理层面入手，尚未以我国近年来发生的比特币洗钱案例为分析样本，因而对我国目前面临的现实问题缺少清晰的把握。当下以区块链为底层技术的比特币是社会热议的话题，较之抽象的说理，凭借具体的洗钱案例来窥视、思考比特币蕴含的洗钱风险和相应的洗钱模式，将更有助于民众接受从而倡导其理性投资。有鉴于此，本文拟从刑事政策的维度进行研究，同时结合比特币洗钱的具体案例，识别其洗钱风险、分析其洗钱模式，从中检视出我国反洗钱法律体系中存在的问题，针对比特币洗钱犯罪提出符合我国刑法理念的应对之策。

## 二、比特币洗钱的风险与模式

惩治和预防利用虚拟货币实施的洗钱行为，应当采取一种循证的（Evidence-based）研究方式，即首先了解虚拟货币发行、交易的基本规律，明晰运用虚拟货币洗钱的主要手段，进而为解决这一问题提供必要的“发现”“阻断”的策略和方法。以比特币为例，作为一种基于 P2P 网络和密码学原理产生的“去中心化”虚拟货币，其发行和交易过程均无须政府或金融机构的介入。[②] 我国现行法律尚未对“虚拟货币”予以明确界定，只在一些部门规章中偶有论及，如《关于加强网络游戏虚拟货币管理工作的通知》（文市发〔2009〕20号），[③] 不过该规定适用于网络游戏领域，显然无法将比特币涵盖在内。欧洲中央银行（ECB）认为虚拟货币是“一种非由中央银行、信贷机构或电子货币机构发行的数字形式的价值，可以用作货币的替代品”，[④] 以虚拟货币能否与法定货币（以下简称“法币”）相互兑换为标准，将其分为封闭型、单向型、双向型三类，[⑤] 其中：封闭型虚拟货币须通过完成相应在线任务予以获得，与实体经济

---

① 参见刘向民：“央行发行数字货币的法律问题”，载《中国金融》2016 年第 17 期。

② See Satoshi Nakamoto, Bitcoin: A Peer-to-Peer Electronic Cash System, https://bitcoin.org/bitcoin.pdf, accessed on 20 April 2018.

③ 本通知所称的网络游戏虚拟货币，是指由网络游戏运营企业发行，游戏用户使用法定货币按一定比例直接或间接购买，存在于游戏程序之外，以电磁记录方式存储于网络游戏运营企业提供的服务器内，并以特定数字单位表现的一种虚拟兑换工具。网络游戏虚拟货币用于兑换发行企业所提供的指定范围、指定时间内的网络游戏服务，表现为网络游戏的预付充值卡、预付金额或点数等形式，但不包括游戏活动中获得的游戏道具。

④ European Central Bank, Virtual Currency Schemes-a Further Analysis, p. 25, https://www.ecb.europa.eu/pub/pdf/other/virtualcurrencyschemesen.pdf, accessed on 20 April 2018.

⑤ See European Central Bank, Virtual Currency Schemes, pp. 13 – 15, https://www.ecb.europa.eu/pub/pdf/other/virtualcurrencyschemes201210en.pdf, accessed on 20 April 2018.

毫无关联；而单向型虚拟货币，可通过支付一定量的法币来购买，但无法再将其转化成法币，如脸书虚拟货币（Facebook Credits）、亚马孙虚拟货币（Amazon Coins）等；至于双向型虚拟货币，意味着可根据兑换率与任一法币进行买卖，既能用于购买虚拟商品，亦能用于购买现实世界的商品或服务，较为典型的就是比特币、自由美元（Liberty Dollars，LR）等。显然，双向型虚拟货币（比特币）与现实世界中的联系最为紧密，是反洗钱所需重点关注的对象。

将比特币用于洗钱的便利性，主要表现为两个方面：一是匿名性，这主要是源于比特币的设计机制不需要用户提供识别或验证，[①] 它的所有权转移是通过一组密钥来实现，其中公钥（比特币地址）作为比特币的接收账户类似于电子邮箱地址，私钥是仅所有权人知晓的密码，在交易时用于电子签名；比特币的每一笔交易都会向全网所有节点推送，只不过仅公开电子钱包地址和转移数额，无法指明其所有人的身份信息；并且公私钥可以随机生成，交易双方可以在每一次交易时重新生成一对密钥，通过一次一密的方式来隐匿真实身份，使交易难以被追踪、控制与锁定。[②] 此外，比特币的匿名性还表现于其交易平台的账户注册环节，部分交易平台在用户注册账户时仅限于辨别身份证号的真伪，并没有进一步辨明持身份证者是否为本人，所以行为人往往利用虚假的身份信息进行账户注册进而从事洗钱活动。[③] 二是双向兑换性，该特征是比特币与现实世界联系的关键所在。“兑换”的汉语释义是对换、交换，或不同货币的交换，一般商品被购买后，除非卖家愿意接受赎回请求或者找到了新的买家才能将商品重新转换成货币，是故一般商品与货币之间的交换过程被称之为“买卖”而不是“兑换”；然而，比特币却能按一定的兑换率快速变现为相应数量的法币，该特性无疑为洗钱者提供了便捷。据浙江台州警方介绍，目前利用比特币洗钱兼投资的新型犯罪手段非常典型，在2017年全省“除毒瘤净土壤”专项行动中破获的“新版捕鱼”

---

① See European Central Bank, Virtual Currency Schemes-a Further Analysis, p. 28, https://www.ecb.europa.eu/pub/pdf/other/virtualcurrencyschemesen.pdf, accessed on 20 April 2018.

② See Financial Action Task Force on Money Laundering (FATF), Virtual Currencies-Guidance for a Risk-Basked Approach, pp. 40 – 42, http://www.fatf-gafi.org/media/fatf/documents/reports/Guidance-RBA-Virtual-Currencies.pdf, accessed on 22 April 2018.

③ 例如，自由美元和比特币同为双向可兑换型虚拟货币，用户为获得LR货币需首先在“自由储备”（Liberty Reserve）网站上注册账户。该网站虽然表面上需要用户提供基本的识别信息，但并未落实身份验证，于是部分用户在申请注册时使用虚假名称（如“俄罗斯黑客”“黑客账户”“乔·博古斯”），或是利用明显的虚假地址（如“纽约完全制造城123假大街”）。Financial Action Task Force on Money Laundering (FATF), Virtual Currencies-Key Definitions and Potential AML/CFT Risks, p. 10, http://www.fatf-gafi.org/media/fatf/documents/reports/Virtual-currency-key-definitions-and-potential-aml-cft-risks.pdf, accessed on 22 April 2018.

特大赌博案中，犯罪团伙为规避金融部门监管而采用比特币进行分红及发放奖金。[①] 由于比特币存在于网络空间，并脱离传统的金融系统，因而其交易的跨境性也就十分明显。有报道指出“在国内的交易平台用人民币买入比特币，然后转到国外交易平台上，立刻就能变现成美元，整个过程不会超过5分钟”[②]。此外，比特币服务提供商（如钱包提供商、交易所）可位于反洗钱监管薄弱的管辖区内，导致虚拟货币交易信息的碎片化，由此增加了反洗钱监管的难度。[③]

一般而言，一个完整的洗钱犯罪往往包括三个阶段，即放置（处置）、培植（离析）和融合（归并）。[④] 对应于利用比特币洗钱，则具体表现为：（1）放置阶段，洗钱者利用虚假的身份信息在比特币交易平台上注册账户并购买比特币，将非法资金注入所要“清洗”的渠道中。（2）培植阶段，洗钱者利用比特币的匿名性进行多层次、复杂化的交易，借此掩饰犯罪所得的性质、来源；或是通过比特币的“混合”技术，将待“洗白”的比特币掺入比特币“混合池”，以此模糊比特币的原始来源。（3）融合阶段，洗钱者利用比特币的双向可兑换性、跨国性，将已“洗白”的比特币予以提现，此时披上“合法化”外衣的资产得以再次在经济领域中使用。在上述洗钱过程中，比特币的技术创新在“过程（2）”中得以充分运用，其中的“混合”技术是洗钱者们掩饰非法资金来源的核心阶段，具体又可分为“P2P混合法”和“中介混合法”。前者不依赖于中介商，而是直接采取“点对点”的方式买卖待“洗白”的比特币，主要是利用比特币交易无法显示交易双方的身份信息（匿名性）。而后者则是指上游犯罪嫌疑人将利用非法资金购买的比特币发送给中介商，待中介商利用混合技术将比特币“洗白”后、扣除佣金并返还剩余部分的方法，具言之：（1）上游犯罪嫌疑人将待“洗白”的比特币发送给中介商；（2）中介商将待“洗白”的比特币分批发送至其拥有的原始账户；（3）中介商将其原始账户中的比特币分批发送至新创建的账户中；（4）中介商将汇聚在新账户中的比特币随机转化为其他种类的虚拟货币；（5）中介商将其他种类的虚拟货币再次转化为比特币；（6）中介商将已

---

① 参见葛熔金、余顺广：“台州警方破获特大网络赌博案：日赚300万，用比特币洗钱”，载澎湃新闻 http：//www. thepaper. cn/newsDetail_forward_1812721，最后访问时间：2018年4月23日。

② 钱童心：“5分钟规避外汇管制 人民币下跌中的比特币异动”，载第一财经日报 http：//www. p5w. net/news/gncj/201611/t20161117_1639247. htm，最后访问时间：2018年4月23日。

③ 虚拟货币跨国性所带来的洗钱便利，在2013年“自由储备”洗钱案中亦有所体现，美国检方指控“自由储备”虚拟货币转账公司在2006年至2013年5月期间涉嫌60亿美元规模的洗钱，为规避国内的反洗钱监管，用户们不能直接通过信用卡或电汇方式向其平台账户充值，而是依赖位于马来西亚、俄罗斯、尼日利亚，越南等反洗钱监管薄弱国家的第三方中介来进行 Liberty Dollars（LR）交易。Lawrence J，Trautman，“Virtual currencies；Bitcoin & what now after Liberty Reserve，Silk Road，and Mt. Gox?”，Richmond Journal of Law & Technology，Volume 20 Issue 4（2014）：88－89.

④ 参见徐汉明等：《中国反洗钱立法研究》，法律出版社2005年版，第183页。

“洗白”的比特币发送给上游犯罪嫌疑人。其中，“混合”的关键发生于阶段（3），且用于混合而创建的新账户大多是一次性账户。[①] 事实上，混合技术在2013年美国“Silk Road”网站涉嫌的洗钱案中体现得十分明显，该网站为规避侦查仅接受比特币支付，且对每一步交易都采取“tumbler”（一种混合技术），即“利用一个复杂而半随机的虚拟交易过程将所有支付的比特币予以混合，从而模糊比特币与其支付账户之间的联系。”[②]

从利用比特币洗钱的过程看，中介商的作用是十分重要的，可以说，了解虚拟货币中介商的运作机制，形成对中介商的有效控制，对于“阻断”利用比特币洗钱具有意义。

## 三、惩治利用比特币洗钱的制度供给不足

探寻利用比特币洗钱犯罪治理中存在的问题，是继厘清利用比特币洗钱风险和洗钱模式后的另一个有机环节，它有别于阐明利用比特币洗钱犯罪的惩治必要性，对回应司法实践之需具有重要的现实意义。

从目前看，有效惩治利用比特币洗钱问题，必须要解决制度以及法律措施的供给不足问题。对此，可以从一些比较棘手的案件中看出端倪。例如，2014年6月，黄某甲、许某为帮助他人洗钱，在网上购买了“姜某”“林某”两人的身份证复印件以及相关的银行卡、电话卡信息，之后用虚假的身份信息在“OKcoin”平台上注册了账户。2014年8月5日，肖某某将500万元的诈骗赃款汇给黄某甲、许某进行洗钱。许某与“OKcoin”交易平台的客服联系，欲向“林某”账号充值200万元。客服发现充值方（许某）和被充值方（林某）并非同一人，且数额较大，遂要求许某发送身份证正反面照片。于是，许某向客服发送了“林某”的身份证复印件，客服核对身份证复印件与“林某”注册时的信息相符，便同意了许某的充值汇款申请，没有继续要求许某发送身份证正反面照片以及手持身份证的照片。充值成功后，从2014年8月5日12点34分58秒至14点10分2秒，许某在“OKcoin”交易平台分34笔购买价值约200万元的比特币553.0346个，并从13点26分6秒至14点20分先后分4笔将购买的553.0346个比特币全部提出平台，转移到许某在“blockchanl”网站注册的比特币钱包中。此后，许某伙同黄某甲在澳门地下钱庄将比特币卖出，所获现金被二人挥霍、还

① 参见延圣真、全贤旭、金奇范、申止浩、崔善熙：《加密货币犯罪与刑事政策研究》，韩国刑事政策研究院2017年研究报告。

② Financial Action Task Force on Money Laundering (FATF), Virtual Currencies-Key Definitions and Potential AML/CFT Risks, pp. 11 – 12, http://www.fatf-gafi.org/media/fatf/documents/reports/Virtual-currency-key-definitions-and-potential-aml-cft-risks.pdf, accessed on 23 April 2018.

债，经公安机关追缴尚有人民币 1 568 923.00 元无法追回。[①]

从该案可以看出，目前反利用比特币洗钱存在的问题主要表现为两方面。

（一）平台责任方面

首先，交易平台的反洗钱内控机制存在缺失。2013 年 12 月，我国央行等五部委联合发布的《关于防范比特币风险的通知》（以下简称 2013 年《通知》），围绕比特币洗钱风险的防范提出了如下两方面要求：（1）要求交易平台对用户身份进行识别，要求用户使用实名注册，登记姓名、身份证号码等信息，一旦发现可疑交易须立即向中国反洗钱监测分析中心报告；（2）要求人民银行各分支机构将其辖区内的交易平台纳入反洗钱监管，督促其加强反洗钱监测。然而，由于 2013 年《通知》的层级较低，对利用比特币洗钱风险的规制措施较为粗疏，导致其在实践中执行力度疲软，制约作用有限。以本案为例，从客户身份识别来看，"OKcoin" 交易平台在三个环节中未能有效做到客户尽职调查：一是在注册环节中，行为人假冒"姜某""林某"的身份注册账户，"OKcoin" 没有落实 2013 年《通知》的实名制注册要求，客观上为行为人洗钱创造了便利条件；二是在大额充值环节中，客服虽发现汇款人与充值人不一致，却在未进一步确认交易操作人与注册客户是否为同一人的情况下，便同意办理充值业务；三是在比特币提取环节，"OKcoin" 虽发现该账户交易存在异动（短时间大量提取比特币），却没有及时尽到审查、监管义务，放任行为人在一个多小时内购买价值 200 万元的比特币并同时将比特币提出交易平台。实践中，造成交易平台反洗钱工作粗疏的原因来自于多方面。交易平台往往以追求经济利益最大化为目标，没有真正做到客户尽职调查，且不同交易平台的管理水平参差不齐，其反洗钱内控机制的构建情况也不尽相同，有的交易平台甚至只需用户填写邮箱地址即可完成注册，此乃其一。其二，2013 年《通知》禁止各金融机构和支付机构开展与比特币相关的业务，无疑在比特币与实体经济之间筑起了一道金融风险防火墙，但同时也影响了金融机构对比特币交易平台的交易行为和资金流向进行监测，并不利于其对比特币进行直接监管。[②] 其三，诸如"OKcoin"的交易平台缺乏开展反洗钱工作的相关指导，2013 年《通知》对如何进行大额、可疑交易报告的标准、程序、方式、期间等内容并未作出具体阐明，而《金融机构大额交易和可疑交易报告

---

① 参见黑龙江省绥化市北林区人民法院（2015）绥北刑初字第 197 号刑事判决书；黑龙江省绥化市北林区人民法院（2016）黑 1202 刑初 384 号刑事判决书；黑龙江省绥化市北林区人民法院（2015）绥北刑初字第 72 号刑事判决书；黑龙江省绥化市中级人民法院（2016）黑 12 刑终 202 号刑事裁定书；黑龙江省高级人民法院（2016）黑民终 274 号民事判决书；黑龙江省绥化市北林区人民法院（2017）黑 1202 刑初 20 号刑事判决书。

② 参见周杰："比特币的特性与法律应对分析"，载《公民与法》2014 年第 3 期。

管理办法》仅针对金融机构，无法直接适用于比特币交易平台。

其次，交易平台的反洗钱法律义务并不明确。如前所述，内控机制的缺失是放大利用比特币交易平台洗钱风险的重要原因，“OKcoin”交易平台没能审慎做到客户尽职调查和可疑交易报告，客观上为行为人利用比特币洗钱创造了便利，但尽管如此，却仍然难以将其认定为不作为的洗钱罪，主要理由是：对经济领域的风险防控向来是规制重于惩罚，而规制范围为惩罚确定了范围，后者不能超越前者。就刑罚而言，更是如此，刑法不能贸然僭越前置法的规制范围，只有严重的前置法违法行为才能被纳入刑事犯罪圈，这是刑法作为保障法、后盾法的立场坚守。不过，通过法条梳理便可知，我国现有的反洗钱法律体系主要侧重于金融机构（如《反洗钱法》第34条），比特币交易平台显然不属于金融机构的范围，只能将其视为非金融机构予以规制。然而，《反洗钱法》第3条仅对“特定非金融机构”的反洗钱法律义务做了原则性规定，具体的反洗钱义务和监管办法需要由国务院反洗钱行政主管部门会同相关部门制定。虽然《支付机构反洗钱和反恐怖融资管理办法》（银发〔2012〕54号）将网络支付、预付卡发行与受理、银行卡收单的非金融支付行业纳入反洗钱监管体系，标志着我国在非金融机构反洗钱监管之路上取得了突破进展，但该规范性文件适用的对象是“依照《非金融机构支付服务管理办法》取得《支付业务许可证》的非金融机构”。依照央行2013年的《通知》规定，比特币交易平台的设立仅需在电信管理机构备案，自然不具备相应的“支付业务许可证”，因此无法被纳入《支付机构反洗钱和反恐怖融资管理办法》的监管范围，如此便导致了交易平台在实际运营过程中应当遵守何种反洗钱监管规定、履行怎样的反洗钱义务均没有明确规定。在这种情况下，对交易平台定罪，在判断是否违反义务方面就十分困难。

### （二）个人责任方面

在该案中，一审法院认为黄某甲、许某预谋为他人诈骗洗钱，虽没有直接参与诈骗被害人财物，但明知赃款是诈骗所得却仍帮助他人洗钱，与直接诈骗的犯罪分子形成了分工合作的不可分割的整体，因此系诈骗犯罪的共犯。① 虽然二审法院认为一审事实不清、证据不足，裁定发回重审，② 但并不妨碍我们基于现有案情反思我国刑法的洗钱罪名体系中存在的问题。

假设黄某甲、许某事先并未与肖某等人共谋实施诈骗行为，并不知道赃款是诈骗所得，只在事后利用比特币实施了洗钱行为，则可能构成《刑法》第312条的掩饰、隐瞒犯罪所得罪。根据我国《刑法》规定，第191条洗钱罪无论从刑种

---

① 参见黑龙江省绥化市北林区人民法院（2015）绥北刑初字第72号刑事判决书。

② 参见黑龙江省绥化市中级人民法院（2016）黑12刑终202号刑事裁定书。

设置还是自由刑幅度均高于第312条掩饰、隐瞒犯罪所得罪，关于二者的区分，有论者认为，“洗钱犯罪行为与一般赃物犯罪行为具有许多不同的特征，其中最大的区别在于洗钱犯罪往往涉及的赃款较大”①。然而，从本案的涉案数额便能看出，利用比特币洗钱的数额可轻易突破百万元，涉案数额已难以在洗钱罪与一般赃物犯罪的区分中扮演重要角色，适用掩饰、隐瞒犯罪所得罪确实可能存在罪刑不均衡的问题。此外，即使本案的上游犯罪不是诈骗罪而是毒品犯罪，由于我国洗钱罪的犯罪主体不包括上游犯罪人，黄某甲、许某也依然无法构成洗钱罪。FATF在2005年至2007年对我国的反洗钱工作进行评估中，曾建议我国洗钱罪的主体应将上游犯罪行为人纳入。② 对此，有学者持赞成意见，认为洗钱罪之所以在刑法上独立成罪，原因在于其与上游犯罪是两个独立的行为，存在两个犯罪故意，③ 所以洗钱罪与上游犯罪并不必然构成司法实践中认定的“吸收关系”④，于是主张在特定情况下将洗钱罪的主体扩大至上游犯罪的本犯。而否定说则主张，上游犯罪人实施的洗钱活动是上游犯罪的自然延伸，是不可罚的事后行为，仅按上游罪名评价即可。⑤ 对此，笔者认为以“事后不可罚”原则作为洗钱罪主体不包括上游犯罪人的依据缺乏说服力，该原则的适用前提是事后行为没有侵害到新的法益，实践中洗钱活动妨碍了司法侦查、增加了侦查成本和监管成本，完全有可能造成新的法益侵害；况且，洗钱罪的罪状已明确列举了其行为方式，包括提供资金账户，协助将财产转换为现金、金融票据、有价证券的，通过转账或者其他结算方式协助资金转移，协助将资金汇往境外等掩饰、隐瞒犯罪所得及其收益的来源和性质的行为方式，其中均使用了“提供”“协助”的概念，可见我国的洗钱罪仅能由第三者实施，不涵盖上游犯罪的实行犯本人或是上游犯罪的共犯。

从上述案例分析可以看出，我国目前反利用虚拟货币洗钱方面存在明显的制度供给不足问题。这类问题在整个互联网金融领域表现得都十分明显。解决这一问题，就需要从规制面和惩罚面予以考虑：在规制面上，要强化和细化平台责任，同时加强政府对平台的监管；在惩罚面上，要重点解决惩罚的不均衡问题。

---

① 刘宪权：《金融犯罪刑法理论与实践》，北京大学出版社2008年版，第419页。

② 参见黎宜春：“浅析FATF评估机制及其对我国反洗钱刑事立法的影响”，载《学术论坛》2010年第8期。

③ 参见贾宇、舒洪水：“论洗钱罪的主体”，载《国家检察官学院学报》2005年第6期。

④ 参见陈捷、张煜等：《全球化视野下中国洗钱犯罪对策研究》，中国书籍出版社2013年版，第28页。

⑤ 参见钊作俊：“洗钱犯罪研究”，载《法律科学》1997年第5期。

## 四、反利用虚拟货币洗钱的制度供给完善的基本构想

比特币是典型的“去中心化”虚拟货币，可以在私人之间互相转换，潜藏着 P2P 式的洗钱风险，但这种 P2P 式的交易规模小，不会对现有的社会秩序以及金融秩序造成有影响力的冲击；且从制度成本来看，现有的监管技术尚不足以追踪和识别 P2P 式的比特币交易，对其运用大量精力予以攻坚不具备成本效益，反而是现实世界中的交易平台能放大比特币的洗钱风险，因而有必要将其作为反洗钱的重点监管对象。[①] 2017 年 9 月 4 日，我国央行等七部门联合发布了《关于防范代币发行融资风险的公告》，对比特币交易平台予以了重拳监管，国内相关比特币交易平台已相继关闭。有鉴于此，在探讨利用比特币交易平台洗钱的预防和惩治之前，首先面临的问题是：在当前情况下，继续探讨利用比特币洗钱犯罪的意义何在？

对于该问题的回应，可从以下三个方面加以考虑：一是作为全球重要的政府间反洗钱国际组织——反洗钱金融特别行动组（FATF），自 1996 年修改《40 项建议》时首次强调新技术对洗钱活动的影响以来，新技术发展一直是 FATF 所关注的重点，[②] 比特币作为近年来最具影响力的金融创新之一，是我们思考技术创新与反洗钱监管的良好视角。二是非金融机构一直是我国反洗钱监管的短板，借助比特币交易平台有助于反思和完善我国的反洗钱法律体系。三是目前利用比特币洗钱的风险依然存在，以火币网为例，用户可在火币全球专业站（Huobi. pro）进行币币交易，[③] 再通过场外交易（OTC）的方式将虚拟货币兑换成法币。[④] 综上所述，继续研究利用比特币洗钱犯罪仍然颇具现实意义。结合前述洗钱案例中反映出的问题来看，笔者认为利用比特币洗钱的犯罪治理及其刑事法制构建，应当聚焦于解决三个方面：（1）如何处理交易平台的反洗钱规制与刑事惩罚的关系？（2）如何看待和应对利用比特币洗钱中的犯罪协作？（3）如何辨明利用比特币洗钱所涉及的相关罪名？上述问题可谓层层递进，厘清规制与惩罚之

---

① 参见樊云慧：“比特币监管的国际比较及我国的策略”，载《法学杂志》2016 年第 10 期。

② See Financial Action Task Force on Money Laundering（FATF），40 Recommendations（2012），p. 6，http：//www. fatf-gafi. org/media/fatf/documents/recommendations/pdfs/FATF% 20Recommendations% 202012. pdf，accessed on 24 April 2018.

③ Huobi Global Ltd. 是一家根据塞舌尔共和国相关法律在塞舌尔共和国注册成立的公司，该公司运营网站 https：//www. huobi. pro。所谓币币交易，即利用虚拟货币兑换不同的虚拟货币，但不能直接兑换成美元、人民币等法定货币。

④ 以往交易平台能自动帮助用户找到合适的买卖双方，而场外交易即用户各自寻觅交易方进行私下交易。此外，火币全球专业站（Huobi. pro）有一种名为“Tether USD（简称 USDT）”的虚拟货币，其最大的特点是与同数量的美元等值，1USDT 相当于 1 美元，如今国内用户可以通过“人民币或美元—场外交易—USDT—比特币或其他数字资产”的方式继续用人民币购买比特币。

间的关系，决定了应当在何种程度上将利用比特币交易平台洗钱的行为予以犯罪化，是讨论刑事责任追究的逻辑前提；而利用比特币洗钱中的犯罪协作现象，则是网络犯罪有别于传统洗钱犯罪的重要体现，因而有必要具体论证行为人和交易平台的罪责承担；唯有解决前述两个问题，方能最终落脚到具体刑法罪名的适用，从而为打击利用数字货币洗钱的“隐性”互联网金融犯罪提供理论基础。

（一）交易平台的反洗钱规制与刑事惩罚

反洗钱规制，是指在前置法层面针对金融机构、特定非金融机构设定一定的反洗钱义务和配置相应的行政责任，以此限制、约束相关反洗钱义务主体的行为；而反洗钱的刑事惩罚，则是通过刑法手段来弥补反洗钱规制在责任追究与制裁力量上的不足。在利用比特币洗钱的治理中，比特币交易平台是主要的规制对象，有必要将其纳入“特定非金融机构”的范畴，同时设定具体的反洗钱义务，从而有效完善我国的反洗钱法律体系。

目前，我国金融机构领域已形成相对成熟的行业自律和反洗钱监管制度，但非金融机构的反洗钱监管仍然任重道远。囿于非金融机构内部不同行业之间的业务模式、企业构架和客户特征等方面都不尽相同，在设定具体反洗钱义务时有必要做差别化规定。对于交易平台的反洗钱义务设定，除了在宏观层面以金融机构的反洗钱内控机制为参考系，构建客户身份识别、大额可疑交易报告以及交易记录保存的制度框架之外，① 还可在以下方面对具体制度设计进行变通。第一，为防止行为人利用虚假身份注册账户从事洗钱，交易平台在进行客户尽职调查时不能拘泥于对身份证复印件的形式审查，而应根据客户的基本信息对其所处地域、业务内容、行业种类、交易特征等因素予以综合考量，从而采取“差别化”的客户身份识别措施，如对于风险等级低的客户可简化其身份识别，以实现反洗钱资源的优化配置。第二，为提高交易平台关于大额、可疑交易的报告质量，防止交易平台基于自御心理“以牺牲反洗钱报告的情报价值来规避私人潜在的经济信誉损失”②，应建立以“合理怀疑”为基础的可疑交易报告制度，即交易

---

① 客户身份识别、大额可疑交易报告以及交易记录保存是三项基本的反洗钱措施，对于传统金融机构和包括比特币交易平台在内的非金融机构都同样适用。以美国对比特币的监管为例，联邦层面对于在金融犯罪执法网络（FinCEN）注册的比特币交易商，要求其遵循反洗钱的相关程序，以及执行“了解你的客户”（Know Your Customers）的政策。参见刘道纪：《中美比特币监管比较研究》，中国政法大学2015年硕士学位论文。在州层面，纽约州金融服务部要求申请比特币执照的交易商要保存记录交易（包括识别交易双方的身份、地址，交易金额、支付方式、交易日期等），并配合检查、汇报和公开财产状况、申报可疑交易等一系列措施。See New York state Department of Financial Service，Regulation of the Superintendent of Financial Services-Part 200. Virtual Currencies，pp. 27 – 28，https：//www. dfs. ny. gov/legal/regulations/adoptions/dfsp200t. pdf，accessed on 24 April 2018.

② 参见高增安：“反洗钱：可疑交易行为报告制度有效吗”，载《证券市场导报》2007年第4期。

平台有权根据自身的客户特征和交易特点，制定符合本平台业务情况的可疑交易标准，仅当有合理理由怀疑某交易可能涉嫌洗钱或其他犯罪时，才须向中国反洗钱监测分析中心提交可疑交易报告，以此排除不必要的可疑交易报告。申言之，内控机制是遏止利用比特币洗钱的事前预防性措施，交易平台的反洗钱义务设定有赖于相关法律法规的明确规定。

当交易平台违反其反洗钱义务时，就要承担相应的法律责任。《支付机构反洗钱和反恐怖融资管理办法》（以下简称《办法》）第 49 条规定，“支付机构违反本办法的，由中国人民银行或其分支机构按照《反洗钱法》第 31 条、第 32 条的规定予以处罚”，由于该《办法》是我国在非金融机构反洗钱监管领域的首次突破，因此比特币交易平台的法律责任承担，亦可借鉴《办法》设置法律责任的基本思路，依照《反洗钱法》的上述规定予以设计。具体而言：《反洗钱法》第 31 条针对未建立反洗钱内控制度、未设立反洗钱专门机构或指定内设机构负责反洗钱工作、未对其职工开展反洗钱培训的三种情形予以规制，交易平台若违反上述义务，将由反洗钱监管部门责令限期改正，情节严重的可对相关直接责任人员给予纪律处分；《反洗钱法》第 32 条就具体反洗钱义务的违反，规定了两类七种行为样态，一类是“不履行反洗钱义务”的行为，另一类是“不恰当履行反洗钱义务”的行为，若违反该条规定的具体反洗钱义务，交易平台不仅可能面临罚款、责令其停业整顿或吊销其经营许可证的行政处罚，平台的直接负责人也要承担罚款的行政责任；而《反洗钱法》第 33 条，是关于行刑责任衔接的规定，即“违反本法规定，构成犯罪的，依法追究刑事责任”。通过梳理《反洗钱法》中有关法律责任的规定，不难发现，行为主体若违反反洗钱义务，将承担相应的行政责任或刑事责任，但其行政责任和刑事责任之间的界限却不甚明晰。诚然，承担行政责任和刑事责任的法律效果有别，前者是为了将洗钱行为破坏的反洗钱监管秩序恢复到洗钱行为发生之前的正常状态，而后者则是通过刑罚手段对洗钱行为予以惩罚并预防其再次发生。由此决定，应从刑事政策层面思考如何解决交易平台的反洗钱规制与刑事惩罚的关系。

对这一问题的处理，要回到行政犯的刑事犯罪认定机制上，即刑事违法性判断对行政违法性判断的从属关系，这种从属关系是一种强从属关系，不仅表现在实质违法性判断上从属，也表现在基本概念和规范目的上的从属。尤其在司法实践中，在行政犯（笔者称为“规制犯”）的刑事违法性判断上，对基于行政法律的违法性判断高度依赖。这点在洗钱违法犯罪问题上表现得也十分突出。例如，《刑法》第 191 条洗钱罪中规定了“提供资金账户”的行为类型，与《反洗钱法》第 32 条中“与身份不明的客户进行交易或者为客户开立匿名账户、假名账户”的行为样态对应；又如，《反洗钱法》第 32 条中的“违反保密规定，泄露相关信息”，则可能关涉侵犯公民信息罪的认定；至于单纯拒绝、阻碍反洗钱行政主管部门的反洗钱调查的行为，并未被选取作为刑事犯罪的行为样态。从这个角度看，某一行为是否构成洗钱犯罪，首先要看行为人是否违反了行政法律所确定的义务。当然，判断该行为是否构成洗钱犯罪，还应从刑法的罪刑规范进行判断，尤其是要考虑该行为的危害程度。例如，交易平台未按期向监管部门报送大额可疑交易报告，但尚未对他人的人身、财产造成损失或社会秩序造成有形紊乱，那么仅将其视为违反反洗钱规制的行为即可，不宜作为犯罪处理；若因不履行反洗钱义务致使洗钱结果发生，不但妨碍了司法权的有效行使，还可能催生其他严重犯罪活动从而对社会稳定、国家安全构成威胁，单以行政手段无法有效规制严重的洗钱违法行为，此时便可考虑刑法的介入。当然，刑事责任的追究须秉持主客观相统一的原则，应结合案情对交易平台的主观方面进行判断。

值得注意的是，如果交易平台因违反保密规定而泄露了有关信息（《反洗钱法》第32条第1款第（5）项），经反洗钱监管部门责令限期整改而拒不改正，并造成严重后果，是否符合《刑法》第286条之一拒不履行信息网络安全管理义务罪中的“致使用户信息泄露，造成严重后果”的情形？对此，笔者认为，交易平台作为一种网络服务提供者，对其科以反洗钱义务是为了预防洗钱活动的发生，并非是为了实现《刑法》第286条之一所致力于维护的网络安全目的；并且，拒不履行信息网络安全管理义务罪状中的“经监管部门责令采取改正措施而拒不改正”，指的是“具有网络监管职权的部门”①，中国人民银行作为比特币交易平台的反洗钱监管机构，目前并不具有网络监管职权。由此不难看出，交易平台违反反洗钱法律义务并不符合不履行信息网络安全管理义务罪的构成要件，如何解决交易平台的该种刑事可罚性行为还需另辟蹊径。

（二）利用比特币洗钱中的犯罪协作分析

比特币的产生和流转都依托于互联网，利用比特币洗钱属于“传统犯罪的网络实施，也可称之为线下犯罪的线上化”②，因而不可避免地具有网络犯罪的产业化表征。在网络环境中，实施不同违法类型的行为人彼此之间无须见面，仅通过网络便能实现匿名化联络；行为人在从事具体犯罪活动时，无须过多关注或充分了解其上下游犯罪，只要基于分工完成其擅长或负责的部分即可，由此形成

---

① 以下部门应当属于信息网络安全监管部门：中央网络安全和信息化领导小组，国务院互联网信息办公室以及地方政府部门的网络信息办公室，公安部门、国家安全部门、国家保密部门专门负责信息网络监管的部门，工业和信息化部所属的通讯管理局以及各省、自治区、直辖市通信管理局，文化部所属互联网文化监管部门，国务院新闻办公室以及省级人民政府的新闻办公室，其他依法具有网络监管职权的部门。参见谢望原：“论拒不履行信息网络安全管理义务罪”，载《中国法学》2017年第2期。

② 时延安：“个人信息保护与网络诈骗治理”，载《国家检察官学院学报》2017年第6期。

一条分工精细、专业化凸显的产业链条。可以说，在复杂的网络犯罪中，行为人之间是利用经营方式进行合作，因而彼此间的犯意联络相对薄弱。网络犯罪所呈现出的这种产业链特征，可以从“犯罪协作”的角度来理解。所谓犯罪协作，是比共同犯罪更为宽泛的一种有组织化犯罪概念，指的是数人基于产业化合作方式，并对损害后果产生影响。①

犯罪协作与传统共同犯罪的法理不尽相同，以利用比特币洗钱的犯罪现象为例，它的特点可表现为以下两点。其一，从客观行为来看，利用比特币洗钱的犯罪协作是一种产业化的组织方式，每个行为人基于不同分工提供不同的“服务”，如从事非法出售个人信息的行为人，只负责开发窃取他人信息的技术；从事具体洗钱活动的行为人，利用购买的个人信息在比特币交易平台上注册账户，并不实际参与上游犯罪活动，只待收到上游犯罪所得后进行洗钱；又如，提供“混合技术”的中介商，只负责模糊比特币与其原初支付账户之间的联系，并不关心购买比特币的非法资金源于何处；而洗钱活动的上游犯罪人，则可能实施不同种类的犯罪行为，如网络诈骗、恐怖活动、毒品犯罪，等等。其二，就主观方面而言，行为人之间基本没有犯意联络，大多进行匿名化联络，彼此互不知晓身份，从事上游犯罪的行为人对采取何种方式将其非法资金进行洗白漠不关心，具体实施洗钱活动的行为人对其购买的个人信息来源亦抱有事不关己的心态，就此而论，处于产业链不同阶段的行为人之间更像是一种经营合作关系。相比之下，依照犯罪共同说，共同犯罪指的是数人基于共同的犯罪故意去实施特定的犯罪，不仅要求行为人间具有犯意联络，还需具有共同的犯罪故意，亦即“数人一罪”；② 而行为共同说则指各个行为人互相利用他人实现各自犯罪目的，亦即“数人数罪”，在主观上虽不要求行为人具有共同的犯罪故意，但同样需要具有利用他人行为实现自己犯罪的意思。即使主张共同犯罪是一种不法形态，在认定交易平台是否对洗钱结果负责时，亦会陷入片面帮助犯成立与否的泥沼。可见，共同犯罪模式与前述的网络犯罪产业化特点并不完全契合，不能根据“部分行为、全部责任”的法理来处理利用比特币洗钱中的犯罪协作问题。

犯罪协作概念的提出，一方面是为了合理体现当下比特币洗钱犯罪的特点，同时也是为了解决上下游行为人是否需要对洗钱结果负责的问题。应当说，对“处于犯罪协作关系且不属于共同犯罪的多个行为人，基于罪责自负的原则，仅就其所实施的行为承担刑事责任”。③ 就非法出售他人信息的上游行为人而言，若仅根据条件说认为如果上游行为人不出售他人信息，洗钱者则无法利用虚假身

---

① 参见时延安：“网络规制与犯罪治理”，载《中国刑事法杂志》2017 年第 6 期。

② 虽然部分犯罪共同说不要求行为人间具备共同的犯罪故意，但仍然需要有犯意联络。

③ 时延安：“网络规制与犯罪治理”，载《中国刑事法杂志》2017 年第 6 期。

份信息在比特币交易平台上注册账户洗钱，则将使处罚圈被无限扩大，因此需结合其主观进行综合判断，由于其并不知晓购买信息者最终将实施何种性质的行为，所以只需负侵犯公民个人信息罪的刑事责任。对于洗钱活动的上游行为人，由于《刑法》第191条洗钱罪的犯罪主体不包括上游犯罪本犯，因而不构成洗钱罪。况且，即使上游行为人实施掩饰、隐瞒犯罪所得的行为，亦因缺乏期待可能性而不构成第312条的掩饰、隐瞒犯罪所得罪，因此无须对洗钱结果负责。

在这种情形下，应重点考虑交易平台不履行反洗钱义务致使洗钱结果发生的处理。交易平台与洗钱者事前共谋，故意不履行客户身份识别义务而为洗钱者开设账户，自然可按共同犯罪理论来认定。对于没有犯意联络的情形，需要分而述之。一是，如果交易平台明知他人可能利用比特币洗钱，仍故意不履行反洗钱义务，放任洗钱结果的发生，该情形相当于片面的不作为帮助犯，不过为避免陷入片面帮助犯是否符合我国刑法共犯理论的争论窠臼，在此依照犯罪协作罪责自负的思路进行分析，交易平台的不作为行为客观上与洗钱结果之间存在物理因果性，主观上对洗钱结果持放任态度，因此可构成不作为的洗钱类罪名。二是，若交易平台因过失未履行反洗钱义务致使洗钱结果发生，还要区分以下情形：如果交易平台基于过失未认真进行客户身份识别，导致洗钱者利用虚假身份信息注册账号，随后交易平台发现该账号短时间内出现多笔可疑交易，明知可能存在洗钱风险，却并未采取积极措施查封该账号或向监管部门报告致使洗钱结果的发生，由于“过失的一般违法行为能够成为作为义务的发生根据”，[①] 交易平台因过失未履行反洗钱义务而产生了防止洗钱结果发生的结果回避义务，在此情形中，不作为的处罚根据不是先前因过失未履行反洗钱义务的行为，而是后来放任洗钱结果发生的行为，因此交易平台应当成立间接故意的不作为洗钱类罪名；倘若交易平台因技术原因确实无法监测出可疑交易，即客观上不具备作为的可能性，即使最终造成洗钱后果也不宜将其作犯罪化处理，对该种过失未履行反洗钱义务的行为采用行政规制较为适宜。

（三）利用比特币洗钱的罪名辨析

追究交易平台的刑事责任与具体洗钱罪名的适用相关联，我国既有的洗钱罪名分属于不同章节，其中：第191条洗钱罪被归入《刑法》第四章破坏社会主义市场经济秩序罪的破坏金融管理秩序罪一节中；第312条掩饰、隐瞒犯罪所得、犯罪所得收益罪和第349条窝藏、转移、隐瞒毒品、毒赃罪虽均属第六章妨碍社会管理秩序罪，但前者位于妨碍司法一节，后者与其他毒品犯罪共同被纳入走私、贩卖、运输、制造毒品罪一节内。应当说，洗钱罪名设置的复杂性增添了实

---

① 张明楷：《刑法学（上）》，法律出版社2016年版，第156页。

践适用的困惑，在认定具体的洗钱行为之前，首先须辨明以上三个罪名之间的逻辑关系，对此的基本思路是：洗钱的本质是掩饰、隐瞒犯罪所得的来源和性质，第312条能够反映这一本质特征并涵盖所有上游犯罪，因此可作为洗钱犯罪的普通法条，而第191条和第349条因其行为对象具有特殊性，所以可被视为特殊法条。如此一来，不仅能够扩充我国洗钱上游犯罪的覆盖面，符合“国家反洗钱立法的趋势是对一切犯罪所得的清洗行为定罪，即不限定上游犯罪的范围”①，同时还能有效解决罪名之间的竞合问题，亦即，根据“特别法优于普通法”的原则优先适用第191条、第349条的规定，当可能出现罪刑不均衡时，则根据最高人民法院《关于审理洗钱罪等刑事案件具体应用法律若干问题的解释》遵循“重法先于轻法”的原则。

当然，上述思路的合理性还有待于进一步论证，考虑到将第349条从第312条中独立的原因主要是基于刑事政策的考虑，即“毒品犯罪必须自成一个体系，把所有相关行为都一并纳入”②，窝藏、转移、隐瞒毒品、毒赃行为的危害实质依然是妨碍司法机关开展追缴、没收犯罪所得，及时侦查、打击上游犯罪的工作，就本质而言，第349条与第312条所侵犯的法益具有同一性，是故将前者定位为后者的特别法不存在理论障碍。至于如何看待第191条和第312条之间的关系，主张将二者予以区分的理由往往来自于两个方面：一是认为二者所侵犯的法益不同，前者所侵犯的主要客体是金融管理秩序；③ 二是认为“第312条只是改变犯罪所得及其收益的处所和占有关系，并未改变犯罪所得和收益的非法性质和来源而使其成为合法收入，这与洗钱犯罪有着本质的区别”④。

对于理由一，有学者经过考证指出世界上将洗钱罪归属于金融犯罪的唯有中国，⑤ 在《德国刑法》规定的洗钱罪系列中，各个罪名保护的法益因其构成要件的不同而有差别，但基本上是以保护司法权的运作为核心，而我国台湾地区的大部分学者也认为洗钱活动妨碍了司法权的运作，洗钱罪所保护的法益是司法权的运作，即国家司法权的行使应当可以成为处罚洗钱行为之法益保护的核心思考⑥。还有学者认为，以金融管理秩序作为《刑法》第191条的主要客体是方法论的错误，因为经济学聚焦于社会总体的效率优化，善于从宏观视角分析洗钱对国家金融安全的损害，而刑法学则奉公平正义为圭臬，不能为实现社会的

---

① 陈兴良：“新刑法之罪名分析”，载《中央政法管理干部学院学报》1997年第4期。

② 高铭暄、马克昌主编：《中国刑法解释》，中国社会科学出版社2005年版，第2447页。

③ 参见王作富主编：《刑法分则实务研究（上）》，中国方正出版社2013年，第488页。

④ 王新：“竞合抑或全异：辨析洗钱罪与掩饰、隐瞒犯罪所得、犯罪收益所得利益罪之关系”，载《政治与法律》2009年第1期。

⑤ 参见卢勤忠：“我国洗钱犯罪立法完善之思考”，载《华东政法学院学报》2004年第2期。

⑥ 参见李圣杰：“洗钱罪在刑法上的思考”，载《月旦法学杂志》2004年第12期。

整体目标而枉顾个案中的正义，个体洗钱行为对金融安全的威胁只是一个假设，但对司法权的侵害则是事实，是故直接将经济学的研究成果移植入刑法学领域未免“凿枘不投”。[①] 上述观点归根到底欲揭示的是，惩治洗钱行为是为了切断犯罪人与正常经济活动的系带，从而保护刑事司法权的运作。[②] 换言之，在保持现有刑法罪名体系分布的前提下，认可洗钱罪侵犯了我国金融管理秩序，同时还应承认洗钱罪和掩饰、隐瞒犯罪所得收益罪所危害的本质均是妨碍了司法工作的正常开展。由于法益的同一性是判断法条之间存在特别关系的前提条件，《刑法》第191条和第312条在妨碍司法权的运作层面具有同一性，因此可将前者视为后者的特殊法条予以适用。

关于理由二，认为《刑法》第312条中的掩饰、隐瞒仅改变了犯罪所得的处所和占有关系，未能改变非法财产来源和性质的观点，实际上是混淆了掩饰、隐瞒的对象和掩饰、隐瞒的效果之间的关系。[③] 改变来源和性质是行为的效果，而非行为的指向，第312条的掩饰、隐瞒行为在实践中不仅包括单纯改变犯罪所得及其收益“处所和占有关系”的情形，还涵盖了通过改变犯罪所得及其收益“处所和占有关系”以致达到模糊其性质和来源的效果。一言以蔽之，随着罪名的立法演进，第312条早已有了更为丰富的内涵，尽管该罪脱胎于传统的赃物犯罪是无可辩驳的事实，但其行为对象已由传统“赃物”扩张至所有犯罪的所得及其收益，行为方式除窝藏、转移、收购、代为销售外，亦有“以其他方法掩饰、隐瞒”作补充，并且犯罪主体也能同时涵盖自然人和单位。故而，《刑法》第312条完全能涵盖第191条的内容，倘若桎梏于二者的传统界分立场，无异于忽视了第312条所具有的现代洗钱罪特征。[④]

最后需指出的是，目前部分国内交易平台已有对应的海外版，如火币全球专业站、OKcoin国际站、比特儿国际版等，原国内账户可直接登录相应网站进行交易，那么原国内比特币交易平台成立海外平台的行为能否构成非法经营罪？根据《刑法》第225条规定，非法经营罪所惩治的经营活动必须以国家法律、法规所规定的限制性经营活动为前提，即未经批准擅自经营特许经营业务的

---

① 参见李云飞：“我国广义洗钱概念下的体系混乱及成因分析”，载《政治与法律》2014年第8期。

② 参见林东茂：《刑法综览》，中国人民大学出版社2009年版，第369页。

③ 参见李云飞：“我国广义洗钱概念下的体系混乱及成因分析”，载《政治与法律》2014年第8期。

④ 参见李云飞：“我国广义洗钱概念下的体系混乱及成因分析”，载《政治与法律》2014年第8期。

经营行为，至于法律法规所严令禁止经营的行为则绝无成立非法经营罪的可能。[1] 虽然《关于防范代币发行融资风险的公告》并不属于法律法规，但考虑到其内容已明确禁止比特币交易平台从事法定货币与虚拟货币以及虚拟货币之间的兑换业务，因此交易平台的经营活动并不属于非法经营罪的惩治对象。不过，这并不意味着交易平台可借此规避反洗钱监管，因为对于上游犯罪发生在我国领域内，洗钱行为发生在我国领域外的情形，不排除基于保护管辖的原则追究交易平台刑事责任的可能。只是不同国家对双重犯罪中“双重性”的理解差异是客观存在的境遇，面临着“罪名严格一致的双重、罪状表述的双重、罪质轻重的双重、国际道义的双重”[2] 等方面的博弈。例如，加拿大的《C－31 议案》对虽然在其境内没有营业场所但向其境内实体或个人提供虚拟业务的实体（即外国虚拟货币服务机构）纳入反洗钱监管范畴，[3] 我国亦可循此思路针对向我国公民提供比特币业务的海外交易平台予以规制。总之，国际合作是个复杂而渐进的过程，比特币的跨境交易导致信息分割，各国碎片化的监管政策亦为达成全球共识平添难度，唯有密切关注区块链技术发展，有效利用正式或非正式的合作模式加强刑事实体法层面的理论交流，以及刑事程序法层面的技术合作，才能及时应对比特币洗钱犯罪的潜在挑战。

## 五、结论

国际社会对反洗钱问题的关注，正是因为洗钱行为对跨国（境）犯罪的积极促进作用。可以说，如果能有效遏制洗钱问题，大多数跨国（境）犯罪会丧失经济支持，其犯罪收益也很难为犯罪分子所享有，当然，惩治洗钱犯罪也直接影响到国内金融秩序。然而，在传统金融体系对洗钱问题日益重视并建立起有效的防范机制的同时，互联网金融的便利性却无形中形成另一个反洗钱的“边疆地带”，而运用虚拟货币进行洗钱则更处于反洗钱机制最为边缘的地带。

能否有效地开发、完善针对运用虚拟货币进行洗钱的工具和机制，就要求对这类特殊的洗钱现象的风险和模式进行分析，对现有的规制手段进行反思，进而建立起更为有效的监管机制。同时，对于已经发生的违法犯罪问题，要妥善地运

① 参见田宏杰、阮柏云：“非法经营罪内涵与外延扩张限制思考”，载《人民检察》2012 年第 23 期。

② 陈东：“反洗钱国际合作与犯罪资产分享问题研究”，载《技术经济与管理研究》2010 年第 6 期。

③ 《C－31 议案》即《实施 2014 年 2 月 11 日议会预算案某些条款及其措施法案》，其是对加拿大《犯罪收益（洗钱）与恐怖融资法》的修订。参见师秀霞：“利用虚拟货币洗钱犯罪研究”，载《中国人民公安大学学报》（社会科学版）2017 年第 2 期。

用现有法律手段（尤其是刑罚手段）进行处理，并协调各种不同的洗钱犯罪的适用。

从现有制度和机制看，客观地讲，针对网络洗钱（尤其是利用虚拟货币洗钱）的制度供给还存在明显的不足，无论从规制层面还是在惩罚层面，无论在实体上还是程序上，都应全面考虑制度及规范上的完善问题。随着互联网的不断发展，这类新现象会不断出现，解决新问题、应对新挑战，应该考虑“制度—机制—技术”之间的创新融合，也只有如此，我们才能在面对历史挑战之际把握机遇，在“风险社会”立于不败之地。

# 互联网金融领域非法集资犯罪刑事规制要论

彭新林　杨清惠*

**摘　要：**P2P 网络借贷、股权众筹、委托理财、私募基金是当前中国互联网金融领域的重要业态，但其在实践中的异化，诸如直接或间接归集资金、非法吸收公众存款、卷款“跑路”等，严重损害投资者的合法权益，危及金融安全和社会稳定，涉嫌非法集资犯罪。P2P 网贷中的非法集资犯罪，主要是自我融资、“影子银行”、自保增信、设立资金池、伪平台运行等情形。股权众筹中的非法集资犯罪，主要表现为资金归集、面向不特定投资者融资以及利诱性问题。委托理财中的非法集资犯罪，主要是公开宣传理财信息、显性或者隐性保底承诺、面向不合格投资者销售理财产品和借用合法形式进行资金归集等情形。私募基金中的非法集资犯罪，主要是不符合私募基金管理规定、向非合格投资者进行推介、实行保证本息固定回报、突破合格投资者制度等情形。推进互联网金融领域非法集资犯罪的刑事治理，要将当前单一的宽缓政策调整为宽严相济的刑事政策，完善互联网金融中非法集资犯罪的刑法规范体系，健全行刑衔接机制，探索专业化案件办理机制，推行案例指导制度。

**关键词：**互联网金融；非法集资犯罪；刑事治理

## 一、前言

近年来，互联网技术、信息通信技术不断取得突破，推动互联网与金融快速融合。互联网金融的本质仍属于金融，其不仅没有改变金融经营风险的本质属性，还因互联网的虚拟性、跨地域性，呈几何级数放大了传统金融本身具有的隐蔽性、传染性、广泛性和突发性风险。与此同时，由于中国互联网金融在极短时间内迅猛爆发的发展特点，行业发展初期或多或少属于“缺门槛、缺规则、缺监管”的野蛮生长时期，其中不乏打着互联网金融旗号实施违法犯罪的虚伪创新。

---

* 彭新林，北京师范大学刑事法律科学研究院院长助理、研究员、博士研究生导师。杨清惠，中央纪委、国家监委驻文化和旅游部纪检监察组干部，法学博士。

P2P 网络借贷、股权众筹、委托理财、私募基金是当前中国互联网金融领域的重要业态，其在促进中小微企业发展、服务实体经济方面发挥了重要作用，备受国家政策鼓励和重视。但是，互联网金融创新本就是风险与机遇并存，P2P 网络借贷、股权众筹、委托理财、私募基金等在实践中的异化，诸如直接或间接归集资金、非法吸收公众存款、卷款“跑路”等，给互联网金融的健康发展蒙上了阴影，严重损害投资者合法权益，危及金融安全和社会稳定，其产生的金融风险远比传统金融更加难以控制。例如，据中国银行保险监督管理委员会发布的数据显示，2018 年全国新发非法集资案件 5693 起，同比增长 12.7%；涉案金额 3542 亿元，同比增长 97.2%，达历年峰值。其中，2018 年新发互联网金融领域集资案件数占比 30%，涉案金额和人数分别占到 69% 和 86%。[①]

诚然，在互联网与金融深度融合、“互联网 +”上升为国家战略的时代背景下，我们应当鼓励互联网金融创新，但是对于互联网金融领域的异化现象，特别是有些互联网金融行为在发展中脱离合规轨迹、突破法律底线、走形变异，涉嫌非法集资犯罪，对其准确判断和认定，并给予刑事规制，既是保护投资者合法权益、遏制互联网金融领域非法集资乱象的现实需要，也是促进互联网金融健康发展的重要保障。目前，理论界对传统非法集资犯罪尤其是涉众型经济犯罪的法律适用、司法认定、财产处置、预防策略等问题研究较多，而对互联网金融尤其是股权众筹、委托理财、私募基金等领域非法集资犯罪的认定及刑事规制问题关注较少。有鉴于此，为深化对互联网金融中非法集资犯罪问题的理论研究，促进互联网金融领域非法集资乱象的有效治理，本文试对 P2P 网络借贷、股权众筹、委托理财、私募基金等互联网金融主要业态中的非法集资犯罪问题进行研讨。

## 二、P2P 网络借贷模式

### （一）P2P 网络借贷的概念和刑事风险

P2P 网络借贷，是指个体和个体之间通过互联网平台实现的直接借贷。[②] 借款人可不提供贷款抵押物，经过借贷平台审核后，自行在借贷平台发布借款信息，包括金额、利息、还款方式和时间，实现自助式借款；出借人根据借款人发布的信息，自行决定借出金额，实现自助式借贷。借贷平台属于信息中介平台，负责对借款方的经济实力、借款信息真实性进行考察，并收取账户管理费和服务费等费用。

根据银监会等部委联合发布的《关于促进互联网金融健康发展的指导意见》

---

① 参见吴青：“加大力度打击互联网非法集资”，载《经济参考报》2019 年 4 月 24 日。

② 参见刘宪权、陈罗兰：“中国 P2P 网贷平台法律规制中的刑民分界问题”，载《法学杂志》2017 年第 6 期。

《网络借贷信息中介机构业务活动管理暂行办法》的相关规定，虽然 P2P 网络借贷是合法的经营模式，但 P2P 平台定位为信息中介，即提供借贷撮合服务的中介机构，不能利用平台进行自我融资、形成资金池、提供增信服务、期限错配或者线下推广等。否则，就是违规网络借贷。P2P 平台实施的违规网络借贷行为，轻则违反国家金融法律法规，重则触碰刑法底线，涉嫌非法集资犯罪（主要是非法吸收公众存款罪），应受到刑事制裁。

P2P 平台非法集资的行为模式、类型不同，其涉嫌的罪名也不尽一致。有学者认为，P2P 平台的异化行为可能涉嫌擅自设立金融机构罪、非法吸收公众存款罪、集资诈骗罪、高利转贷罪、非法经营罪、虚假广告罪等。① 当然，这只是从应然角度所作的分析；若从实然的角度考察，P2P 平台非法集资所涉嫌的罪名主要是非法吸收公众存款罪和集资诈骗罪。事实上，最高司法机关制定的相关司法解释，其内容也主要针对非法吸收公众存款罪和集资诈骗罪。

《刑法》第 176 条、第 192 条分别规定了非法吸收公众存款罪、集资诈骗罪。除了侵犯的客体、既遂的标准不同之外，两罪的主要界限在于犯罪目的的不同，集资诈骗罪具有非法占有的目的，而非法吸收公众存款罪无此目的。其中非法吸收公众存款罪是 P2P 平台非法集资行为所涉嫌的主导性罪名，是悬在 P2P 问题平台头上的一把"达摩克利斯之剑"。当然，如果 P2P 平台直接或间接归集资金形成资金池，或者以诈骗方法吸收资金后卷款"跑路"等，则应以其实际实施的行为及构成的法律关系确定罪名。从中国裁判文书网收录的 319 份 2019 年 P2P 平台涉非法集资的刑事判决看，位居前六的省市分别是浙江（64 份）、北京（54 份）、江苏（40 份）、天津（38 份）、上海（22 份）、广东（18 份），共占比 70% 以上。上述六省市，都属于经济较发达、民间借贷活跃、资金融通频繁的中国省份，这些有利条件客观上为 P2P 平台非法集资犯罪的滋生提供了肥沃土壤。从罪名分布看，犯非法吸收公众存款罪的判决 267 份，犯集资诈骗罪的判决 46 份，犯合同诈骗罪的判决 7 份，犯妨害公司、企业管理秩序罪的判决 3 份，犯组织、领导传销活动罪的判决 2 份，犯非法经营罪的判决 1 份。

### （二）P2P 网络借贷中非法集资犯罪的认定

从司法实践看，P2P 网贷平台涉嫌非法集资犯罪，主要表现为以下几种情形。

#### 1. 自我融资

一些企业设立所谓的 P2P 平台，通过虚设借款人、借款标的等方式向社会公众非法吸收资金，筹措来的资金或用于企业自身的生产经营，或对外投资，或者

---

① 参见李晓明："P2P 网络借贷的刑法控制"，载《法学》2015 年第 6 期。

转贷牟利，主要目的就是为企业自身融资。例如，在林某某等人非法吸收公众存款案中，林某某非法开设“武汉贷”P2P平台，利用网站发布虚假标的，以高额收益引诱投资者，非法吸收钟某等46人共计人民币800余万元资金，其中有200余万元用于P2P平台所依托的浙商之家公司的日常经营，200余万元用于相关酒店的装修。[①] 由上可见，该案中涉案P2P平台非法吸收来的资金，除了兑付投资人高额利息之外，大部分用于企业自身的经营活动及附属酒店装修，实质上属于自我融资。这种非法集资行为模式，因P2P平台经营者没有非法占有的目的，主要涉嫌非法吸收公众存款罪。

2. “影子银行”

“影子银行”是指游离于银行监管体系之外，可能引发系统性风险和监管套利等问题的信用中介体系。影子银行引发系统性风险的因素主要包括四个：期限错配、流动性转换、信用转换和高杠杆。[②] 中国不少P2P平台已经具备上述要素。比如，有的P2P平台由自己或者引入第三方担保公司为投资者提供本金和收益担保，从而提供信用转换，将应由投资者承担的借款人的信用风险转换为平台或者第三方承担。从国外P2P网贷平台的运行模式来看，Prosper、Lending Club等网贷平台并不提供担保，这与其完善的征信体系有关，这些平台使用个人信用评分系统，根据评分系统对借款的最低信用评分来确定是否放款。此外，还有的P2P网贷平台为了吸引投资者，推出随时回购标的服务，从而提供了流动性转换。此类“影子银行”模式的P2P网贷平台具备了银行的基本功能，在此基础上进行的资金吸纳行为，实质上属于非法集资行为。上述行为，其实符合非法吸收公众存款罪的构成特征。

3. 自保增信

有些P2P平台在融资过程中违规进行“增信”服务，形式可能是对外宣传对某某公司进行担保、某某机构进行担保。在审查担保机构是否构成犯罪时，要注意穿透核查。如果是自融自保，则属于非法集资犯罪的实行行为。比如影片《叶问3》的投资方快鹿集团，2016年年初在影片上映期间票房造假被大量网友举报，从而牵扯出快鹿集团自保自融的投资黑幕。这起案件的借款方、平台方、担保公司均是快鹿集团下属或者关联公司、企业，也就是快鹿集团的影视公司作为借款人，靠集团的关联担保公司，用集团的P2P平台融资，完成了影视作品的融资项目，这是典型的“自融自保”案例。[③] 在当前金融市场中，融资担保类型

---

① 参见湖北省武汉市中级人民法院（2017）鄂01刑终209号刑事裁定书。

② 参见巴曙松：“应从金融结构演进角度客观评估影子银行”，载《经济纵横》2013年第4期。

③ 参见潘璐：“论网贷平台非法集资的数据化排查方法”，载《山东警察学院学报》2018年第9期。

非常繁多，已经远远超出我们印象中的房产、车辆等固定资产，或者资金雄厚企业、专业担保公司的保证，新类型融资担保包括商铺租赁权质押、出租车经营权质押、银行理财产品质押、人身保险的保单质押、排污权质押、存货动态质押、债权回购质押、其他收费权质押等。对于新类型的担保，要实质性地追踪担保资金来源，若来源于自有资金依然属于自融自保。

4. 设立资金池

P2P 平台设立资金池，使得大额资金实际掌握在平台经营者手中，且能够轻易地操作资金池实施隐瞒平台风险、操纵标的等行为，严重损害投资人的合法权益，扰乱金融市场秩序，这也是许多平台崩塌后其负责人还能卷款“跑路”的重要原因。如在孙某某非法吸收公众存款案中，“天诚贷”平台通过先吸收存款后寻找借款人发放贷款的模式赚取利息差，设立资金池持有投资人资金，利用后吸收的资金偿还之前到期投资款，符合网络借贷非法集资行为模式。① 显而易见，“天诚贷”采取先归集资金后寻找借款对象的方式，使投资人资金进入平台账户产生资金池，并以“拆东墙补西墙”的方法维持平台运营直至崩塌，其行为属于典型的非法集资犯罪。此外，一些 P2P 平台通过将借款需求设计成各类理财产品等出售给投资人，使投资人资金进入平台账户，同样属于设立资金池的非法集资犯罪。

5. 伪平台运行

所谓伪平台运行，是指 P2P 平台并无真实的融资需求，为非法占有公众资金，发布虚假融资信息，吸收公众资金后即卷款潜逃。“伪平台是指某些从一开始便抱着‘卷钱’‘吸金’心理的行为人，利用互联网金融的概念，而创立的所谓‘平台’”②。从本质上看，伪平台就是徒有 P2P 平台之名、行集资诈骗犯罪之实，完全丧失了平台的中介属性，沦为不法分子集资诈骗的犯罪工具。在司法实践中，主要包括两类伪平台：第一类是专门为了集资诈骗而设立的 P2P 平台；第二类是成立初期并无非法占有的目的，但后期实施集资诈骗行为的平台。如在葛某某集资诈骗案中，葛某某在未取得金融业务许可的情况下，以“联创财富”为平台，虚构借款人和借款标的，将非法吸收的资金转至其个人账户。所吸资金除极少部分用于返还投资人本金、利息以外，绝大部分均被其挥霍或者以葛某甲等人名义购买房产、车辆③。该案中，“联创财富”就是一个伪平台，具有非法占有的目的，符合集资诈骗罪的犯罪构成。

以上几种模式大体能将实践中形形色色的 P2P 平台非法集资犯罪纳入其中。

---

① 参见山东省莱芜市钢城区人民法院（2016）鲁 1203 刑初 4 号刑事判决书。

② 参见刘宪权：“互联网金融平台的刑事风险及责任边界”，载《环球法律评论》2016 年第 5 期。

③ 参见浙江省宁波市中级人民法院（2015）浙甬刑一初字第 119 号刑事判决书。

值得强调的是，本文所探讨的P2P平台非法集资行为不包括“不合格借款人导致的非法集资风险”。不合格借款人非法吸收公众存款属于借款人非法集资范畴，而非P2P平台（运营者）非法集资。如果该借款人就是P2P平台的运营者，那问题还是回到了P2P平台非法集资的几种行为方式上了。当然，如果P2P平台明知借款人不具备合格资质，但为了提高平台的业务量，仍默许该不合格借款人在平台上发布虚假信息进行非法集资，甚至为其提供广告推广、支付结算等服务，因为P2P平台与不合格借款人之间并无共同的犯罪故意（意思联络），对此虽然不能按照非法集资犯罪的共犯论处，但其性质属于帮助行为，宜以帮助信息网络犯罪活动罪论处。

## 三、股权众筹模式

### （一）股权众筹的概念和方式

股权众筹属于众筹融资的一种重要形式，是指公司通过众筹平台筹集资金，创业投资者可获得股权。股权众筹的主要优势是没有太多融资成本，也没有类似银行的金融中介，投资者直接以股权作为投资形式，希望未来获得股权的增值，均以获得投资收益为目的提供资金。

股权众筹项目发起者主要有两类：一是有创业项目和创造能力，但自身没有资金进行投资。二是已经把创意付诸初步实践，成立工作室或公司，但后续资金缺乏。股权众筹项目支持者也主要有两类：一是具有投资意向且有闲置资金的个人，这些个人通过与项目发起者接洽，认同项目发起者的创意想法；二是政府部门、大型企业等。政府部门、大型企业通过众筹平台把国家支持的创业扶持资金更有针对性、更有效地用于资助创业者。主要的股权众筹方式有以下几种：一是直接股权投资。筹资者将项目提交众筹平台审核，平台审核通过后在众筹平台创建项目，投资者选中该项目后通过众筹平台投入相应资金。这种方式虽然不属于公开发行股票，但不能突破相关规定中关于人数的限制。比如，股份有限公司的股东人数不能超过200人，有限责任公司的股东人数不得超过50人。二是“线上+线下”两段式投资。此种两段式投资方式是为了回避目前中国法律法规对于股权融资的限制，在线上展示项目信息，与潜在投资者达成意向后，操作转入线下，按照《公司法》等法律规定进行股权投资操作，或者在线上对投资者进行筛选，只对通过认证的投资者开放项目信息，对投资者采取邀请制、设定较高的投资者门槛。

股权众筹主要受《证券法》规制。根据该规定，未经核准，任何单位与个人不得公开发行证券。股权众筹融资一般达不到公开发行债券核准的条件，因此，只能采取非公开方式发行。《私募股权众筹融资管理办法（试行）（征求意见稿)》明确规定股权众筹应当采取非公开发行方式，同时确定投资者必须为特定对象等一系列原则。此外，《互联网金融风险专项整治工作实施方案》也对股权众筹的合规运行提出了一系列要求：一是参与众筹人数不得超过200人；二是不得采用广告、公开劝诱和变相公开方式发行股份；三是不得自筹[①]；四是要面向特定投资者。开展股权众筹活动，众筹平台要对融资方身份及项目的真实性严格履行核查义务；众筹平台还要对投资者进行筛选，只有经过注册且通过资产实力审核的合格投资者才具备参与众筹的资格。当然，融资方要向众筹平台提供真实信息，包括项目通过审批的发文、可行性报告、前景预期等。

### （二）股权众筹中非法集资犯罪的认定

股权众筹一般通过网络众筹平台实现，融资者在平台发布项目的目的就是募集资金，所以众筹过程中的融资行为本质上是一种募集资金的行为，在中国没有小额豁免制度的情况下，如果该融资行为突破人数限制、进行公开宣传、进行利益回报，则很可能涉嫌非法集资犯罪。从中国裁判文书网收录的2019年涉股权众筹平台非法集资的刑事判决看，共计有21份刑事判决书，全部由基层法院作出。其中，上海6份，江苏5份，安徽、福建、陕西各2份，江西、广东、重庆、浙江各1份。从罪名分布看，被判决犯非法吸收公众存款罪的判决11份，犯组织、领导传销活动犯罪的7份，犯集资诈骗罪的1份，犯合同诈骗罪的1份。具体来说，股权众筹中的非法集资犯罪，主要表现为以下几种情形。

#### 1. 资金归集问题

股权众筹一般由三方主体构成，即项目发起人、投资者、众筹平台。股权众筹融资的基本流程，可以分为六步：项目构思、项目审核、项目发布、项目宣传、项目筹资、项目回报。

项目发起人在众筹平台发布项目后，项目筹资环节需要一定时间完成，投资者一般将资金打到众筹平台指定账户（当然也可以是托管账户），客观上造成众筹平台资金归集，形成资金风险。由于目前尚缺乏有效的约束机制防范股权众筹平台在筹资过程中对已筹集资金的不当管理与使用，这给投资者的资金带来极大的安全隐患。[②] 这种违规融资型众筹异化行为，主要表现为两种方式：一是第三方众筹平台先归集投资者资金，后吸引项目上线，并向投资者承诺还本付息；二是众筹平台与项目公司同属一个公司集团，而并非第三方融资平台，众筹平台实

---

① 参见《互联网金融风险专项整治工作实施方案》（国办发〔2016〕21号），国务院办公厅2016年4月12日印发。

② 参见杨东、苏伦嘎：“股权众筹平台的运营模式及风险防范”，载《国家检察官学院学报》2014年第4期。

际上是在为本集团的公司进行融资，并承诺向投资者还本付息。[①] 股权众筹平台在融资过程中，对于项目发起人进行资质审核，对于合格的众筹项目，如果只是在众筹融资过程中进行融资资金归集，筹资结束后即将众筹资金支付给项目发起人，一般不宜认定为犯罪。但是在没有众筹融资项目时，未对募集资金设置专门账户，先行融资，实际为空标融资，或者自融、为关联方融资，都涉嫌非法集资犯罪。而对于融资项目发起人，如果为了突破单一平台的融资限制，于同一时间段在多个股权众筹平台就同一融资项目进行融资，或者在股权众筹平台以外的公开场所也以该项目名义进行融资，所融资金明显超出项目需要时，也涉嫌非法集资犯罪。

2. 不特定投资者问题

根据《证券法》的规定，未经依法注册，任何单位和个人不得公开发行证券；非公开发行证券，不得采用广告、公开劝诱和变相公开方式。股权众筹实质上是借助网络平台，以兜售股份的形式来融资，该行为性质类似发行证券。股权众筹融资是互联网金融的重要组成部分，而互联网天然的开放性，使得股权众筹融资天生具有向不特定社会公众募集资金的属性。有观点认为，股权众筹需要对其运作模式进行严格的管控或采取特殊方式才能规避《证券法》的限制，而这种规避方式从法律解释的角度来看往往又是不可靠的。[②] 笔者认为，对于股权众筹平台是否涉嫌非法集资犯罪，要进行实质式审查。须知，股权众筹是面向特定投资者募集资金，如果众筹平台在投资者资格审查中采取实名认证，设立严格的资产评定过程，那么该平台的投资者并非不特定公众，而是有指向的投资者。如果平台对于实名认证要求不高，只是身份注册，而并未对投资者进行实质性资质审核，则不能认为是向特定投资者募集资金。

3. 利诱性问题

合法的股权众筹平台实质上是信息中介平台，客观中立的审核筹资人项目，发布筹资人项目信息，投资者根据自身投资偏好进行投资，平台收取中介费用。但是，实践中部分众筹平台为规避非法集资，在说明中表示不能够以股权、债权或者资金作为对支持者的回报，项目发起人、平台方不向支持者许诺任何资金上的收益；有的众筹平台将网友对发起人的项目注册视为购买，而非投资。[③] 笔者认为，如果项目发起人虽然表面上未承诺本息固定回报，但通过补充合同、担保

① 参见阴建峰、刘雪丹："互联网股权众筹的刑法规制问题论纲"，载《法律科学》2018年第1期。

② 参见杨东、苏伦嘎："股权众筹平台的运营模式及风险防范"，载《国家检察官学院学报》2014年第4期。

③ 参见阴建峰、刘雪丹："互联网股权众筹的刑法规制问题论纲"，载《法律科学》2018年第1期。

合同等形式，实质向投资者承诺本金不受损失或者承诺最低收益，或者实物作为回报，具有被动型、投资性、保底性的特征，则符合非法集资犯罪的利诱性特征，存在较大的被追究刑事责任的风险。

## 四、委托理财模式

### （一）委托理财的概念和类型

1. 委托理财的概念

委托理财有广义和狭义之分。广义上的委托理财，是指委托人基于信任关系，将自己的财产或财产权利委托给他人管理以获取收益。其涵盖的范围十分广泛，比如，将自有房屋交给中介机构，由中介机构代理出租，出租人与承租人不直接签订租房合同，不论中介机构租房收益如何，出租人收取固定收益。狭义的委托理财，仅是指金融市场上的理财行为，即将其自有资金委托给机构或者个人，由后者开展投资活动，所获收益按双方约定比例进行分配。本文立足互联网金融犯罪领域，故是从狭义上来把握委托理财的概念，即仅限于委托人向受托人交付资金，从而获取收益的行为。金融市场上将此称为受托投资管理或资产管理业务。

2. 委托理财的类型

按照受托人是否为金融机构，委托理财可以分为金融委托理财和民间委托理财。金融委托理财，是指委托人将资金交给银行、证券公司等正规金融机构从事理财业务，因为金融机构发布理财产品均经过严格审批，这类领域涉及非法集资犯罪可能性较小。实践中，金融委托理财的高发犯罪情形，是金融机构工作人员将吸收的资金未纳入金融机构账户，而是与外部机构或者个人合作，转移客户资金，用于其他投资活动，行业领域称为“飞单”，这种情况下金融机构工作人员可能构成非法集资犯罪的共同犯罪，金融机构在民事上对投资者负有民事赔偿责任。在民间委托理财中，委托人基于信任关系，将自有资产委托给投资咨询公司、资产管理公司等非金融机构或自然人，由非金融机构或者自然人代替委托人进行资产增值理财投资。民间委托理财在资本市场上占有很大比例，但游离于监管之外。民间委托理财是委托理财非法集资犯罪的重灾区之一，不少民间委托理财机构和个人以理财之名行非法集资之实。

随着互联网金融的发展，互联网投资理财也走入普通投资者视野，互联网投资理财是指通过互联网或移动通信网络，在第三方网络支付结算平台或其他网络平台上销售投资理财产品的业务。[①] 目前阿里余额宝、腾讯理财通等就是典型的

① 参见最高人民法院课题组：“互联网金融发展情况、立法规制与司法应对”，载《金融服务法评论》2015 年第 6 期。

互联网理财产品。互联网投资理财产品本质上与传统金融理财产品并无不同，形式上都是由投资者将自有资金委托于机构或者个人进行管理，区别在于销售渠道不同。互联网投资理财未经过传统线上销售渠道，而是通过移动互联网平台进行销售，投资者无须签订纸质版合同，可以通过网络或者手机 App 进行操作，对于投资者而言，投资更加便捷，成本更低廉，且无资金门槛。下文主要以互联网委托理财为立足点，对委托理财中非法集资犯罪的认定问题进行分析。

### （二）委托理财中非法集资犯罪的认定

现实生活中，时常存在以委托理财名义进行非法集资或者变相非法集资的犯罪行为。从中国裁判文书网收录的 2019 年涉委托理财平台非法集资的刑事判决看，共计有 283 份刑事判决书。位居前六的省市分别是天津 36 份、江苏 29 份、湖南 20 份、安徽 14 份、北京 13 份、河北 12 份，其他省市不到 10 份或者没有。从罪名分布看，被判决犯非法吸收公众存款罪的判决书 258 份，犯集资诈骗罪的判决 28 份，犯合同诈骗罪的判决 2 份，犯非法经营罪的判决 1 份。下面就委托理财中非法集资犯罪的表现形式和判断要点进行分析。

#### 1. 委托理财中非法集资犯罪的判断要点

判断委托理财中的非法集资行为，主要应从以下四个方面考察：其一，是否存在保底条款。有保底条款的委托理财合同，违反委托理财风险共担原则，具有非法集资犯罪的利诱性特征。其二，委托理财合同是否针对不特定对象。委托理财合同属于一对一合同，但是行为人如果对于委托人来者不拒，与不特定多数人签订大量委托理财合同，就符合非法集资犯罪的社会性特征。其三，考察资金的去向和用途。具体来说，要看行为人对于委托的公众资金是否合理进行使用。如果受托人以委托理财的名义吸收客户资金以后，没有依约开展投资经营活动，而是将资金投向高风险领域，则会造成公众资金安全危险，则一般考虑以非法集资犯罪处理。其四，考察其造成投资者资金安全危险的严重程度或者考察其是否实际造成损失。公众资金安全危害程度大小是考量行为构成非法集资犯罪的关键因素。区分非法委托理财行为与委托理财犯罪行为的主要标准，并不仅在于行为方式的不同，更重要的是看行为的结果是否达到刑法上规定的侵害法益的危害程度，是否必须发动刑罚来保护法益。如果非法委托理财行为，满足了非法吸收公众存款罪构成要件，危及公众资金安全，那就应该追究行为人的刑事责任，反之则只能予以行政处罚。

#### 2. 委托理财中非法集资犯罪的表现形式

实践中，委托理财行为涉嫌非法集资犯罪的情形，主要有以下几种表现形式：

（1）公开宣传理财信息。民间委托理财中受托人多为投资咨询公司，并不像金融机构那样，有高门槛的准入机制、严格的风险控制机制、规范的业务运作章程。有的受托人在宣传时面向不特定多数人公开宣传、虚假宣传、隐瞒风险。宣传形式包括向不特定社会公众打电话推销，发送手机短信给潜在客户，举办"公益讲座"进行理财宣传，设置多个优惠条件吸引客户，过分强调盈利前景，缺少风险提示等。

（2）显性或者隐性保底承诺。受托人接受客户的全权委托，作出保底承诺，违反委托理财合同应当由委托人承担投资风险的根本属性。如有的委托理财合同，委托人与受托人约定保底条款，受托人对于委托人的财产保证本息回报；有的受托人以普通合伙人身份与投资者共同设立有限合伙企业，投资者以有限合伙人名义将款项投入该合伙企业并约定投资到合同项目当中，受托人在合伙协议中承诺按期给付收益，到期回购投资者在合伙企业中的份额，从而完成该有限合伙人的退伙回款。民间委托理财合同名类繁多，有资产管理、委托投资、受托资产管理、信息咨询服务协议等，有时为了规避保底条款限制，还采取正式合同和补充协议两份，正式合同不体现任何保底收益的文字，完全满足投资合同的合法要件，另在补充协议中写明承诺保底收益。

（3）面向不合格投资者销售理财产品。总体而言，民间委托理财属于意思自治领域，国家对于委托人也就是投资者的条件没有禁止性规定，委托人有权对其财产进行处置。但是就互联网委托理财而言，其面向的是社会公众，具有一定条件限制。互联网金融平台聚集大量的消费人群，推广产品便捷、销售产品方便，且成本较低。比如，以余额宝（货币市场基金）为代表的传统金融产品的销售额近年来就增长很迅速。按照现有法律规定，能够在网络上向公众销售的正规金融产品只有两种：分别是公募型证券投资基金和保险产品。其他即使是合法的金融产品，也不能在网上公开销售。如信托产品、私募产品等，都只能向合格投资者私募，不允许向公众销售。但实践中，出现了很多变相网络销售的模式，例如，金融产品"团购"：金融机构不允许向公众销售这些产品，那机构就代表投资者购买。此外，各种非法的金融产品也趁机在网络上销售，称为"资产管理"。[①] 依据相关法律规定，未经许可，不得依托互联网公开发行、销售资产管理产品（也就是金融产品）。否则，有可能因通过网络平台非法融资而构成非法集资犯罪。此外，在互联网委托理财领域，网络平台必须将资金用于约定的理财活动而不能挪作他用，其盈利也来源于从投资者处收取的管理费，而不能从中赚取利差，即与投资者约定较低的收益率，主要从理财产品发行机构获取更高的收益。如果网络平台将投资者投入的资金挪作他用，如用于高利放贷、炒股、期货

① 参见彭冰："反思互联网金融监管"，载《金融博览》2018 年第 12 期。

等活动的，或者通过受托理财而赚取利差的，其行为性质则由委托理财变为非法集资犯罪。

（4）借用合法形式进行资金归集。实践中，有些受托人以响应国家号召，以保护环境、养老建设、生态投资、金融创新等为宣传理念，利用种植养殖业开发、高新技术产业研发、文物保护、文化产业开发、集资建房等多种项目吸引投资者，若在网络平台上参与投资理财的对象涉及不特定人群（非特定对象），或者超过200人时，则涉嫌非法集资犯罪。

## 五、私募基金模式

### （一）私募基金的概念和类型

1. 私募基金的概念

私募基金是指在境内以非公开方式向投资者募集资金设立的投资基金。私募基金具有以下特点：一是私募基金的发行采用备案制，不需证监会审核，属于发行豁免，信息披露义务较公募基金要低很多，发行成本节约、发行便捷，投资运作形式灵活，基金发起人及基金管理人在项目选择、基金管理、投资中自主性大。二是通过非公开方式募集资金。私募基金不能进行公开宣传，不能在任何媒体上做广告，只能通过特定渠道让合格投资者获悉，不得向不合格投资者发布私募基金信息。三是募集对象只能是少数特定的合格投资者。合格投资者一般资产雄厚，具有一定的风险控制和风险识别能力，能够获取必要的投资信息，可以根据自身风险承受能力和范围选择匹配的私募基金进行投资。

2. 私募基金的类型

按照组织形式的不同，私募基金可以分为公司型私募基金、契约型私募基金、合伙型私募基金。公司型私募基金是以公司的组织形式来运作而形成私募基金，投资者购买一定的私募基金份额成为公司股东，以其投资额为限承担公司债务，享有相应股东权利。契约型私募基金一般通过信托形式完成，投资者与信托公司签订专门的信托契约，以此明确各自的权利与义务。实践中，通常由一家信托公司作为发起方，将募集来的资金自行管理投资或另行委托专门的投资顾问，由基金管理人以自己的名义对其进行专业化管理和投资决策。合伙型私募基金具体又分为普通合伙型私募基金与有限合伙型私募基金。前者指私募基金发起人以合伙企业的名义对基金进行运作，负责日常的经营管理及基金项目投资，对基金承担无限责任；后者一般是指，普通投资者投入资金，以基金份额为限承担有限责任，有限合伙人收入来源于基金收益分红，一般不参与基金的运作。

### （二）私募基金中非法集资犯罪的认定

私募基金被称为“富人的游戏”，本身就是一种高风险的融资行为。在私募基金融资的过程中，部分私募发起人、管理人突破私募相关规定，使公众资金安全面临重大风险，就有可能涉嫌非法集资犯罪。从中国裁判文书网收录的2019年涉私募基金平台非法集资的刑事判决看，共计有87份刑事判决书。位居前六的省市分布是北京29份、湖北7份、天津5份、上海5份、湖南5份、山西5份，其他省市不到5份或者没有。从罪名分布看，被判决犯非法吸收公众存款罪的判决书74份，犯集资诈骗罪的判决5份，犯组织、领导传销活动罪的判决5份、犯合同诈骗罪的判决4份。下文着重从募集发起、募集方式、募集手段、募集对象等方面，对私募基金中非法集资行为的认定进行分析。

1. 不符合私募基金管理规定

根据最高人民法院、最高人民检察院、公安部2019年1月30日联合印发《关于办理非法集资刑事案件若干问题的意见》，私募基金非法性的认定，可以参考中国证券监督管理委员会等行政主管部门依照国家金融管理法律法规制定的部门规章或者国家有关金融管理的规定、办法、实施细则等规范性文件的规定。而中国证券监督管理委员会于2014年6月30日就出台了《私募投资基金监督管理暂行办法》。据此可知，该暂行办法是判断私募基金融资行为是否合规的重要依据。根据《私募投资基金监督管理暂行办法》第5条第2款的规定，尽管中国私募管理机构的设立以及私募基金的发行均无须“有关部门依法批准”，但私募融资必须进行登记备案。具体来说，虽然私募基金融资是审批豁免，采取的是备案制，但这绝不意味着私募基金的设立没有任何门槛要求，不存在“非法性”的情形。如果私募基金管理人未合法成立、未在基金业协会履行登记手续，或者超出私募经营范围进行募集，都具备“非法性”要件。同时，私募基金实行私募基金管理人登记与私募基金备案制度，不存在审批的问题，不能据此认为只要登记备案就是具有合法性，排除非法性。

2. 向非合格投资者进行推介

相比公募基金，私募基金的核心在于“非公开性”。私募基金禁止公开推介或变相公开推介。《中华人民共和国证券投资基金法》（以下简称《证券投资基金法》）第91条规定：“非公开募集基金，不得向合格投资者之外的单位和个人募集资金，不得通过报刊、电台、电视台、互联网等公众传播媒体或者讲座、报告会、分析会等方式向不特定对象宣传推介。”

但是，许多私募机构在私募的发行中，常委托其他机构或人员对外销售，销售人员中有相当一部分是离职或在职的银行工作人员，基于银行工作经历，其手中通常握有不少熟悉的客户。笔者认为，证券中介公司或投资咨询公司、第三方代销机构可以向合格投资者推荐私募基金信息，这是私募基金推介中的合法渠道，但这里的推介必须是合规主体之间的信息推送，如果信息推介者未加选择即未评估信息接收人是否是合格投资者就盲目推介，或者盲目电话推销，对于所有投资者“来者不拒”，未设置特定对象确定程序，发布的内容属于私募基金推介的，即使是点对点的方式，但参加者面向不特定多数人且有随机选择或者随时可能变化，也应认定具有公开性。此时，有可能涉嫌非法集资犯罪。

3. 保证本息固定回报

私募基金投资存在经营、技术等各种风险，因此，私募发行应当向投资者明确提示投资本金和预期收益均无法得到保证的风险，由投资者在认识到风险的情况下决定是否投资，投资产生的损失由其自己承担。《私募投资基金监督管理暂行办法》第15条规定，“私募基金管理人、私募基金销售机构不得向投资者承诺投资本金不受损失或者承诺最低收益”。实践中私募基金投资合同一般还伴有担保合同、合伙协议等，是否保本付息的表述五花八门。在涉私募基金刑事案件中，行为人为了规避法律的禁止性规定，一般不直接承诺还本付息或给付回报，而是使用“预期收益”“保本回购”“损失担保”等字眼。判断是否具有保本付息的利诱性，关键在于行为人是否隐瞒了投资风险或者引导投资者低估投资风险，“预期收益”等本质上使投资者误认为投资没有任何风险，一定能按期还本付息，认识不到投资的风险，这与私募基金的高风险、高回报的投资属性相背离，将权益性投资变为债权性投资，符合非法集资犯罪的利诱性特征，涉嫌非法集资犯罪。

4. 突破合格投资者制度

私募基金是一种高收益与高风险相伴随的投资方式，其面向的应当是少数的“合格投资者”。合格投资者是指符合法律对特定证券品种或投资项目预设的条件要求，具有相应权利能力和行为能力，适合参与特定证券品种或投资项目交易的特定投资者。[①] 这些合格投资者具备自我保护能力，因此即便投资风险实现也不会危害社会公共利益，突破合格投资者制度的私募行为实质上是将募集资金的触角伸向了没有自我保护能力的社会公众，直接危及公众资金安全。

私募基金从创立之初，就对投资者的人数及资金实力要求较高。根据《私募投资基金监督管理暂行办法》的规定，私募中的合格投资者分为两种：一种是法律直接规定为合格投资者，投资经验丰富及抗金融风险能力强，比如机构投资者；另一种是符合法定条件要求，经确认为合格投资者。合格投资者需具备应有的金融知识和经验，能够准确识别投资风险，进而权衡投资价值与风险之后作出投资决定，合格投资者还有较高风险承担能力，这直观反映为经济实力，即投资者的资产或者是投资者所保持的可观的收入水平。在违规私募基金募集过程

① 参见郭富青：“论资本市场合格投资者资格塑造与行为规制”，载《证券法苑》2012年第2期。

中，很多投资者是老年人、普通中低产阶层，本身没有基金业务从业经历和投资经验，也没有相关专业背景，经济收入及资产不符合《私募投资基金监督管理暂行办法》要求，根本不具备风险识别能力和风险承担能力。

判断私募基金中单个投资者或者投资机构是否是合格投资者时，应进行穿透核查或者实质性审查。根据《证券投资基金法》等相关法律的规定，如果投资者直接申购私募基金，该私募基金发行的投资者不能超过200人；采用有限责任公司及合伙企业组织形式的私募基金，投资者人数不能超过50人；单个融资项目成立公司组织形式，最终的股东累计人数不得超过200人。但是，实践中有些基金管理人、投资者通过各种方式绕开监管，比如通过合伙企业或者由他人代持的方式，由一名投资者归集其他数名甚至数十名普通投资者的资金，以其个人名义参与融资项目，显名股东数虽然表面在200人以下，但进行“穿透核查”，就会发现所有参与投资的人数累加后超过200人，且部分甚至大部分投资者不符合合格投资者要求。还有的基金管理人为了规避人数上限要求，将一个私募基金项目拆分为数个项目，分别进行私募融资，但是从资金归集及用途来看，实质是同一项目。这就涉及非法集资犯罪的问题。

## 六、结语

综上所述，从中国裁判文书网收录的2019年中国互联网金融领域涉非法集资的刑事判决看，P2P网络借贷领域的刑事判决有319份，股权众筹领域21份，委托理财领域283份，私募基金领域87份。显而易见，P2P网络借贷、委托理财领域非法集资刑事案件相对比较集中，在中国互联网金融领域的非法集资刑事案件中占支配性地位，应当作为刑事政策调控和刑事规制的重点。为有效治理P2P网络借贷、股权众筹、委托理财、私募基金等互联网金融领域的非法集资犯罪，更好促进互联网金融业务的健康发展，笔者建议从刑事政策、立法规制、司法治理等三个方面入手完善互联网金融领域非法集资犯罪的刑事治理对策。

### （一）对互联网金融领域非法集资犯罪治理，要确立宽严相济的刑事政策

对于包括P2P网贷、股权众筹、委托理财、私募基金在内的互联网金融，中国当前采取的是适度宽松的监管政策，目的是为互联网金融创新留有空间。适度宽松的监管政策也必然会影响P2P网络、股权众筹、委托理财、私募基金平台及相关当事方非法集资治理的刑事政策。因为互联网金融中的非法集资犯罪作为法定犯，其治理的刑事政策对金融发展政策有很强的依附性，两者具有较强的联动关系，因此中国对互联网金融中的非法集资治理的刑事政策实际上也是宽缓政策。面对新形势下互联网金融中的非法集资的乱象，建议及时调整现行单一的宽缓刑事政策，确立宽严相济的刑事政策。具体来说，一方面，对于互联网金融平

台及相关当事方的一般性违规行为、轻微犯罪等，严格控制刑法干预的边界，发挥好《刑法》第13条“但书”[①] 的出罪功能；对犯罪情节相对较轻、主观恶性小、在非法集资犯罪中作用不突出或者普通的业务人员，依法从宽处理，重视非刑罚处罚方法的适用；另一方面，对于卷款“跑路”的集资诈骗犯罪或者犯罪情节严重、主观恶性大、在犯罪中起主要作用的人员，依法从严打击，加大财产刑适用，规定从业禁止措施，增强惩罚力度。

（二）完善互联网金融中非法集资犯罪的刑法规制体系，加大制裁力度

一是把司法解释的相关内容纳入刑法条文，在《刑法》第176条对“非法吸收公众存款或变相吸收公众存款”的成立要件在法律上作出明确规定，以彰显刑法的威慑功能，加大对非法集资犯罪的惩处力度，充分发挥刑法在保障金融安全、规范社会生活方面的引领和推动作用。二是将包括集资诈骗罪在内的金融诈骗罪整体移入《刑法》第3章第4节“破坏金融管理秩序罪”一节。从金融诈骗罪兼具金融犯罪和财产犯罪的双重属性来看，突出其对“金融管理秩序的破坏”之特征，将其纳入破坏金融管理秩序罪中，不仅足以达到着重保护金融管理秩序的目的，化解与传统刑法分类依据相悖的问题，而且可满足从整个金融市场入手遏制金融诈骗罪的需要，更有利于实现打击金融诈骗犯罪的现实目的。三是完善非法吸收公众存款罪、集资诈骗罪的刑罚配置，增设从业禁止的资格刑。禁止此类案件的犯罪分子自刑罚执行完毕之日或者假释之日起一定期限内不得从事相关职业。此外，调整《刑法》第176条规定的非法吸收公众存款罪的法定刑，增加一个量刑档次，即规定“数额特别巨大或者有其他特别严重情节的，处十年以上有期徒刑，并处五十万元以上五百万元以下罚金”，从而解决非法吸收公众存款罪量刑档次过窄、刑法杠杆作用不明显的问题。

（三）改进互联网金融中非法集资犯罪的司法治理机制

一是健全互联网金融中非法集资案件的行刑衔接机制。建议从国家层面统筹，推动形成统一的“网上衔接、信息共享”平台建设，通过衔接联动平台实现互联网金融中非法集资案件的网上移送、网上受理、执法动态交流和业务研讨、案件信息流程跟踪和监控，以防止互联网金融行政监管中出现的“以罚代刑”、打击不力现象。二是探索互联网金融领域非法集资刑事案件专业化办理机制。互联网金融中的非法集资犯罪属于兼具涉众性、专业性、网络性的新型金融犯罪，对案件线索的查证、行为定性、证据审查、法律适用、追诉标准的把握，不同于传统的金融犯罪，需要从侦查、起诉、审判各环节全方位地提升案件办理的专业化水准。包括在公安、检察、法院探索建立专业化的案件办理机构，加强

---

① 《刑法》第13条“但书”规定为“情节显著轻微危害不大的，不认为是犯罪”。

互联网金融犯罪执法办案队伍的专业化建设。三是积极推行互联网金融中非法集资犯罪案例指导制度。可紧密联系当前金融司法实践中遇到的新情况、新问题，及时选择典型、疑难或新类型的互联网金融领域非法集资刑事案例，分析和挖掘这些刑事案例背后所体现的法律精神、法律原理、法律规则和办案理念、办案方法、办案技能，采取选编典型案例、公布法律文书等形式，理论联系实际地准确诠释相关刑事法律法规和司法解释，为办案人员提供有针对性、权威性的业务指导和参考。

# 互联网股权众筹融资的几点思考

曾粤兴　赵睿英*

**摘　要**：股权众筹作为新型的互联网金融手段，在目前的司法实践中存在着刑法过度介入的问题，尤其是股权众筹行为极易被认定为非法吸收公众存款罪和擅自发行公司、企业债券罪。为促进股权众筹的健康发展，应完善民商事立法对股权众筹的规定，同时借鉴乔布斯法案建立我国的众筹规则，对其规制应优先适用行政法规进行前置性的违法处罚，在刑法适用中，应从实质的法益侵害为出发点，保持刑法的谦抑性。

**关键词**：股权众筹；刑事风险；刑法适用

## 一、引言

2018年11月，习总书记指出党中央高度重视中小企业发展，大力提倡中小企业创新、创造、创业。企业的发展离不开融资，但中小型企业融资存在很多政策上的阻碍，作为互联网与金融结合的产物，众筹融资为小型企业融资开辟了新的道路。互联网股权众筹融资一方面使得小型企业实现了传统方式无法接触到的大量的潜在投资者，另一方面也降低了中小企业的融资成本。但是在中国，众筹平台面临极大风险，互联网股权众筹模式下，创业者容易进入非法集资和擅自发行企业债券犯罪的刑法领域。

## 二、我国互联网股权众筹发展现状

2014年11月，为鼓励互联网金融等新型融资模式，更好地为创新型、创业型小微企业提供合法规范的服务，李克强总理在国务院会议上首次提出建立资本市场小额再融资快速机制，开展股权众筹试点工作。2015年中国人民银行联合银监会、证监会等十部委下发了《关于促进互联网金融健康发展的指导意见》指出，股权众筹融资主要是指中小企业通过股权众筹融资中介机构平台在互联网

---

* 曾粤兴，法学博士，北京理工大学法学院教授、博士研究生导师。赵睿英，北京理工大学2018级博士研究生，主要从事刑法、刑事诉讼法研究。

上进行公开、小额股权融资活动。2015 年 8 月，中国证监会《关于对通过互联网开展股权融资活动的机构进行专项检查的通知》再次界定股权众筹的概念，即指小微企业通过股权众筹互联网平台公开募集股本的活动。自此，股权众筹“公开、小额、大众”的三个特征也得以确立，其与非公开的股权融资明确区别开来。

互联网众筹作为助力中国经济转型的方式正式得到了国家和政府的认可，此后互联网众筹平台呈现爆发式增长。2014 年至 2016 年，我国众筹平台进入快速增长阶段，但随着众筹法律风险的逐步显现，股权众筹并没有发挥出其应有的作用，随之而来的借着股权众筹名义从事金融诈骗和非法集资的行为大量出现，金融监管逐渐趋严，同时，正常的股权众筹行为也因其与我国现行法律相违背而成为刑法上的犯罪行为，在这种情况下，2017—2018 年众筹平台数量下降明显。根据 2018 互联网众筹行业现状与发展趋势报告的不完全统计，2017 年新增众筹平台仅有 25 家，同比 2016 年下降约 83%；倒闭平台 180 家，同比 2016 年下降约 13%；转型或下架平台 20 家，同比 2016 年下降约 78%。股权众筹从 2011 年进入我国市场，作为一种新型的融资模式其发展时间还很短暂，市场和监管还处于磨合期，加之相关法律法规尚未完善，行业监管机制虽逐渐明朗但尚未统一，互联网股权众筹平台的业务边界还需进一步厘清。

## 三、我国互联网股权众筹刑事风险

股权众筹规则在我国尚未建立的现状使其存在着较高的法律法规风险，其在刑法上的体现主要为非法集资类和非法发行证券类风险。我国股权众筹融资项目的参差不齐使其与非法吸收公众存款，擅自发行公司、企业债券罪等刑法犯罪的特征非常相似，极易踩到法律红线，众筹与非法吸收公众存款罪，擅自发行公司、企业债券罪之间边界不清已是不争的事实。①

### （一）股权众筹与非法吸收公众存款

最高人民法院 2010 年 11 月颁布的《关于审理非法集资刑事案件具体应用法律若干问题的解释》中明确规定了非法吸收公众存款或者变相吸收公众存款的非法性、公开性、对象不特定、回报性的构成要件。我国《刑法》第 176 条规定，非法吸收公众存款罪是指违反国家金融管理法规，非法吸收或变相吸收公众存款扰乱金融秩序的行为。要分析股权众筹是否构成非法吸收公众存款犯罪，需要从本罪名侵犯的客体、客观方面、主体和主观方面进行分析。

---

① 参见刘宪权：“互联网金融股权众筹行为刑法规制论”，载《法商研究》2015 年第 6 期。

1. 犯罪客体和客观方面

本罪的犯罪客体在刑法中已明确规定，为国家金融管理秩序，相关司法解释又规定了个人和单位给受害人造成经济损失的金额标准，故应认为公民财产利益也是本罪的犯罪客体。互联网股权众筹融资的定义，《关于促进互联网金融健康发展的指导意见》中将其定义为通过互联网形式进行公开、小额股权融资的活动，这里明确指出了股权众筹“公开”“小额”的性质。微小企业融资行为是否合法，本质在于该融资的行为有没有得到相关部门的批准，整个过程中行为和程序是否符合法律的规定。2011 年施行的《最高人民法院关于审理非法集资刑事案件具体应用法律若干问题的解释》第 1 条规定了非法集资类犯罪应具备特征之一就是“未经有关部门依法批准或者借用合法经营的形式吸收资金”，即非法性特征。关于股权众筹的我国现行规定之间存在矛盾，在我国现有规定框架内，如果中小企业“公开”进行股权众筹将面临融资主体不合法，这种“非法性”会被刑法认定为扰乱了法律对于金融领域的特许监管，是区分融资活动的罪与非罪之间的界限，也是融资行为的刑事法律风险边界。①

本罪的客观方面就是在行为方面，实施了没有经过有关部门的许可，向社会公众等不特定人群募集资金并约定相关利息，而且在资金到期后归还本金和利息的行为。中小型企业通过众筹平台面向社会成员以公开的方式进行股权众筹集资，因此众筹平台的集资行为具有“社会性”的特征。②“高息利诱”也是认定非法吸收公众存款罪的重要方面，众筹项目本身是以一定的利息回报作为宣传，但是对预期收益的宣传是否合理的限度刑法并没有详细规定，而且在犯罪认定的过程中常常因项目失败的结果来反推融资者是否有高息利诱，如果在司法认定中不能明确把控“合理的标准”，那么极易导致刑法对股权众筹的把控的不当介入。③

2. 犯罪主体和主观方面

非法吸收公众存款罪的主体为自然人和单位。股权众筹的主体多为中小型企业，其具备单位主体的特征。但是众筹平台的定位在我国还没有明确规定，学界目前普遍接受众筹平台是股权众筹行为发生的场所，是为中小企业和投资民众进行沟通服务的中介性质的互联网平台，众筹平台具有最重要的两项功能：一是为

---

① 参见王新：“非法吸收公众存款罪的规范适用”，载《法学》2019 年第 5 期。

② 参见吕泽君：“对我国股权众筹现行立法的思考——从非法集资与股权众筹的界限谈起”，载《法制与社会》2016 年第 26 期。

③ 参见张洪成、黄瑛琦：“我国互联网金融风险入罪标准研究”，载《电子科技大学学报》（社科版）2018 年第 2 期。

融资者和投资者进行信息沟通和披露；二是维持股权众筹秩序。[①] 但是我国法律并未明确规定众筹平台的法律地位和性质，其到底是单纯的服务中介还是证券经纪商在实践中还没有达成一致，因众筹平台法律地位的歧义，我国目前对股权众筹平台权利义务的讨论还受限于表层，其权利义务的不明确也进一步阻碍了股权众筹和非法吸收公众存款罪主体的认定。股权众筹平台属于连接融资者和投资者的桥梁，其法律地位和法律性质必须明确。本文认为，股权众筹平台不应作为证券经纪商，因为我国证券法对于证券公司设立的标准极其严格，互联网众筹平台的非场所性、资金性使其在实际中很难满足这些硬性要求，众筹平台注册为证券公司很难实现，故应确定平台的中立性地位，其只是作为小型企业融资的网络工具，不同于证券公司的场所性质，平台不应该成为特殊的主体，也不能成为本罪的犯罪主体，股权众筹平台只要按照国家的要求通过资质审查，在提供服务时遵守相关规范并接受国家部门的监督，就应该认定平台在整个众筹融资中没有侵犯任何法益。[②]

非法吸收公众存款罪的主观方面表现为故意。但是在股权众筹是否构成非法吸收公众存款的过程中，很容易出现客观归罪，即使认定融资方没有非法经营证券、资金结算等业务，但是在实践中如果股权众筹项目失败导致大量资金滞留，都普遍会被认为扰乱市场秩序，在主观上存在故意。本文认为，如果一个中小型企业在进行股权众筹中，没有挪用资金于其他用途，在经营过程中将风险进行有效控制并将资金全部用于企业的发展，其债务也进行了合法财产担保，那么这个企业不应该认定为存在非法吸收公众存款罪的主观故意。

### （二）股权众筹与擅自发行公司、企业债券罪

《证券法》第 9 条对公开发行证券的条件进行了明确规定，未经依法核准，任何单位和个人不得公开或者向超过 200 人的特定对象发行证券。股权众筹在现有法律框架下属于私募股权融资，而私募股权众筹只能够向特定投资者进行推介，且投资者人数不能超过 200 人，这种人数的限制使众筹失去了公开性融资的优势，公募才应该是股权众筹应有之义。[③] 要分析擅自发行公司、企业债券罪，也应从本罪名侵犯的客体、客观方面、主体和主观方面进行分析。

#### 1. 犯罪客体与客观方面

本罪的犯罪客体为复杂客体，侵害的法益是国家证券发行市场的管理秩序和

---

① 参见杨东、苏伦嘎：“股权众筹平台的运营模式及风险防范”，载《国家检察官学院学报》2014 年第 22 期。

② 参见樊云慧：“股权众筹平台监管的国际比较”，载《法学》2015 年第 4 期。

③ 参见彭真明、曹晓路：“论股权众筹融资的法律规制——兼评‘私募股权众筹融资管理办法（试行）’（征求意见稿）”，载《法律科学》（西北政法大学学报）2017 年第 3 期。

投资者的利益。《场外证券业务备案管理办法》中要求私募股权众筹的融资者向证券业协会备案，但这属于行业内部管理，缺乏相应的法律法规以及监管体系。如果要合法发行证券，其发行主体必须具备国家规定的条件，否则无法拿到国家的核准，但因其条件相对复杂，企业资质要求较高，对于处于急需融资状态的中小型企业很难满足此标准。如果中小企业未经批准而通过互联网中介“公开”进行股权众筹将面临融资主体不合法的问题。同非法吸收公众存款罪一样，这种“非法性”会被刑法认定为扰乱了法律对于我国证券发行的特许监管，破坏了金融管理秩序，侵害了投资者的合法权益。

在客观方面，本罪的表现是未经有关部门核准审批，公开向不特定人或者200个以上的特定人发行债券的行为，而我国目前进行的正常的股权众筹行为就是公开向不特定人发行债券的行为，从客观行为方面看，其行为明显符合擅自发行公司、企业债券罪的形式要件。

2. 犯罪主体与主观方面

本罪的犯罪主体为一般主体，即非法发行债券并非只针对单位，一般自然人若擅自公开发行债券，也构成本罪。股权众筹的中小型企业具备单位性质，可以构成本罪的犯罪主体。同上述非法吸收公众存款罪论证的主体一样，股权众筹平台只是作为小型企业融资的互联网工具，其不具备犯罪主体的性质，也不应履行证券公司的监管审核等相关责任，应始终保持其中立性。

擅自发行公司、企业债券的主观方面为故意，即行为人明知自己没有取得国家的证券发行资质，仍执意公开向不特定的公众发行债券。本罪不是目的犯，不管非法发行债券行为人的目的是企业生产经营的融资还是扩大企业影响力，都不影响对其主观方面的判断。但是本文认为，对于股权众筹行为的主观认定应区分目的性，对于正常融资的中小型企业，只要目的是将所有资金限定于企业正常的生产经营和发展，没有挪用资金于其他用途，在众筹过程中建立信息披露制度，在经营过程中对风险进行有效控制，其债务也进行了合法财产担保，那么这个企业不应该被认定为存在擅自发行公司、企业债券的主观故意。

## 四、互联网股权众筹刑事风险的防范与规制

股权众筹作为中小企业融资渠道的重要手段，在我国法律上并没有受到足够的重视和支持，民商事以及行政法体系对股权融资保护的缺失，导致股权众筹在司法适用中只能选择刑法进行规制，从而导致了刑法对股权众筹领域的过度干预。

### （一）股权众筹的立法完善

我国目前在股权众筹立法上还没有突破现有证券法规框架，股权众筹仅限于

"私募"，其对投资者的要求和门槛极高，我国还没有严格意义上的"公开""小额"和"大众"的股权众筹制度。在股权众筹的法律保护和支持上，我国还没有实现民商法、行政法和刑法三级规制的无缝对接，在处理目前实践中的股权众筹时，多采用刑法进行规制。股权众筹起源于欧美国家，在民商和行政立法方面，可以为刚刚起步的我国股权众筹提供思路和借鉴。最为典型的立法是美国2012年颁布的《乔布斯法案》，法案旨在建立核心的制度来帮助中小企业获得融资，其中《乔布斯法案》及其授权SEC制定的《众筹规则》对整个互联网众筹融资进行了制度性监管，包含众筹融资金额豁免、投资者人数和金额限制、众筹平台准入和义务等一系列丰富的内容，对于正在进行的国内众筹立法及其与刑法犯罪认定的关系具有重要的参考意义。美国《众筹规则》规定12个月内筹资总额不高于107万美元的中小企业进行互联网股权众筹时可以免于注册；公开发行的人数限制从300人提高到1200人；根据每个投资人年收入的多少进行投资金额的控制和放宽。这种对于融资金额和融资人数限制的扩宽以及关于"合格投资者制度"的建立给股权众筹的融资者提供了极大的便利。[①] 在证监会核准发行方面，可以考虑学习美国《乔布斯法案》创设小额公募豁免制度，如果我国证券法借鉴美国取消中小企业股权众筹的核准豁免，并且将股权众筹的人数限制进行提高，中小企业的众筹就不会因"未经国家有关主管部门批准"而触犯刑法中的"非法吸收公众存款罪"和"擅自发行公司、企业债券罪"。

### （二）行政法在前，刑法在后

行政犯罪是在严重违反我国行政管理秩序的情况下，被我国立法机关规定在刑法中，擅自发行公司、企业债券罪是行政犯，其违反刑法的前提是违反行政法规，如果某个犯罪在行政法规上是合法的，即使其表现为形式上的犯罪性，也应因缺乏实质违法性而不构成犯罪。[②] 刑法不能直接越过行政法，实现对一个行为的行政违法行为和刑事违法性的双重判断。[③] 但是，股权众筹融资在我国作为一个新生事物，还没有完善的行政法规进行前置性规定，在股权众筹没有被行政法规规定为违法时，刑法就先作出了立法规定和刑法适用，所以导致股权众筹在我国举步维艰，没有发挥出应有的融资效果。本文认为，在我国对于股权众筹监管空白的情况下，行政监管很容易出现监管失灵或者监管过严的情况，应尽快出台相应的行政法规，对那些非正常的股权众筹行为甚至是违法犯罪行为给予否定评价，并提出惩罚措施，确保金融秩序和人民群众财产安全。同时在股权众筹的行

① 参见郑若瀚："中国股权众筹法律制度问题研究"，载《南方金融》2015年第1期。

② 参见李小文：《行政犯定罪的基本原理》，上海交通大学2014年博士学位论文。

③ 参见张绍谦："试论行政犯中行政法规与刑事法规的关系——从著作权犯罪的'复制发行'说起"，载《政治与法律》2011年第8期。

政监管方面，也应该以审慎的态度发挥行政监管机关的事后监管，弱化前置性审批，允许市场进行一定程度的自我调节，在市场没有失灵的前提下，尽量减少行政监管的介入，为我国新型股权众筹融资方式的发展和监管发挥长效作用。

（三）股权众筹的刑法适用

随着国内金融市场不断深化改革，非法吸收公众存款等罪名的设立和适用，特别是相关司法解释已经无法满足我国目前的金融市场发展现状，具有明显的滞后性，一定程度上阻碍了金融市场的发展。目前国家对于股权众筹是否属于犯罪活动采取了一种模糊的态度，在“美微传媒事件”的法律认定上，证监会并未对美微的行为做严厉处罚，而是选择叫停整改的“软处理”。互联网股权众筹作为一种便捷资金融通的活动，对中小企业的发展和我国经济的增长有很重要的推动作用。而非法吸收公众存款活动违反了刑法的禁止性规定，不仅破坏了金融秩序，对社会的稳定也产生了不良影响。但目前我国法律对于股权众筹行为与非法吸收公众存款，擅自发行公司、企业债券犯罪之间的界限还不甚明晰，在实践中往往存在认定的难题。为了发挥股权众筹对中小企业发展的促进作用，明确股权众筹与非法吸收公众存款等罪的界限，是众筹行业亟待解决的问题。本文认为，区分二者的关键是从实质上法益侵害的角度进行辨别。

1. 股权众筹刑事法定性

最高人民法院2010年发布《关于审理非法集资刑事案件具体应用法律若干问题的解释》规定，单位非法吸收或者变相吸收公众存款数额在100万元以上的或者吸收公众存款对象150人以上的，要依法追究刑事责任。以“美微传媒事件”来说，在形式要件上，其行为超出了150人，并且通过互联网公开发行，范围广影响大，其行为必然触犯了刑法，如果司法机关以擅自发行股票、公司、企业债券罪来对美微传媒进行定罪，也是没有任何问题的。但是国家对中小企业的发展鼓励和刑法规范之间的冲突是值得我们深思的，是众筹行为本身就已经严重侵害社会法益已经达到需要刑法管控的程度？还是说刑法规定的滞后影响了正在推行的国家政策呢？本文认为，为鼓励中小企业发展必须在股权众筹行为和民商立法、刑法解释和适用方面作出应对。

非法吸收公众存款罪和擅自发行公司、企业债券罪侵犯的法益主要是国家的金融秩序和投资人的利益，正常的股权融资行为是融资人和投资人双方意思自治的表现，股权项目失败所带来的损失也是正常的商业投资所具备的风险，其股权众筹中的融资人只要按照国家的规定进行内部风险控制，将资金用于宣传的企业发展并且债务都有相应的担保，就不应单纯从融资人数和投资金额的限制认定刑法上的责任；确立众筹平台的中立性地位，众筹平台只要是按照国家的要求通过资质审查，在提供服务时遵守相关规范并接受国家部门的监督，其整个股权众筹过程就应该属于正常的融资，就应该认定为行为没有侵犯任何法益。正常的股权众筹行为由相关国家部门监督，其发生纠纷应该由行政法和民商法进行调整，刑法在正常的股权众筹中应时刻保持谦抑性。

2. 股权众筹中的刑法解释

张明楷教授曾经指出，对于同一个案件，采取形式解释和实质解释很可能得出相反的违法结论。① 非法吸收公众存款罪和擅自发行公司、企业债券罪在我国刑法中属于较为严重的且惩罚力度较高的经济犯罪，但是股权众筹在我国属于新生事物，刑事立法通常只能对立法前出现的行为进行详细的分析和规定，对于立法后的新生事物刑法规范存在滞后性，在这种情况下应去形式解释而取实质解释，探究股权众筹是否真正侵犯实质法益，是否达到侵犯金融管理秩序和严重侵犯个人利益的程度。从国家金融管理秩序角度来说，目前，我国股权众筹平台建立的较少，审核十分严格，融资企业通过股权众筹平台进行正常的融资活动时，并不会形成类似金融机构规模的资金池，股权众筹平台的正常活动对整个金融秩序的法益侵害结果是十分轻微的，并没有达到需要刑事处罚的程度，认为股权众筹平台构成擅自设立金融机构罪是采用了形式解释的方式，没有把握好刑法对于正常股权众筹行为的介入程度；从个人利益角度来说，融资和投资都是市场经济条件下产生的正常需求，投资者个人或者民众也都愿意承受市场经济带来的投资风险，这种风险是在投资之初就可以预见的，并非融资者和众筹平台的违规违法操作导致的。所以刑法对于股权众筹行为的解释应该坚持以人为本的价值观，应该从股权众筹法益侵害性和惩罚必要性角度来判断某种股权众筹行为是否构成刑事犯罪，应该注意区分正常的股权众筹行为和以股权众筹的名义从事违法犯罪的行为，刑事判决结果应该符合常识、常理、常情，使刑法解释和判决结果在股权众筹的适用上得到公众认同。

## 五、结语

中小企业的创新发展和投资者逐利的需求共同催生了互联网股权众筹市场的繁荣，其发展的背后隐藏着非法集资类犯罪和擅自设立金融机构罪的刑事风险和障碍。然而从股权众筹长远发展的角度上，应完善民商事立法，建立我国的众筹规则，在法律适用上，应优先适用行政法规进行惩罚，在刑法适用上应保持谦抑性，结合众筹立法适度豁免和适度放宽，才能促进中小企业股权众筹的长久发展。

---

① 参见张明楷：“刑法学研究中的十关系论”，载《政法论坛》2006 年第 2 期。

# P2P 网贷平台的异化与刑事风险防控

任彦君*

**摘　要**：P2P 网络借贷平台（以下简称“网贷平台”）在蓬勃发展的同时，不断发生异化而引起了一定的刑事风险。对待 P2P 网络借贷的刑事风险，应在平衡鼓励金融创新和保护投资人利益的前提下，坚持宽严相济的刑事政策，通过适当的立法完善和司法适用来合理引导这种高效的互联网金融模式走向更加健康的轨道，进而维护金融秩序和社会秩序的稳定。对于 P2P 网络借贷的刑事风险主要应做好以下防控措施：完善相关法律体系；明确法律地位，完善网络借贷行业规则和监管标准；建立完善透明的征信机制；加强消费者保护和消费者风险教育等。

**关键词**：网络借贷；异化；刑事风险；防控

网贷平台早期主要是为了撮合借款人和贷款人之间的直接交易，起一个中介作用。网络借贷平台逐渐发展并活跃的原因在于：中小企业融资难；我国公众投资渠道少；网络借贷门槛低、回报高的特点获得了投资者特别是闲散资金持有者的青睐。① 网络借贷满足了资金持有者和使用者双方的需求，使得借贷双方在信息相对对称的市场中，自由地获取金融服务。网络借贷的优势在于它能够较快解决中小企业的融资问题，有利于民营经济的发展。同时，也为资金持有者创造了更多的理财渠道。在这样的背景下，网络借贷以其灵活性强、收益率高等特点而发展迅猛，也由于其属于金融创新的产物而受到国家和公众的青睐。但是，由于这种金融创新的产物没有完善的法律规范约束和合适的金融监管制度跟进，以至于其弊端屡屡呈现，相关刑事案件不断出现，且危害后果愈发严重。②

---

* 任彦君，法学博士，河南财经政法大学刑事司法学院教授，主要从事刑法学和犯罪学的教学和研究。

① 参见俞小海：“互联网金融风险评估及对刑法适用之影响”，载《贵州警官职业学院学报》2015 年第 1 期。

② 2011 年的贝尔创投案件、天使计划案，2012 年的优易贷案、淘金贷案等将 P2P 网络借贷平台的恶意诈骗行为认定为集资诈骗罪。2014 年深圳市罗湖区人民法院宣判国内首例 P2P 网络借贷平台非法吸收公众存款罪。2018 年 2 月，“e 租宝”非法集资 500 多亿元，（安徽钰诚控股集团、钰诚国际控股集团有限公司）相关人员因非法吸收公众存款罪、非法集资罪等多项罪名被处刑。

## 一、问题的提出

P2P 网络借贷是依托互联网进行的民间借贷，即借贷双方借助于网络借贷平台实现信息交互、确立借贷关系并完成资金转移支付的互联网金融活动。[①] 传统的 P2P 网贷平台相当于中介服务机构，主要为交易（借贷）双方提供信息咨询服务，扮演居间人的角色，借贷双方在网络平台中自主交易，平台的作用主要是提供发布贷款信息的平台，以及提供交易双方身份的审核业务，投资者的资金并不进入网贷平台的账户，而是直接给贷款人。投资者获取利息收益，并承担风险；贷款人到期偿还本金和利息，网贷公司收取中介服务费。在网贷平台迅速增多、竞争不断加剧的情况下，为了吸引客户，各平台不断变换运营模式，以至于网贷平台的服务模式发生了演变，即产生了各种“异化”的运营模式。[②] 网贷平台的异化，主要是指其由提供信息咨询服务的交易平台到类金融机构转变，使网贷平台的性质发生了根本性变化。变异的 P2P 运营模式主要包括两种类型，担保型和债权转让型。在担保型运营模式中，借贷双方直接签订合同，而网贷平台引入担保机制以降低投资人可能遭受的资金损失风险。网贷平台或第三方担保机构为贷方的债权提供担保，当债权无法从借贷人处得到受偿时，由担保方承担连带清偿责任。在这种担保模式中，如果以平台自有资金或风险保障金进行担保，对风险的控制是有限的。而且平台自身嵌入了借贷双方的资金链条之中，具有融资性担保公司的实质，涉嫌了超范围经营，存在法律风险。由第三方担保机构做担保的属于第三方担保模式，在此种模式中，本金保障服务由第三方担保机构承担，网贷平台只是一个中介，其会受到担保机构的担保规模或能力的限制，而且，平台与担保机构一般都是高关联性的公司，两者的交易涉嫌关联行为。[③] 在债权转让型模式下，借款人和投资人并不直接发生债权债务关系。而是由网贷平台的创始人或公司内部成员作为初始出借人，充当真正借贷双方之间的纽带。即由其创始人或其内部成员通过资金出借获得债权，再将此债权拆分组合并作为理财产品将债权转让出去。这种运营模式的异化主要体现在平台承担了投资理财的功能。由于其进行了实质性的借贷业务，拥有数额很大的借贷“资金池”，其性质已不是所谓的中介了。实践中，这种网贷运营模式风险最大，涉嫌多种刑事犯罪，并容易造成投资人的资金损失。

P2P 网贷平台运营模式的异化导致了金融风险增加和刑事犯罪增多。从近年

---

① 参见宣刚、王庆国：“论 P2P 网络借贷犯罪的刑法适用”，载《山东警察学院学报》2014 年第 6 期。

② 参见张宁：“P2P 网络借贷平台刑事法律风险研究”，载《福建警察学院学报》2015 年第 1 期。

③ 参见杨东：“P2P 网络借贷平台的异化及其规制”，载《社会科学》2015 年第 8 期。

来不断发生的案件看，借款人资金损失风险大，受害人数多（仅“e 租宝”一个案件，受害人就达到 90 多万，待收款超过 700 亿元），既破坏了金融秩序，也增加了社会的不安定因素。由此，我们需要思考的是：网络借贷涉及哪些刑事风险？适用什么样的针对 P2P 网贷的刑事政策才能既不违背国家关于鼓励金融创新的政策，又能够保护投资人的利益，进而维护金融秩序和社会秩序的稳定？需要采取哪些措施防范其刑事风险？

## 二、“异化”的网络借贷行为的刑事风险

通过网贷平台实施犯罪收益大、违法成本低，[①] 网贷平台被不法分子利用，成为金融犯罪的多发地。他们利用群众知识和信息的弱势地位来实施金融诈骗、非法集资等网络金融犯罪，成为难以妥善处理的司法难题。[②] 司法实践中，P2P 网络借贷中涉及多种犯罪类型，例如，（1）非法吸收公众存款罪。如果网贷平台完全处于中间人地位，不经手、不动用客户的资金，就不会涉及非法吸收公众存款的问题。[③] 但如今越来越多的平台扮演起吸金者的角色，形成“资金池”，再将资金高利放贷给他人，赚取差价。这实际上扮演了金融机构的角色。一方面，这种以还本付息的承诺吸引“不特定的对象”投入资金的行为，具有非法吸收公众存款的性质；另一方面，其要求借款人提供担保后借出资金的行为，又具有放贷的性质，如果利率高出法律规定的最高额度，还涉嫌非法经营罪。（2）集资诈骗罪。主要有两种情况：其一，犯罪人以高回报为诱饵，虚构高收益投资项目，诱使不明真相的投资人进行所谓的 P2P 投资，这实际上是以网贷平台为名敛财，短时间内大量吸收资金并携款潜逃。这种情况与非法吸收公众存款不同，其设立平台的目的就是骗取钱财，最终非法获取他人资金，“今天开业，明天跑路”的极端案例就是如此。[④] 如“e 租宝”，其经营人以高额利息为诱饵，虚构融资项目，采用借新还旧、自我担保等方式大量吸收公众资金，累计交易达 700 多亿元，涉及投资人约 90 万名。“e 租宝”的投资款绝大部分并未流向项目公司，除少部分用于支付投资者本息外，大部分为其控制人所占用（典型的庞

---

① P2P 网贷企业的准入标准是比较低的，对注册资金、经营场所、组织机构、从业人员的素质、信用程度等都无特殊要求。这与 P2P 行业的高产出、高回报率极不匹配，诱使一些居心叵测的人员参与其中，有些人甚至用几千元购买一套网站模板、再雇佣几个临时工即可开展经营，由此出现了不少虚假宣传、携款潜逃、平台失联等恶性案件，给人民群众财产造成巨大的损失，影响了社会的稳定。

② 参见蒋玉：“互联网金融的特殊风险和法律规制”，载《广西财经学院学报》2015 年第 1 期。

③ 参见刘权：“P2P 网络借贷犯罪及其刑法治理研究”，载《中国人民公安大学学报》（社会科学版）2014 年第 6 期。

④ 参见魏彬：“金融改革背景下 P2P 行业的法律规制”，载《上海公安高等专科学校学报》2015 年第 6 期。

氏骗局）。其二，网贷平台最初的目的是要给资金使用和出借双方提供信息咨询服务，但经营中，出于利益考虑，业务范围发生改变，如形成“资金池”等情况，并经营了放贷等业务，由于资金链断裂等种种原因，产生了非法占有他人资金的故意，符合了集资诈骗罪的特征。（3）擅自设立金融机构罪。网络借贷平台虽然会根据《公司登记管理条例》进行工商登记，并根据《互联网信息服务管理办法》及《互联网站管理工作细则》的规定在通信管理部门进行备案，但作为金融类企业却没有或不需要获得中国人民银行的批准，没有从事金融活动的资质，却从事着与正规金融机构的核心业务差别不大的行为，本质上说，这符合擅自设立金融机构罪的犯罪构成。① 只是由于金融创新一直受到鼓励，刑法对此实施了有所不为的做法。（4）洗钱罪。网络借贷中，网贷平台或借款人一般不问资金来源，而由于网贷平台不属于正规金融体系，相关部门对这些情况也无法监管，这种情况就使网贷平台有可能成为洗钱的中介。如洗钱犯罪人以借款人和出借人的双重身份出现，通过自借自贷的方式将非法资金漂白；或者犯罪人利用网络中借款人的分散性作为掩盖，将非法所得的资金分批次地出借给网贷平台的借款人，从而将非法资金分割成很多小额的资金，通过网贷平台借出去再回收的方法漂白为合法财产。（5）挪用资金罪。在有些网贷模式中，网贷平台会形成“资金池，”在这种情况下，网贷平台的控制人或工作人员有可能实施挪用资金的行为，涉嫌挪用资金罪。当然，此种犯罪行为与具体的 P2P 网贷经营模式有关，并非所有网贷模式都存在这种可能。

## 三、对网络借贷的实然与应然刑事政策选择

### （一）P2P 网络借贷对我国刑事政策的冲击

在“全民创业、万众创新”的背景下，作为创新中重要一环的互联网金融，是国家和社会非常重视和鼓励的。但是，改革和创新是风险与机遇并存，挑战和发展同在。互联网金融参与人数众多、涉及资金规模巨大，其产生的金融风险比传统金融业务更加难以控制。如果 P2P 网络借贷经营出现非法集资、洗钱、挪用资金等犯罪现象，其社会危害性将是非常严重的。因此，对其风险的控制是刑法保障的重要任务。② 另外，如果将“严厉打击”“零容忍”等传统刑事政策用于互联网金融的刑法规制，也不利于互联网金融的发展。③ 由此，我们需要考量 P2P 网络借贷对我国刑法设置以及刑事政策有什么样的冲击，从而采取以提高金

① 参见俞小海：“P2P 网络借贷平台的刑事责任问题研究”，载《汕头大学学报》（人文社会科学版）2015 年第 5 期。

② 参见刘宪权、金华捷：“论互联网金融的行政监管与刑法规制”，载《法学》2014 年第 6 期。

③ 参见刘宪权；“互联网金融市场的刑法保护”，载《学术月刊》2015 年第 7 期。

融市场效率与刑法规范保护效率为导向的政策设计策略，在规制互联网金融犯罪、保护投资者权益的同时，使刑法介入互联网金融市场对资本配置效率的损害降到最低程度。[①] 比如，在金融创新和相关犯罪频发的背景下，相关罪名的设置就值得深入研究。以擅自设立金融机构罪为例，网络借贷平台的存在对擅自设立金融机构罪的存在或犯罪构成提出了挑战，即刑法适用处于尴尬境地，不严格执法有损法律的严肃性，严格执法又不利于互联网金融的发展，而事实是本罪并没有在互联网金融的规制中得到严格适用，与其如此，不如反思擅自设立金融机构罪存在的必要性。再如非法吸收公众存款罪，如同悬在互联网金融机构头顶的“达摩克利斯之剑”，随时都有可能刺过来，使得企业家们缩手缩脚，这在一定程度上也会阻碍互联网金融的创新。有学者认为，经济的发展以及企业的成长，更需要的是国家制度宽容、规范、引导和鼓励，而不是动辄施以惩罚和限制。[②] 从刑法对非法吸收公众存款罪的构成要件看，其已不适应互联网金融的发展，这首先在理论上就造成了互联网金融必然的“违法性”。这种必然的违法性是否具有社会基础，刑事政策是否重新定位是需要深入探讨的问题。

### （二）刑事司法对网络借贷的实然立场

对于P2P网贷平台，刑事司法如何处理网络金融与刑法间的关系？P2P网贷平台作为中介开展金融集资业务的经营模式，既拓宽了公众的投资理财渠道，又能够促进实体经济的发展，但现实中网络借贷的混乱局面已经到了不得不严管的程度。[③] 前几年，我国司法机关并没有对这些P2P网贷平台的某些违法行为较真，例如，有些平台实际上在做金融机构的业务，但并没有对之认定“擅自设立金融机构罪”。现实中对于借款项目等与融资有关的事项做夸大宣传并引起严重后果的行为也不鲜见，但认定虚假广告罪的案例也较为罕见。实践中见到的与网贷有关的犯罪案例，一般是涉案数额特别大，涉及被害人特别多，社会影响和危害性非常大的案件，而且所认定罪名多是非法吸收公众存款罪、集资诈骗罪等。这些案件一般是出现了严重后果，甚至出现受害群众已经开始上访等过激行为时，才有政府的关注和司法机关的介入。如“东方创投”非法集资案，“e租宝”非法集资案，“顺顺贷”集资诈骗案等。另外，对于P2P网贷平台涉嫌犯罪的惩处基本上都是事后规制、被动介入，原因之一就是互联网金融的不断创新给监管带来了巨大的挑战，使得金融管理当局以及司法机关对其难以严格遵循依法

---

① 参见刘宪权；“互联网金融市场的刑法保护”，载《学术月刊》2015年第7期。

② 参见何荣功：“经济自由与经济刑法正当性的体系思考”，载《法学评论》2014年第6期。

③ 参见刘宪权、金华捷：“P2P网络集资行为刑法规制评析”，载《华东政法大学学报》2015年第5期。

监管原则。[①] 应该说，“异化”的 P2P 网络集资在社会危害性上远大于传统“信息中介”式的 P2P 网络集资，对于假借“P2P 网贷”的名义实施的违法犯罪活动，应实施更严格的监管。[②]

### （三）网络借贷的应然刑事政策抉择

一方面，我们面临的任务是金融创新和发展经济；另一方面，惩处金融犯罪，保护人民群众财产安全也是同样值得重视的问题，从平衡金融创新和惩处违法犯罪的角度，如何定位我国的刑事政策呢？有学者认为，民间融资困境的制度根源不在于金融体制问题，而在于其信用基础的薄弱所带来的风险无法为市场所承受。民营企业融资难，绝不是简单的“法律上松绑”就能轻易解决的问题，最大的问题是解决民营企业的风险测度与防范问题。[③] 笔者同意这种观点。对于网络借贷的刑法规制，不能脱离一定的社会背景。根据发展的需要，既不能阻碍互联网金融的创新，也不能以此为借口放纵犯罪。出于发展民间经济的需要，我国已不再强调金融垄断，而是逐步倾向于让民间金融走向合法化。[④] 随着我国金融政策的变化，刑事政策也要随之作出适当的调整，包括罪名体系和刑罚体系的适当调整，也包括刑法适用方面的一定调整。总体来说，对于有利于金融改革且不会产生较大社会危害性的金融创新模式，刑法应采取谨慎介入的刑事政策，同时注意非刑罚处罚方法的适用。[⑤] 对于不利于经济秩序稳定的所谓金融创新，还是当严则严，绝不放纵犯罪。笔者认为，对待 P2P 网贷这样的金融创新，刑事政策方面要掌握好“度”，既不能一概打压，也不能一概忍让。如果涉嫌犯罪并且社会危害较大（给群众财产造成较大损失），就要坚持金融消费者保护原则。互联网金融对整个金融业的创新和发展所具有的推动作用，离不开金融消费者的积极参与，因为他们是支撑互联网金融发展的最重要和最活跃的要素之一，如果他们的财产安全得不到保护，最终损害的还是金融业的发展和社会的稳定。因此，强调刑法对金融消费者的保护至关重要，不能以金融创新为名放纵犯罪，从而不利于经济秩序的健康、有序发展。

---

① 参见王建文、奚方颖：“我国网络金融监管制度：现存问题、域外经验与完善方案”，载《法学评论》2014 年第 6 期。

② 参见刘宪权、金华捷：“P2P 网络集资行为刑法规制评析”，载《华东政法大学学报》2015 年第 5 期。

③ 参见毛玲玲：“金融犯罪的新态势及刑法应对”，载《法学》2009 年第 7 期。

④ 参见姜涛：“互联网金融所涉犯罪的刑事政策分析”，载《华东政法大学学报》2014 年第 5 期。

⑤ 参见李晓明：“P2P 网络借贷的刑法控制”，载《法学》2015 年第 6 期。

## 四、P2P 网络借贷的刑事风险防控措施

### （一）完善相关法律体系，明确法律地位

P2P 网络借贷监管的相关法律法规还有待整理和健全。首先，对现有的相关法律法规进行整理，根据网络借贷的实际情况对与 P2P 网络借贷相关的适用情况、是否合适、是否需要修改等问题进行斟酌，与时俱进地健全完善相关法律，如民间借贷和融资担保的相关法律、刑法相关条款等，以保证 P2P 网络借贷行业的健康发展。其次，关于 P2P 网络借贷平台的地位，如果从金融机构的定义看，其并不属于金融机构。但从功能角度看，如果 P2P 网络借贷平台在实际运营中没有违反金融管理规范的情况，且能解决资金供需双方之间的矛盾，拓宽中小企业的融资渠道，成为正规金融机构的有益补充，那么，明确规定其法律地位也是当务之急。[①]

我国金融犯罪立法基本上采用“定性 + 定量”的定罪量刑模式，只将达到严重危害程度的金融违法行为认定为犯罪。这是一种较为审慎的刑事立法态度，旨在不过多限制金融创新的积极性。虽然如此，审视现有罪名以及构罪条件，还有很多需要完善的地方。对于网络借贷等金融创新模式，刑事立法应在互联网金融市场保护与刑法谦抑理念之间寻找适当的平衡点。为了缓和民间融资需求与刑事管制之间的紧张关系，在立法技术上，对金融犯罪宜采取“立法概括、司法细化”的定罪量刑模式，使得刑事司法能够根据社会发展情况对入罪量刑标准做综合判断。在罪刑设置上，基于刑罚轻缓化的理念，制定轻罪规范，包括妥善处理行政处罚与刑事处罚的关系，即能用行政处罚的，就不轻易动用刑事处罚。另外，要注意刑罚种类的优化配置，注重财产刑的适用，建立社区义务劳动和按工作工资比例偿付被害人损失等制度，增加和扩大资格刑在金融类犯罪中的适用比例，等等。

### （二）完善网络监管标准、加强行为监管

金融监管和金融创新是相互制约又相互促进的。金融监管作为对金融行业的管制手段，对金融创新具有两面性，既有促进作用也有抑制效果，二者在博弈互动的过程中，使金融业健康发展。[②] 并且，金融监管制度要随金融创新的发展而与时俱进，从而避免出现监管失灵的问题。2016 年，由银监会、工信部、公安部和网信办四部委联合发布的《网络借贷信息中介机构业务活动管理暂行办法》（以下简称《暂行办法》）开始实施，这无疑会有助于网贷行业的规范发展，促

---

① 参见袁新：“P2P 网络借贷存在的风险及防控措施探究”，载《金融经济》2018 年第 8 期。

② 参见皮天雷：“金融创新与金融监管：当前金融危机下的解读”，载《西南金融》2009 年第 6 期。

进合法合规经营，防范金融风险。从文件看，目前我国对 P2P 网络借贷采取的是趋向宽松的监管模式，但是，从近期的现状来看，我们对 P2P 网络借贷还要进一步加强管理，包括在行业规则、监管标准、法律法规等方面进行及时修正和完善。

在 P2P 网络借贷平台初建时期，政府相关监管机构也在观察，监管方向不太明确，监管力度小，导致网贷平台数量激增，风险频发。监管机构应加强对 P2P 网络借贷所涉融资者和平台的行为监管，加强对违法违规行为的监管和处罚，积极保护金融消费者权益。如建立包括经营指标与风险指标的监管数据报送系统。数据监管可以起到以下作用：有助于监管机构及时了解行业发展状况；有利于相关政策的制定；对 P2P 网贷经营中的违规行为能够及时发现与制止；可对网贷平台的经营风险及行业系统性风险进行监控和预警；等等。

### （三）建立完善透明的征信机制

网络借贷中存在的信息不对称问题既是我国互联网金融的风险所在，同时也在制约着如 P2P 网络信贷等互联网金融的健康高效发展。由于没有完善透明的征信系统，目前我国 P2P 网络借贷主要以线下的人工尽职调查方式替代线上的自动化征信，这不符合网络借贷的发展逻辑。实际上，在我国，政府部门以及企事业单位出于管理的需要储备了大量和征信有关的数据，只是数据庞杂，没有经过有效整合。如果能够整合起来，比起繁复的线下征信调查，不仅成本上存在优势，还能够较为有效地解决信息不对称问题，避免风险发生。

### （四）加强消费者保护和消费者风险教育

首先，金融消费者保护是 P2P 网贷监管的逻辑起点。金融消费者的权益保护是金融行业健康持续发展的基点。如果投资人资金没有安全保障，金融行业的发展就成了无源之水。其次，要重视消费者的风险教育问题，让投资者认识到高额利息的背后一定隐藏风险，甚至高额利息有可能是集资诈骗者的诱饵，不要盲目投资，这是投资者风险防范的重要内容。[①] 最后，根据投资者适当性理论，要对投资者主体资格进行分析，根据投资者的净资产情况与金融专业能力对其投资情况进行一定的引导或限制。[②] 为此，需要采取一些监管措施，如较为严格的平台准入与退出机制；融资业务的风险隔离制度；投资者适当性监管；风险信息披露的外部监督；建立风险准备与大数据平台市场，等等。

---

① 参见邢会强："P2P 网络借贷规制的证券法方案"，载《上海大学学报》（社会科学版）2018 年第 3 期。

② 参见宋怡欣、吴弘："P2P 金融监管模式研究：以利率市场化为视角"，载《法律科学》（西北政法大学学报）2016 年第 6 期。

# P2P 非法集资犯罪认定

何楚仪*

**摘　要**：从2007年至今，P2P行业在中国经历了初创、成长、快速扩张和衰退四个阶段，2018年年中，受金融环境、行业监管验收等综合因素影响，P2P出现了集中“暴雷”现象，亦是行业洗牌过程。该现象也使P2P这一非法集资领域的新角色，逐渐成长为主要角色，并在较长一段时间内仍有上升趋势，区别于传统的非法集资方式，P2P案件有其自身特点，给案件的侦查、审理带来了一定的困难和挑战，具体体现在资金池的认定、嫌疑人分层处理、追赃挽损等方面。政府、司法机关、行业协会等相关部门应形成合力，防范、治理互联网金融领域存在的危机与风险。

**关键字**：P2P；非法集资；资金池；分层处理；对策建议

## 一、我国的P2P行业现状

### （一）P2P网络借贷平台的概念

网络借贷信息中介机构是依法设立，专门从事网络借贷信息中介业务活动的金融信息中介公司。该类机构以互联网为主要渠道，为借款人与出借人（贷款人）实现直接借贷提供信息搜集、信息公布、资信评估、信息交互、借贷撮合等服务。[①] 网络借贷业务主要由借款人、出借人和网贷中介平台三方构成，由借款人在P2P网贷平台发布借款申请，网贷平台负责对借款者信用资格进行审查，并将信用审核结果在平台上进行发布，借款人可根据借款标的和借款人的信用资质决定是否投资，网贷平台从中收取一定中介信息费用。

---

* 何楚仪，北京市朝阳区人民检察院第二检察部检察官助理。

① 参见《网络借贷信息中介机构业务活动管理暂行办法》。

### （二）P2P 的国内外发展历程

P2P 网贷平台的理念起源于普惠金融概念，其雏形为 2006 年诺贝尔和平奖获得者穆罕默德·尤努斯在 1983 年设立的穷人银行。世界上第一个 P2P 网络借贷平台是 2005 年 3 月在英国成立的 Zopa 公司，基于计算机网络技术使传统借贷模式可以从“运用网络做直销”→“企业网上申请贷款”的两步走模式，直接跨越到“个人对个人借贷”模式，省去了中间银行，这也符合 Zopa 公司所宣称的“摒弃银行，每个人都有更好的交易”。Zopa 公司的盈利模式为从借款人和出借人双方收取中介费用①。随后美国 P2P 市场也随之发展起来，2006 年和 2007 年 Prosper 公司、Lending club 公司相继成立，并基本统领了美国的 P2P 市场。

2007 年 P2P 进入中国市场，第一家 P2P 公司“拍拍贷”于 2007 年 6 月在上海成立，但在拍拍贷成立之时，我国的互联网并未普及，人们对 P2P 的认同度较低，直到 2010 年至 2012 年，我国的 P2P 平台从几十家增长到大概 100 家。2013 年阿里巴巴的余额宝业务对传统金融行业造成了较大冲击，互联网金融也就此家喻户晓，逐渐为人们所接受和关注，P2P 平台也随之进入野蛮增长期，2012 年 P2P 平台为 83 家，2013 年为 523 家，增长率为 530%。2013 年因国内大多数银行收缩贷款，一些融资难的企业和个人开始在 P2P 行业中寻求资金，此阶段运营的网贷平台多以高息吸引投资人，加剧了平台运营的风险，2013 年 10 月曾集中出现“提现难”的问题。

2014 年至今国家明确了鼓励金融创新的态度，使得很多持观望态度的企业家和金融巨头开始尝试进入互联网金融领域，组建自己的 P2P 网络借贷平台。同时 P2P 平台所暴露出的问题亦受到广泛关注，政府监管的态度日益明朗，监管力度逐渐增强。2018 年 6 月随着行业合规整改期限的临近以及受整个金融系统流动性降低的影响，P2P 行业出现“暴雷”风潮，仅 2018 年 7 月 2 日至 7 月 16 日之间就有 131 家 P2P 平台出现倒闭、失联的现象，② 蒸蒸日上的中国 P2P 产业走到了转折点。截至 2019 年 10 月，累计平台数 6613 个，全年数量未见增长，停业转型平台 3163 个，问题平台 2878 个，正常运营平台 572 个，③ 仅为年初运营平台数量的 55.5%。

① 参见 www.baike.com/wiki/Zopa，最后访问日期：2019 年 4 月 25 日。

② 参见“14 天 131 家 P2P 平台暴雷无数投资者血本无归”，https://finance.ifeng.com/a/20180718/16391513_0.shtml，最后访问日期：2019 年 5 月 1 日。

③ 数据来源于网贷之家。

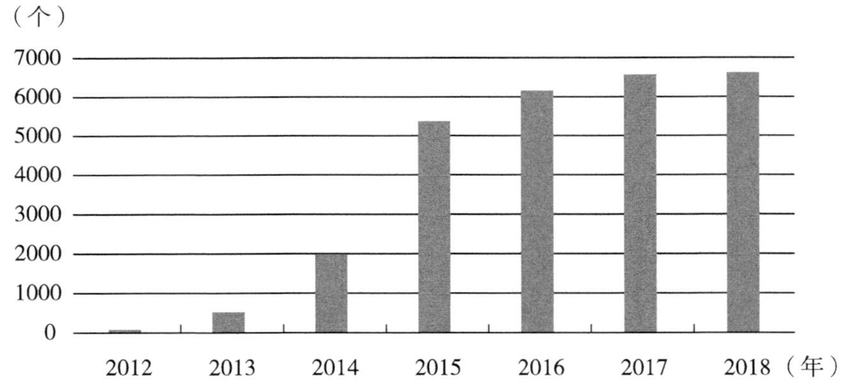


**图一　我国 P2P 平台数量**

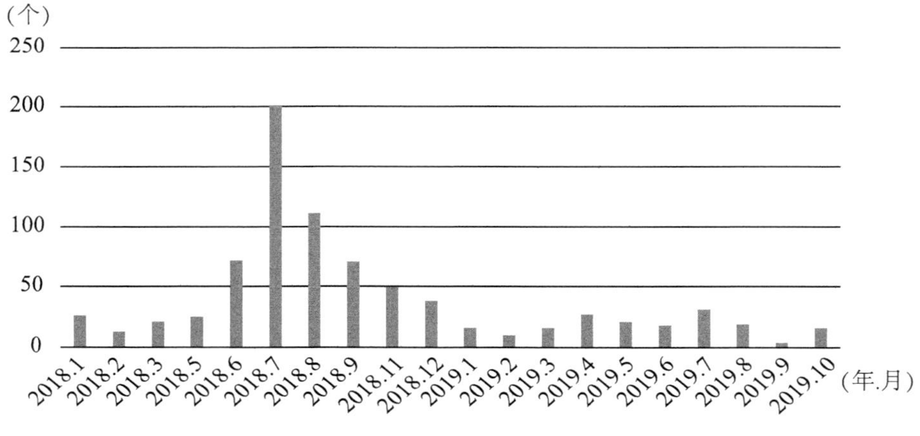


**图二　2018 年 1 月至 2019 年 10 月每月新增问题平台数**

### （三）我国对 P2P 平台的监管

2015 年 7 月，中国人民银行等十部委联合发布《关于促进互联网金融健康发展的指导意见》（以下简称《指导意见》），明确了 P2P 网贷企业和 P2P 网贷业务的合法地位，并明确提出了 P2P 网贷平台可以提供信息交互、撮合、资信评估等中介服务。平台不得提供增信服务和非法集资；借贷双方资金要由银行进行第三方托管。保证出借人资金专款专用，避免平台侵占或挪用。

2016 年 8 月银监会会同工业和信息化部、公安部、国家互联网信息办公室出台《网络借贷信息中介机构业务活动管理暂行办法》（以下简称《暂行办法》），在《指导意见》的框架内形成网贷行业监管细则，对平台备案和信息披露进行了明确要求，以负面清单的形式提出了 13 项禁止性行为。随后又继续对存管、备案、信息披露等相关内容进行了具体规定。具体内容如表一所示。

**表一　我国对 P2P 平台的监管历程**

| 时间 | 事件 | 主要内容 |
| --- | --- | --- |
| 2015 年 7 月 | 中国人民银行等十部门发布《关于促进互联网金融健康发展的指导意见》 | 鼓励创新，支持互联网金融稳步发展，明确互联网金融监管责任 |
| 2015 年 12 月 | 中国互联网金融协会成立 | 中国人民银行会同银监会、证监会、保监会等国家有关部委组织建立的国家级互联网金融行业自律组织，主要推动在会员单位范围内加强数据共享、施行风险监测、落实合规检查等工作 |
| 2016 年 4 月 | 银监会发布《P2P 网络借贷风险专项整治工作实施方案》 | 银监会贯彻落实《指导意见》，进行行业摸底排查、分类处置，并设置整改时间进度 |
| 2016 年 8 月 | 银监会等四部门发布《网络借贷信息中介机构业务活动管理地办法》 | 在《指导意见》框架下，银监会落实具体监管细则，成为针对网贷行业的专门管理办法，采取负面清单管理，提出十三项禁止性行为，重视事中事后监管 |
| 2016 年 10 月 | 银监会等三部门发布《网络借贷信息中介机构备案登记管理指引》 | 建立健全网络借贷信息中介机构备案登记管理制度 |
| 2017 年 2 月 | 银监会发布《网络借贷资金存管业务指引》 | 规范网络借贷资金存管业务活动 |
| 2017 年 8 月 | 银监会发布《网络借贷信息中介机构业务活动信息披露指引》 | 规范网络借贷信息中介机构业务活动信息披露行为 |

续表

| 时间 | 事件 | 主要内容 |
| --- | --- | --- |
| 2017 年 12 月 | P2P 网贷风险专项整治工作领导小组办公室发布《关于做好 P2P 网络借贷风险专项整治整改验收工作的通知》 | 对下一步的整改验收阶段作出了具体、详细的部署 |
| 2018 年 8 月 | P2P 网贷风险专项整治工作领导小组发布《关于开展 P2P 网络借贷机构例规检查工作的通知》以及《P2P 合规检查问题清单》 | 《通知》要求于 2018 年 12 月底前有序完成包括机构自查、自律检查、行政核查的合规检查，统一各地方的整改验收标准，解决各地方标准不一导致的监管套利问题 |

## 二、P2P 非法集资犯罪现状分析

非法集资犯罪是一类破坏金融管理秩序犯罪的总称，主要包括非法吸收公众存款罪、集资诈骗罪，擅自设立金融机构罪等，行为特点具有非法性、公开性、利诱性和社会性。该类犯罪除破坏金融秩序外，也给广大投资人的资金安全造成极大冲击，甚至威胁到社会的稳定和国家的安全。

P2P 行业曾经在我国的发展势头强劲，平台交易数额超过美国、英国等欧洲国家，居世界首位。P2P 平台门槛低、易操作，公开性和社会性是其自有属性，2013 年“P2P”这个概念开始进入平常百姓家，在平台盲目扩张、国家监管相对缺失的情况下，P2P 平台涉嫌非法集资犯罪的风险极高，在司法实践中 P2P 平台也常常为不法分子所利用。笔者通过对 B 市 C 区检察院所办理的 P2P 类非法集资案件进行梳理，发现其具有以下特点。

### （一）套用“P2P”概念，涉案平台从异化模式过渡到典型模式

B 市 C 区检察院自 2013 年至 2016 年 6 月共办理非法集资案件 483 件，涉案人数 1086 人，主要犯罪类型为有限合伙型的私募股权基金，约占到案件量的 86%，此时 P2P 类非法集资犯罪仅为 11.8%，处于起步阶段。具体的犯罪手段主要是以 P2P 理念为噱头，采用线下宣传、线下投资模式进行债权转让和债权匹配，资金用于向借款人发放个人车贷、房贷、信用贷及对外投资项目等。例如，“某世某海”非法吸收公众存款罪中，涉案公司在 B 市 C 区多个区县、山东、浙江、沈阳等地设立分公司，投资人遍及全国各地，主要以“口口相传”的形式

对外进行宣传，向投资人承诺年化收益率 9% ~14%，并与投资人在线下签订《债权转让及受让协议》《出借咨询与服务协议》等，投资人径直将投资款项转入涉案公司账户，资金被嫌疑人直接控制。

随着 P2P 平台的急速扩张和互联网金融的深度普及，典型的线上 P2P 类非法集资案件也开始出现在刑事司法中，主要特点为：一是线下、线上两步走或同步走，如嫌疑人主要利用线下实体进行公开宣传，待客户有投资意向后，指导客户在网站或 APP 进行注册，完成后续的投资行为；或是同时经营线下和线上业务，相对独立。二是平台进行混业经营，既有 P2P 业务，也有固定期限理财、私募股权基金等。

受 P2P 平台集中暴雷影响，B 市 C 区检察院近一年来办理的非法集资案中开始出现典型的 P2P 案件，其表现为纯线上运营，涉案因素主要集中于平台进行资金池沉淀、平台自融、发假标、实体宣传等。

（二）案件量和涉案人员持续上升，涉案金额巨大，影响范围广

B 市 C 区检察院 2016 年受理以 P2P 为名非法集资案件捕诉共计 5 件 24 人，2017 年 40 件 183 人，2018 年 61 件 352 人，截至 2019 年 10 月已达 98 件 450 人。犯罪嫌疑人充分利用网络，突破人数、地域等限制，涉案金额动辄上亿元，有的甚至几十亿元，个别案件已经达到百亿元级，如“某联储”非法吸收公众存款案，未归还金额 24 亿余元，涉及投资人 6 万余人，涉及借款企业 100 余家。

（三）违法平台夸大宣传，包装到位，欺骗性强

部分 P2P 网贷平台为吸引投资人，对平台进行美化包装，对平台实力、资金规模以及团队实力、从业经验，进行夸大或者虚假宣传，以博取投资人的信任。具体而言，一是包装从业人员，如在某案件中涉案公司在微信公众号的推文中详细介绍了公司的管理团队，管理人员全部具有丰富的金融从业经历，且多数具有海外求学经历，专业度高，专业能力强。二是平台实力包装，部分 P2P 为达到高效融资的目的，采取雇人在推广网站、网贷排行榜等平台刷信用，制造交易体量大，排名靠前，信誉度高的虚假现象。三是资金账户包装，对外宣称在金融机构开立普通阶段及第三方支付机构内部二级账户构建资金池，或利用关联公司规避“资金池限制”。

（四）技术工作人员开始进入刑事诉讼领域，销售环节有所弱化

在传统的线下非法集资案件中，除涉案公司高管外，销售人员和财务人员系非法集资行为的核心环节，分别负责客户流和资金流，前者负责以打电话、发传单、“口口相传”等形式寻找投资人，向投资人介绍项目的投资和收益情况，并参与投资人签订合同和投资人交款的过程；后者主要负责收取投资款，返本返息，发放工资和向项目方付款等。与从事行政、人事岗位的工作人员相比，其涉

案程度深、发挥作用大、具有可罚性。其在传统非法集资案件中，是应当被追究刑事责任的人员。

以 P2P 平台进行非法集资的模式中，平台的吸资过程不再需要销售人员参与，取而代之的是后台技术人员和客服人员组织客户流，后台人员负责页面设计，搭建平台，书写代码、接口和后期的平台维护等。客服人员主要负责通过网络和电话解决客户咨询的投资项目问题以及平台的操作问题。如宋某某 15 人非法吸收公众存款案，公安机关移送审查起诉技术人员 12 名，占比 80%，其中包括研发部前端工程师、测试工程师、运维人员工程师等。与传统非法集资模式相比，P2P 平台的财务人员作用也有所弱化，平台资金由银行负责存管，存管银行根据平台指令对出借人和贷款人的账户资金进行操作，贯穿于资金投入到赎回的全过程，财务人员负责的只是平台本身运营的资金。

（五）信访压力在主要办案单位集中释放

P2P 以互联网技术为基础，信息交换不受空间限制，因此涉 P2P 非法集资类案件投资人的范围并不以公司所在地、服务器所在地为限，往往遍布全国众多省市。公安机关立案后，极易出现各地信息不对称、报案标准不统一、涉案人员处理标准不统一、信访渠道不畅通等问题，致使矛盾向主要犯罪地集中，基层办案人员需承担全国范围内的信访维稳压力。如徐某某等 16 人非法吸收公众存款案，该案涉案金额 70 亿余元，在审查起诉阶段来自福建、黑龙江、广东等全国各地的投资人纷纷打电话给承办人，要求检察机关对徐某某变更强制措施。

## 三、P2P 非法集资案件的主要办案难点

### （一）资金池的认定

资金池是把资金汇集到一起，形成一个像蓄水池一样的储存资金的空间，通常使用在集资投资、房地产、保险领域等，以平衡资金的流入流出。① 《暂行办法》，将网络借贷信息中介机构的“资金池”问题界定为“直接或间接接受、归集出借人的资金”，系十三条禁止性规定规制的内容之一。

1. 资金池形成的原因

（1）投资期限错配。投资者出于降低风险、保障投资收益和资金灵活度的考虑，多倾向于选择短期投资，然而投资项目的资金使用期限往往较长，同时投资项目的增长速度远低于资金的流入速度。为了解决借贷双方的资金出借和使用的期限矛盾，P2P 平台将投资款设立一个资金池，将长期的投资项目进行期限拆

① 参见网址 https：//baike. baidu. com/item/资金池/10810747？fr = aladdin，最后访问日期：2019 年 5 月 4 日。

分和错配，新的投资款进入平台资金池，用于对到期债权进行返本付息，即“以新还旧”，以此方式循环往复。同时平台为了保证其信用，当有借款标的出现逾期还款时，平台会用资金池中资金对出借人进行垫付，实际上投资款一旦进入资金池，就已经形成了资金混同的事实，名义投资的项目与资金的实际使用项目不能一一对应。

（2）平台自融型资金池。在网贷平台的运营过程中会出现平台以其法定代表人、实际控制人、财务总监等高管自然人或者关联公司的名义，在平台上发出借款标，出借人的资金或进入第三方支付平台，或进入存管银行账户，支付平台或存管银行根据平台的指令将资金划入关联自然人或关联公司的账户，最终资金再回到平台实际控制的银行账户中，形成资金池，其被用于平台的对外投资，或返本付息、平台运营，甚至挥霍等。该模式从形式上看规避了资金沉淀的风险，但是追踪资金的实际路径不难发现平台虽然绕过了资金池风险，但实际上是以自融的方式完成了对资金的间接归集。例如，在“某果金融”非法吸收公众存款案中，平台对外宣称在上海银行设立存管账户，出借人与借款人的资金往来直接由该账户完成，但存款账户的钱却流向了平台法定代表人实际控制的公司，嫌疑人利用其名下关联公司作为借款人，规避“资金池”限制变相自融，该平台2018年6月出现逾期兑付，涉案金额7亿余元。

（3）超级债权人资金池。超级债权人模式是指首先由超级债权人向借款人放出贷款，取得相应债权，再把债权进行拆分，继而转让给平台的实际投资人。其中，投资人不是一对一地将资金直接借给借款人，而是通过购买债权的方式，获得相应额度债权，此种模式平台多以定期或活期理财产品等债权包的形式向投资人进行销售，从而构建了“多对多”的借贷关系。超级债权人通常是网贷平台本身或其关联机构的、具有一定控制能力的某个或某几个自然人或法人，如其法定代表人或财务负责人等高管，在某种程度上也很难规避自融的嫌疑。此外，一般超级债权人将债权转让给投资人后，作为原始债权人的超级债权人会在合同中规定，代投资人收取和管理借款人的还款，从中收取相应的管理费、咨询费后，向投资人支付本金和事先约定的利息。也就是说，在债权转让完成后，借款人并不是直接将钱还给平台实际投资人，而是由超级债权人预先代为收取和管理，然后再向投资人兑付本息。超级债权人的账户成为中间账户，所有资金都必须在这个账户中流转、清算，使得超级债权人的账户，一定程度上也是平台实际控制的账户，在此流程中形成了资金池。

2. 资金池的风险

资金池成为网贷行业的雷区，主要原因有以下两点：一是平台对资金的归集使其丧失了信息中介的特征，并扮演着资金清算支付的角色，根据我国《商业银行法》的规定，资金清算支付是商业银行的特有业务，也是金融业务的实质特征，若形成资金池开展银行业务，则需要大比例的备付金且在监管上需要符合严格的规定。网贷平台的资金池突破了商业银行法的相关规定，在无监管的情况下从事类银行业务，且整个行业的业务量和资金池规模不容小视，严重危及国家金融秩序和金融安全。二是因为网贷平台的资金池实际履行的是金融服务功能，却不受任何机构的监管，资金随时有被挪用、侵占、挥霍的可能，客户资金安全无法保障。在P2P非法集资案件中，存在大量平台将客户资金在风控不严的情况下随意投资、放贷，或者用于平台本身运营的情况。例如，用于交房租、发放员工工资等，其中也不乏平台控制人或高管使用客户资金进行个人高消费的情况。

3. 认定资金池的方式

（1）形式审查：是否有第三方商业银行进行存管。2017年2月23日，银监会发布《网络借贷资金存管业务指引》（以下简称《指引》），以期通过资金存管机制，进一步加强对网贷资金交易流转环节的监督管理。存管业务有三大基本原则，分别为分账管理、依令行事和账务核对。[①] 具体流程为：首先由出借人和借款人分别在存管银行注册账户，出借人决定对某借款标的投资后，出借人在网贷平台的投资资金通过在平台进行操作直接进入存管银行个人账户。待满标后，存管银行根据平台指令，将出借人银行账户资金直接划扣到借款人在存管银行设立的账户，最后借款人实际控制账户内资金，即资金实际形成了“出借人资金——出借人存管银行账户——借款人存管银行账户——借款人资金”的流转路径。

判断网贷平台是否有资金池的第一步是从形式上对资金的流向进行追踪，若出借人资金应平台要求直接汇入了平台的对公账户、平台相关自然人账户或者第三方支付平台账户，可以认定平台具有直接或间接归集资金的行为。

（2）实质审查：以资金实际使用情况进行判定。判断平台是否有资金池，除了进行形式审查外，还要对资金进行穿透式审查。如上文所述，存在一些问题平台资金表面上由银行存管，但实质上资金只是在银行存管的形势下走过场，最终资金再次回到由平台或关联人实际控制的资金池中。实践中，目前对资金实质审查的方式主要有两种：一种是通过嫌疑人或证人的言词证据获得相关线索，再通过银行账户流水进一步印证；另一种是对涉案账户银行流水进行审计，查明资金的实际走向，再结合账户信息查证账户的实际性质。对资金进行穿透式审查的原因在于银行存管并不能从根本上防范网络平台所有风险。因为存管银行只承担实名开户和履行合同约定及借贷交易指令表面一致性的形式审核责任。即使平台

---

① 参见网址 https：//baike. baidu. com/item/网络借贷资金存管业务指引/20451894？fr = aladdin，最后访问日期：2019年5月10日。

委托存管银行对借款人及出借人账户进行监督、管理，也不能仅因此判断资金的安全。

（二）主观明知的认定

P2P 网贷平台是金融创新、互联网金融的一种表现形式，其本身具有合法性，也对社会具有积极意义，与借款型、消费型、私募股权基金等传统非法集资模式相比，对涉案人员的违法性认识具有较高的要求。除明知公司的经营模式为 P2P 外，还需要明知是否有资金池，是否是自融、发假标、线下实体宣传、为项目提供担保并承诺保本等违反禁止性规定的行为。上述要求对公司非核心人员、边缘岗位的工作人员来说确实存在一定难度，例如，在技术部门负责页面设计的员工，工作中仅负责对页面进行编辑和美化，不负责核心技术的开发和维护，也就无法掌握出借人在平台充值时是否调用存管银行接口；负责人事工作的员工，其无法知道出借人的资金有没有银行存管，或实际进入哪个账户。因此在判断嫌疑人是否具有非法性主观明知时，可以从以下几个方面进行综合判断：一是通过嫌疑人供述，判断其是否明知平台的违规操作；二是根据嫌疑人具体的工作职责和工作内容，结合其他涉案人员的言辞证据进行系统分析；三是综合考量嫌疑人的工作内容、任职时间和薪酬水平等因素，若嫌疑人系公司元老级员工、工资明显高于同行业标准，那么具有非法性主观明知的可能性就较大；四是根据嫌疑人有没有在平台进行过投资、有没有介绍他人进行投资，从而判断是否明知公司有资金池、平台承诺保本等；五是根据嫌疑人是否知道平台在案发前有未兑付或延期兑付的情况，因为合法的 P2P 不可能实现完全的刚性兑付；六是根据电子证据，查看嫌疑人工作邮箱、OA 系统以及手机勘验报告。实践中，因主观明知存疑而依法作出不捕不诉决定的非法集资案件中，P2P 案件所占比重较高。

例如，北京某大信息技术有限公司，实际控制人为南非籍华裔，公司以网站和 APP 渠道开展网上 P2P 借贷业务。公司与渠道人员签订加盟协议，由渠道人员找借款人，项目标的主要有三种，均是针对“三农”人员提供资金。渠道人员将需要借款的农民申请资料递交给风控部门，审核通过的签订借贷协议，此后借款人在网站注册账户、绑定银行卡，公司将借款人作为一个标的放在网站上，让投资人进行投资。投资人通过登录公司网站、注册账户、绑定手机、银行卡，选择自己想投的标的，在网上签订电子协议，后支付自己的投资款。投资款进入投资人银行卡绑定的第三方支付平台账户内，然后进入对应平台的虚拟标的账户。标的投满后，公司与借款人电话联系，确认借款后，通过网站后台系统，给第三方支付平台账户发送指令，将标的的资金转入借款人在第三方平台的账户内，借款人以提现方式将资金转入到绑定银行卡内。同时公司发布指令将借款的 3.5% 转至北京某大信息技术有限公司账户作为公司管理费，将 2.5% 转入关联公司作为风险金。后因渠道方将借款人应当归还的钱款拿走而出现逾期。

该案批捕阶段共有19名嫌疑人到案，其中风控部5人，人事部1人，客服部1人，技术部11人。经审查发现现有证据不能证明19名嫌疑人的行为涉嫌非法吸收公众存款罪，理由如下：一是本案除公司实际控制人和一名技术人员知道借贷双方的资金有第三方监管外，其余嫌疑人对资金的实际走向并不清楚；二是平台借款的个人借款余额不超过20万元，企业借款余额不超过100万元，通过审查平台数据未发现同一借款人同一时间段借款总额超过20万元，符合相关规定；三是平台本身未承诺保本付息或给付其他形式的经济回报。故该案因证据不足，作出了不批准逮捕的决定。

（三）犯罪数额的认定

违反监管规定进入刑事诉讼领域的P2P非法集资案件，可能涉及的罪名包括非法吸收公众存款罪和集资诈骗罪。其中非法吸收公众存款罪的犯罪客体为金融管理秩序，因此在认定犯罪数额时应以非法募集的全部资金进行认定，其中包括已返本付息金额、续投金额；集资诈骗罪的犯罪数额应以主观非法占有的数额，即立案前给投资人造成的经济损失进行认定。在传统模式的非法吸收公众存款罪中，认定犯罪数额的方法主要有：一是根据投资人报案数额；二是根据在涉案公司起获的合同金额；三是根据起获的公司内部业绩记录；四是某一时间段内专门收受投资款账户的入账金额。

相比之下，P2P非法吸收公众存款案件在认定犯罪数额时存在以下特点：第一，P2P的投资期限相对较短，投资频率高，存在前期投资都能返本付息，后期逾期兑付的情况，导致报案金额远少于平台实际集资金额。此外部分投资人存在因投资数额小，怠于报案的情况，或认为逾期是P2P平台正常系统性风险而未报案，这加剧了实际集资数额与报案数额之间的差别。第二，P2P为线上业务，无实体合同、客观交易数据，被记录、存储在平台服务器中。案发后公安机关可能无法起获到服务器，或者虽起获到服务器，但是对服务器进行逐台勘验将花费大量的司法成本，勘验工作量大，在办案期限内可能无法得出勘验结果。

因此以报案金额认定P2P非法吸收公众存款的犯罪数额将远低于实际犯罪数额，随之会产生罪责刑不相适应之嫌。以客观交易数据认定犯罪数额，具有一定侦查难度和取证难度，难以推广到每一案件。相比之下，通过调取平台银行账户、第三方支付平台账户流水查明入账金额、充值金额并以此认定犯罪数额更为客观有效。以第三方支付平台存管为例，出借人通过第三方支付平台实现在线充值功能，之后用充值金额进行具体投资，投资期限届满后投资款回到第三方平台的账户中，出借人可以自主选择继续投资或结束投资，将第三方支付平台账户内资金提现，充值和提现之间的差额为投资的盈利或亏损。一旦公安机关介入，冻结第三方支付平台账户，出借人在平台的闲置资金同样也无法提现，资金只要进入第三方支付平台，便脱离了出借人的控制，由平台实际控制，直到出借人进行提现操作。因此以平台充值金额认定犯罪数额，以充值、提现差额计算出借人损失金额的认定方法具有合理性和可操作性。

（四）嫌疑人分层处理

P2P 平台“暴雷”后公安机关介入侦查，多以“抄现场”的形式对在公司办公的工作人员进行统一抓捕，涉及人员包括财务人员、技术人员、客服人员、风控人员等。其人数众多，一般为几十人。在职级上既有基层工作人员，也有中层和高级管理人员，虽然到案人员均在 P2P 平台从事一定工作，参与了犯罪行为，但是若对全部人员均作出批准逮捕或起诉的决定，将扩大刑事打击范围，这一方面违背宽严相济的刑事政策；另一方面会出现强制措施不均衡的现象，使案件处理的社会效果大打折扣。此外，在某种程度上这也会浪费司法资源，加剧看守所的关押压力，同时影响庭审效果。为达到法律效果和社会效果相统一，依托认罪认罚机制，应在审查批准逮捕阶段和审查起诉阶段适当作出分层处理，需要考量的因素有嫌疑人的认罪态度、悔改表现、实际发挥作用的大小、主观恶性、是否及时退赔且数额不低于违法所得的总额等。根据个案的差异，在分层处理时应具体案件具体分析，不排除有嫌疑人不认罪，或家属没有退赔能力的情况影响认罪认罚工作的顺利开展。如在许某等人非法吸收公众存款案中，公安机关报捕嫌疑人 47 名，综合考虑职务作用、任职时间、认罪、退赔等因素依法对 30 名嫌疑人作出了不批准逮捕的决定；到审查起诉阶段，在关键证据均已固定的情况下，结合证据材料进一步认定犯罪数额和所发挥的作用，继续开展认罪认罚工作，最终本案仅对高级管理人员和部门负责人等 6 人提起公诉，对其余人员依法作出不起诉处理意见。

（五）追赃挽损困境

涉 P2P 非法集资类案件没有具体投资项目作依托，案发后也没有可供查封的土地、房产或项目方账户。且资金流向纷繁复杂，借款人为小额借款的个人或公司，公安机关难以逐一调查取证，涉案债权清收工作存在很大困难。一是存在数据不真实或数据未更新等情况，导致无法联系到借款人；二是司法机关没有充足的人力和办案期限对每一名借款人进行核实和督促还款，甚至有借款人趁平台“暴雷”、涉嫌刑事犯罪而故意不再履行还款义务；三是部分平台除 P2P 业务外也经营保险经纪等业务，存在合法业务与非法业务并存的现象，给涉案资产的处理带来了更大挑战；四是对于存管银行账户冻结款项，应直接认定为相应投资人所有，还是作为涉案财物统一参与执行阶段分配，尚待进一步论证。

据此可以从以下几个方面展开工作，提高案件的追赃挽损率：一是通过公告形式督促借款人如期还款，并在公告中写明办案机关接收涉案款项的银行账户，要求投资人还款后凭银行凭证到公安机关做相应的扣押手续。二是司法机关鼓励资产管理公司等在办案过程中接手项目，良性清盘，以免使资产因缺乏维护或进入法拍环节而贬值。但是对于具体的操作流程，应充分尊重投资人的意见，做到“一案一方案”，切实保护投资人的经济利益，但该种方式仅适用于超级债权人的 P2P 模式中。三是就已经核实的借款人，在其不如期履行还款义务的情况下，按失信被执行人处理，上失信名单。四是坚持推进认罪认罚工作，鼓励主观恶性小、发挥作用小、认罪态度好的涉案人员退赔相应违法所得，争取从轻处理，将退赔款进行统一处置，按比例发还投资人，提高追赃挽损率。

（六）退出机制不完善导致刑事处理被迫扩张

随着 P2P 网贷合规检查的正常推进，越来越多的平台主动退出或被动清退。然而当前的网贷平台退出机制还不完善，比如退出的前提、标准不明确，缺乏可参照执行的法律法规依据；网贷平台退出的相关机构众多，各责任主体的职责分工尚未厘清；退出方式较为单一，以自发清盘停业为主，不能很好地适应市场需求；涉案资产归属判定难，资产盘活及处置难度重重。截至目前，我国尚未出台全国范围内统一的关于 P2P 网贷平台退出的指导性文件，导致各地对适用对象的定义存在差别，在执行层面缺乏明确依据，P2P 整治工作进展缓慢。

## 四、对策及建议

针对 P2P 案件的上述特征，为进一步解决该领域出现的一系列问题及难题，笔者认为应从以下几个方面着手：

第一，地方金融局、金融办进一步加强对网贷平台的监管力度。首先对尚存的在业平台进行强监管，适时采取一定行政手段；其次对新上线平台的管理可借鉴英国政府对金融行业采取的沙盒监管模式①，实现金融科技创新与有效管控风险的双赢局面；最后密切关注停业平台的清盘进展，鼓励有能力的平台良性退出，无兑付意愿和兑付能力的及时移送司法机关处理。

第二，重视大数据研判预警机制对防范网贷平台的积极作用，做好数据环节的顶层设计。目前全国各地都在建立本地区的大数据平台，然而普遍存在数据难获取、不完整、格式不统一等问题，制约了大数据预警平台的使用效能，应要求工商行政部门、商业银行、司法机关等向预警平台提供全面数据，鼓励互联网企

---

① 监管沙盒（Regulatory Sandbox）的概念由英国政府于 2015 年 3 月率先提出。按照英国金融行为监管局（FCA）的定义，“监管沙盒”是一个“安全空间”，在这个安全空间内，金融科技企业可以测试其创新的金融产品、服务、商业模式和营销方式，而不用在相关活动碰到问题时立即受到监管规则的约束。

业向预警平台分享数据，实现“打早打小”精准化。

第三，加快制定网贷平台向小贷公司转型的具体方案。2019 年 10 月银保监会首次提出转型方向，网络小贷的特点包括：放贷的资金不能向公众募集，通过网络平台进行贷款申请、在线风险审核和贷款审批、在线贷款发放、在线贷款回收。其最大的优势在于拥有正式的牌照对外放贷。目前监管部门对网络小贷牌照的限制较多，对网贷平台是一个洗牌过程，转为小贷公司后平台将受到地域及严格的融资杠杆和融资渠道限制。

第四，建立全国统一的涉案财产追讨办法，P2P 案件在不同省份、同省的不同案件之间均存在涉案财产追讨方式不统一的问题，有的冻结已获利投资人账户，有的冻结平台借款人账户，也有的不采取任何财产保全措施。应对各追讨方案进行调研，对法律效果和社会效果进行综合评估，统一执法标准并协调银行等各部门积极展开追讨工作。

第五，认真总结 P2P 网贷平台、私募基金等金融创新活动的发展规律，平衡鼓励创新与政府监管的关系，完善相关管理制度，防止该类风险蔓延到“区块链”等新兴领域。

# 互联网传销刑法规制研究

时　方*

**摘　要：** 近年来高发的互联网传销作为传统庞氏骗局新变种，不论在宣传手法、运作模式抑或法益侵害属性上均发生本质改变。剖析互联网传销基本构造，对传销与直销、非法集资等关联行为作出准确区分，为司法认定提供判断标准。基于我国刑法主要惩治诈骗型传销，传销参与人在其中既存在受欺骗的被害人属性，同时其参与行为又在不断推动金字塔骗局发展壮大，成为传销犯罪实施者，刑法应当对此类主体进行规范评价并采取相应规制措施。从刑法正向规制与被害人、参与人反向规制两方面进一步完善互联网传销犯罪刑法规制机制，实现对当前高发的互联网传销的有效打击与预防。

**关键词：** 互联网传销；运行模式；传销参与人；刑法规制

传销活动作为庞氏骗局的表现类型之一，是通过拉人头、发展下线、骗取入门费并用后加入者的资金弥补前期参与人回报的模式维持运作，传销组织结构呈现金字塔状，因此也称为金字塔骗局。① 基于传销活动并不具有可持续性盈利的项目收益，当后加入者所投入资金不足以满足先前加入者支付的本金及收益时，不可避免将出现资金链断裂并最终导致骗局泡沫破裂，其后果不仅使陷入传销组织的参与人遭受财产损失，还与传销过程中间接引发的人身暴力性犯罪共同交织，对公民人身财产等个人法益造成直接侵害；同时，传销活动参与人数量众多、发展区域广泛，对社会治安稳定造成重大影响。当前传销运作呈现出与互联网金融等新兴技术相结合的新型互联网传销模式，隐蔽性更强，法益侵害属性更加严重，对社会经济平稳运行、国家经济安全产生直接威胁。如何准确识别互联

* 时方，中国政法大学刑事司法学院副教授，法学博士，中国社会科学院法学博士后。

① 根据《刑法》第224条之一“组织、领导传销活动罪”的条文规定，对于传销组织“拉人头”发展人数要求“并按照一定顺序组成层级”，突显了传销组织立体发展的金字塔结构，以区别于其他单纯对参与人数有要求的涉众型经济犯罪类型。如2010年12月13日最高人民法院《关于审理非法集资刑事案件具体应用法律若干问题的解释》第3条对于非法吸收公众存款罪刑事责任追究标准，“个人非法吸收或者变相吸收公众存款对象30人以上的，单位非法吸收或者变相吸收公众存款对象150人以上的”，并未对发展人数结构规定要求。

网传销运作模式，挖掘其背后运作机理，确立传销参与人地位与作用，有效发挥刑法惩治手段，是当前规制、打击互联网传销活动面临的重要难题。

## 一、互联网传销运行模式及特征

### （一）互联网传销运行模式

1. 虚拟货币传销

随着对虚拟货币的不断炒作，有不法分子以发行虚拟货币为名，行诈骗之实，谎称投资虚拟货币只涨不跌，其中主要包括“山寨币”“空气币”“传销币”等表现形式。例如，近年来具有广泛影响的诸如五行币、亚欧币、维卡币等网络传销案件，不法分子以虚拟货币、区块链为幌子，在实质上没有区块链作为底层技术的情况下进行概念炒作，以高额利益回报为诱饵进行非法集资、传销等违法犯罪活动，成为新型庞氏骗局的主要形式。全国首起虚拟货币网络传销“维卡币”案，国内涉及资金150亿元人民币，传销人员账号200多万个，涉及全国20多个省市。该案组织者以加密货币和区块链为噱头、以高额回报利诱，要求参加者支付相应等级入会费，通过老会员推荐新会员入会并购买激活码获得加入会员资格，按照投资的金额及先后发展的顺序组成层级，呈现新型网络传销组织特征。

2. 互联网平台传销

在互联网传销运作模式中，夹杂着消费返利等具有迷惑性的市场营销手段。以互联网购物平台传销为例，网络购物平台通过发展会员并许诺给予不同等级会员购物返利，鼓励会员在平台消费并推荐发展新会员，此种运营模式实则是通过后加入会员的入会费以及对支付商品金额提成实现先前会员返利，平台本身不以商品交易为主要目的，也无资金来源进行会员返利，平台组织者以收取会费和商品价款提成取得收益。如果后期加入会员较少将导致平台资金无法满足先期会员返利要求，庞氏骗局终将崩塌。2018年5月广州警方摧毁的“云联惠”特大网络传销犯罪团伙，即是以“消费全返”等为幌子，采取拉人头、交纳会费、积分返利等方式引诱人员加入，骗取财物，严重扰乱经济社会秩序，涉嫌组织、领导传销活动犯罪。①

3. 其他资本运作传销

除了利用虚拟货币、网购平台实施的互联网传销模式外，其他诸如股权投

---

① 据报道，至2018年5月8日“云联惠”总部遭到广州警方查处时，云联惠累计交易金额为3300亿元。参见“超千亿特大传销团伙‘云联惠’被广东公安摧毁”，https：//www.sohu.com/a/231097088_100144429，最后访问日期：2019年3月20日。

资、金融互助、微信手游等名义实施的传销活动形式各异、眼花缭乱。互联网传销组织以高额回报为诱饵，借助各类网络媒介开展所谓资本运作，变相收取入门费，通过拉人头、发展下线等手段给予提成、返利。如微信手游传销，传销组织以参与网络游戏为幌子，诱使加入者办理游戏充值卡业务变相交纳会费，再利用高额奖励鼓励加入者吸收新会员，参与者并非被游戏软件吸引，充值目的在于获得高额收益，此类借助网络游戏进行投资获益的传销模式隐蔽性更强，基于参与人挣快钱的投机心理，高额返利加速传销骗局崩塌，造成短期内大量参与人遭受重大财产损失。

（二）互联网传销运行特征

互联网传销借助金融科技、资本运作等名义扩大宣传，更具迷惑性与传染性；资本运作模式代际更新，罪名认定更加复杂困难；相比传统传销人身控制、线下商品销售模式，互联网传销法益侵害属性本质改变，危害性更加严重。

1. 宣传手法更具迷惑性与传染性

区别于传统传销假借销售“空壳”商品的欺骗伎俩，抑或通过人身监禁等物理手段强迫民众参与，互联网传销往往披上金融创新、普惠金融等高科技外衣，以“纯资本运作”“金融互助”“虚拟货币”“股权投资”等宣传手法进行洗脑诱骗；加之我国民众普遍缺乏基本金融投资常识，一味追求高收益、忽视风险的投机心理极易被互联网传销组织蛊惑加入，传销组织对参与人人身控制减弱、精神控制加强，互联网传销更具迷惑性与传染性。

2. 运作模式代际更新

互联网传销将传统传销组织物理性控制模式转向网络空间发展团队，传销组织更加隐蔽，呈现“形散而神不散”特征；为规避司法机关对组织、领导传销活动罪追诉标准的认定，互联网传销不再简单复制传统传销活动“拉人头”获取返利升级的运作模式，着重在组织层级、成员数量、门槛费收取等不同方面进行创新“升级”；通过诱骗参与人不断发展下线获得收益的运作模式造成传销活动与非法集资两者出现交织混同，导致相关行为在刑法罪名认定上更加复杂困难。

3. 法益侵害属性发生改变

互联网传销组织以金融资本运作模式呈现，法益侵害属性由对被害人个体法益侵害转向对国家经济安全超个人法益侵害，具有金融犯罪属性。① 典型如涉案

---

① 当前互联网传销运作手法从曾经的化妆品销售、资源开发、种植养殖等“实体经营行为”向众筹理财、期货、虚拟货币等“资本运作”手段进化，有统计数据显示，金融投资理财类传销在传销组织中的占比达到30%，已发展成为新型网络传销的主流模式。参见“2018年重大传销案盘点：发展势头如洪水猛兽，花样百出影响更加恶劣”，http://dsdod.com/a/20181228/70630/，最后访问日期：2019年3月21日。

金额超千亿元的广州“云联惠”“太平洋直购案”等，借助消费全返、层级计酬、股权代理等隐蔽性运营模式，致使资金聚集迅猛、辐射面不断蔓延，不仅侵害公共秩序稳定与社会民众个体人身、财产安全，而且对于国家经济安全产生直接侵害。互联网传销作为一种虚拟经济活动，不存在真实商品或者服务的等价交换，无法使社会财富增值，相反数额巨大的传销资金流转并掌握于少数传销人员之手，巨量民间资金脱离金融监管，隐藏很大金融风险。[①]

## 二、互联网传销基本构造：与关联行为区分

### （一）互联网传销与直销区分

传统依靠商品销售的直销与传销在1998年4月18日国务院《关于禁止传销经营活动的通知》之前并没有被监管部门有效区分，由此导致大大小小的非法传销公司如雨后春笋般地涌现出来，以至于1997年年底到1998年年初非法传销大肆猖獗，国家对直销企业的管理相对滞后。

直销与传销两者合法性与违法性认定的关键在于：从形式上看，可以通过运作模式的单层次与多层次性进行判断，我国《直销管理条例》所允许的直销运作模式也仅限于单层次直销行为，直销人员之间没有连带关系，依赖个人业绩计酬；[②] 而多层次直销基于参与人员上下线之间的连带关系，上线依据发展下线的数量及销售业绩为计酬依据，不论多层次模式是否以销售实际商品为目的，其拉人头、发展下线建立层级营销模式在我国属于《禁止传销条例》明令禁止的经营行为。因此，只要形式上存在拉人头建立层级的运营模式在我国一律为法律所禁止，排除在正规直销经营活动之外，属于违法行为。从实质上看，单层次直销业务员直接面对的是最终消费者，通过商品销售提高个人业绩，属于合法经营活动；传销活动主要是依靠发展下线、建立层级形式收取入门费，缺乏实质经营活动，行为人主观上具有非法获利目的，属于《刑法》规定的诈骗型传销类型之一。此外，以销售商品为目的的多层次传销行为虽然为我国《禁止传销条例》所规制，但《刑法修正案（七）》未将此类团队计酬型传销模式作为犯罪认定，相关行为只能作为传销违法行为进行行政处罚。即通过实质经营内容有无的判断，对形式上具备金字塔结构的传销活动进行处罚性质与严厉程度不同的行政与刑法双

---

① 参见黄太云：“刑法修正案（七）解读”，载《人民检察》2009年第6期。

② 2005年规制我国传销与直销活动的两部核心法律《禁止传销条例》与《直销管理条例》几乎同时出台，其中《直销管理条例》第24条规定：“直销企业支付给直销员的报酬只能按照直销员本人直接向消费者销售产品的收入计算，报酬总额（包括佣金、奖金、各种形式的奖励以及其他经济利益等）不得超过直销员本人直接向消费者销售产品收入30%。”以及第14条规定：“直销企业及其分支机构不得发布宣传直销员销售报酬的广告，不得以缴纳费用或者购买商品作为成为直销员的条件。”

层次打击，由此构成合法直销与传销违法犯罪区分的形式与实质认定标准。

当前互联网传销组织除借助金融创新等虚伪外衣包装渲染，为掩饰其传销本质往往对运行模式进行改造，典型如互联网传销组织设计出单层计酬制，传销成员仅对自己发展成员的第一级下线计酬，下线再次发展成员所获收益则与自身无关，意图在层级模式上混淆与直销活动构造的差异，规避刑法对于传销犯罪认定标准。[①] 同时，基于传销与直销在运作模式上具有相似性基因，为防止获得直销牌照的企业由于经营不规范涉嫌违法传销甚至犯罪，应当在规范直销活动的前提下打击互联网传销。即对获得正规直销牌照的公司仍应进行严格监管，对建立层级的多层次直销经营活动依照现有法律进行违法传销认定，不因具有直销牌照而直接承认其合法性，对于涉嫌传销犯罪的企业建立直销牌照退出机制。引发全社会广泛关注的以天津权健集团等为代表的我国直销领域巨头，在已取得商务部颁发的直销牌照前提下通过虚假宣传、高额回报诱骗民众参与，依靠拉人头、发展层级收取入会费，形成庞大金字塔结构，因涉嫌组织、领导传销活动罪于2019年年初被刑事立案。

（二）互联网传销与非法集资区分

非法集资与传销活动本质上都会对参与者个体财产法益造成侵害，涉及参与群体数量广泛使得法益侵害发生质变，由对个体财产法益侵害转变为对市场经济秩序的超个人法益侵害，易引发群体性事件，影响社会治安稳定，甚至对国家经济安全产生威胁与侵害，这也使得传销与非法集资成为侵犯社会主义市场经济秩序超个人法益犯罪的典型代表。随着互联网传销种类日益繁杂，在实际运行过程中，互联网传销与非法集资存在竞合情形，引发认定分歧与困难，进而影响司法裁判与财产处置过程。

具体而言，刑法对于非法集资与传销不论在刑罚设定抑或财产处置上都具有较大差异：就刑罚严厉程度而言，非法集资相关罪名虽然在2015年《刑法修正案（九）》时废除死刑规定，但其最高刑期无期徒刑仍具有极大的惩治与威慑力；与此相对，组织、领导传销活动罪情节严重时仅在5年以上有期徒刑范围内进行裁判，刑罚严厉程度较非法集资轻微很多。甚至相比较单纯侵犯个体财产法益的诈骗罪而言，诈骗型传销在法益侵害上虽然扩展到对超个人法益的经济秩序侵害，法益侵害更具多元性与严重性，但刑罚惩治力度比作为基础性罪名的诈骗罪轻很多，呈现法益侵害属性与刑罚制裁不成比例局面，这也使得不同罪名的认

---

① 如江西太平洋网络直购案，其运作模式是上下级渠道商之间有层级进行团队计酬，即上级渠道商对其发展的下一级进行业绩提成，但上级对下级业绩的提成是一次性的不具有持续性，下级渠道商再发展的下级与其上级无关，各团队只能形成上下两级计酬，无法形成传统传销组织认定的三级层级。参见朱庆："传销抑或创新：太平洋直购案的法律解析"，载《法商研究》2015年第1期。

定对于犯罪分子施加的刑罚严厉程度存在巨大差异。就参与人法律保护态度而言，当前刑法虽然没有完全承认集资参与人的被害人地位，但仍会对集资参与人的损失进行最大程度的追赃挽损，减轻集资参与人损失；相较而言，尽管存在被欺骗缴纳入门费情形，刑法对于传销参与人完全否定其被害人地位，对于传销组织吸纳的成员财产表现更为严苛，一律作为传销活动违法所得予以没收，不予返还参与人。因此同样作为聚众型经济犯罪，非法集资与传销不同类型属性界定与罪名认定对于案件产生的社会效果具有极大影响。

通常情况下，非法集资与传销具有较为明显的构造差异：就组织运行结构而言，非法集资以吸收公众存款为目标，参与人数量众多成为客观事实，但集资参与人之间不以建立层级为目标，也无上下级之间的收益抽成。传销运作模式依靠拉人头、建立层级实现组织规模不断扩大，是其维持运行的核心要求。就参与人获取收益基础而言，非法集资参与人以投入资金数额为基础，通过还本付息形式获取静态固定收益；传销活动参与人则通过拉人头、建立层级的动态运行获得佣金，实现按劳分配。可以认为，非法集资是静态平面式获取收益的线型结构，传销活动是动态立体式获取收益的金字塔结构。但随着互联网传销模式的复杂变化，两者出现交叉竞合情形：典型如互联网传销组织一方面规定参与成员缴纳各种名义的入门费，承诺按缴纳资金比例给予业绩返还，呈现类似非法集资静态还本付息样态；另一方面，为维持传销组织日常运行、扩大组织规模，要求参与成员不断发展下线，可以从发展下线缴纳的入门费中获取一定比例的提成，激发成员发展下线的动力，最终形成传销参与人获取动态收益的金字塔结构。当互联网传销同时呈现非法集资特征时，形成组织、领导传销活动罪与非法集资相关罪名的想象竞合情形。因此，有观点指出，互联网传销也是一种非法集资，只不过是集资形式不同。①

根据2013年11月14日最高人民法院、最高人民检察院、公安部发布的（以下简称“两高一部”）《关于办理组织领导传销活动刑事案件适用法律若干问题的意见》（公通字〔2013〕37号）第6条罪名适用问题，明确了“以非法占有为目的，组织、领导传销活动，同时构成组织、领导传销活动罪和集资诈骗罪的，依照处罚较重的规定定罪处罚。”即当传销与非法集资出现交织难以区分时，根据想象竞合犯原理从一重罪处罚。从加大犯罪刑事打击力度、遏制犯罪发生角度考虑，上述司法解释既体现了维护社会经济安全稳定的刑事政策要求，也符合相关犯罪认定原理。但更为现实的问题是，当出现行为样态认定模糊时，不能简单通过从一重罪处罚的竞合原理进行处理，不同罪名认定对于犯罪违法所得

① 参见明航：“根治虚拟货币传销骗局需用重典”，载《经济参考报》2017年12月14日，第2版。

处置方式产生直接影响，关涉参与人尤其是被欺骗加入违法犯罪活动的民众受损财产能否得到法律保护问题，对社会稳定产生重大影响，考验案件办理社会效果，此时需要对参与人在传销活动中的具体地位与作用作进一步刑法规范评价。

## 三、互联网传销参与人刑法规制立场

### （一）传销参与人地位分析

传销参与人在传销活动中发挥的实质作用决定了其地位，也决定了刑法对此类群体的保护抑或规制态度。传销参与人被欺骗加入传销活动时普遍具有被害人属性，缴纳相应入门费即出现实际财产损失结果，此时有权利要求法律救济并对财产损失进行追缴返还。但当金字塔骗局最底层的传销参与人被洗脑后为获得层级晋升与财产收益，积极发展下线时，其身份则由被害人转变为从事违法犯罪活动的实施者，具备了可罚的违法性。尤其是加入传销组织之后明知从事传销违法活动的参与人，其主观上具备有责性，只要实施发展下线、建立层级即具备行政处罚的违法性与可罚性，当发展人数与层级达到刑法规定的组织、领导传销活动罪的认定标准时则构成相应刑事犯罪，应当受到刑罚惩罚。因此，理论上而言，传销组织中参与人的被害人地位认定空间较小，只可能是刚被骗入传销组织缴纳相应入门费还没有来得及继续发展下线的金字塔底层人员，即使当其已经着手实施发展下线人员但并未成功时，其已经不具备被认定为传销活动的被害人的地位，其遭受的财产损失也无法获得法律救济。

从法律层面进行逻辑推演可以较为明确分析出传销参与人的被害人属性与地位，但根据现行法律规定与司法解释，对于传销参与人的法律规制与权益保障存在理论上的冲突与悖论。作为《刑法》第224条合同诈骗罪之一条的组织、领导传销活动罪，刑法规制的对象主要是具有欺诈属性与构造的诈骗型传销，被诈骗的对象即为被欺骗参与到传销组织中的人员。但司法实践中，并未将被欺骗进入传销组织的成员作为被害人认定，被欺骗的财产也是作为违法所得的赃款予以没收，没有根据诈骗罪逻辑构造对被欺骗的被害人进行法律保护并将受损财产返还给被害人。基于立法将组织、领导传销活动罪作为诈骗类型犯罪惩治，将传销组织成员实施的拉人头、发展下线行为作为诈骗行为认定，同时又不认可被欺骗进入传销组织成员的被害人地位，与诈骗罪认定逻辑存在内在矛盾，不符合诈骗犯罪犯罪构成的认定逻辑。与此相应是司法实践中对于非法集资参与人的地位认定与救济态度，同样作为涉众型经济犯罪类型，集资诈骗罪的被害人具有要求返还被诈骗财产的法定权利，符合诈骗罪中对于被害人财产法益保护的内在逻辑与立法要求；即使是法律没有明确认定为被害人的非法吸收公众罪中的参与人，虽然不具有受欺骗交付财物的诈骗罪构造，但在司法实践中对此类群体遭受的财产损失同样进行积极追缴返还。[①] 由此，对于当前刑法明确规制的诈骗型传销犯罪，立法与司法机关对于具有诈骗对象属性的传销参与人，对其权利保护与受损财产处置显得并不公平合理，与法律面前人人平等原则存在冲突。

从惩治犯罪效果与参与人在不同犯罪类型中的地位考量，刑法对传销参与人的严苛具有一定的实践合理性，这也是由遏制快速蔓延的新型传销犯罪刑事政策所决定的。对于传销参与人的严厉打击，体现出立法者与司法者基于社会维稳目标的实现，对不同特性的聚众型经济犯罪在规制策略上的差别：在非法集资类犯罪中参与人虽然基于一定程度的贪利遭受财产损失，但其只是静态获益，自身并没有实施非法集资犯罪行为，其参与行为不具有法律规范意义上的违法性。国家为了尽可能减少社会民众财产损失，通过法律手段为此类群体追赃挽损，体现对民众财产法益的保护与救济；而传销组织结构及其运作模式决定了参与其中的人员并非静态坐等收益，而是通过自身不断“努力”将传销骗局蔓延扩大，诱使更多无辜群众陷入传销组织，传销参与人对于传销违法犯罪活动的推动作用更为明显。加之传销参与人经过洗脑之后具有实施违法犯罪的主观恶性，客观上实施传销活动，法律为严惩传销犯罪将参与人一并严惩。此外，从犯罪预防角度考量，传销参与人就像感染了病毒的传播者，即使传销组织遭受打击被解散，其成员在社会中仍具有继续开展、实施传销违法活动的可能性，使得传销活动屡禁不止，如若一律将受欺骗加入传销组织的参与人作为被害人进行保护，对其财产权益进行追缴返还无疑是为其继续传播蔓延传销活动提供资金支持。

### （二）互联网传销参与人刑法规制立场

我国《刑法修正案（七）》虽然将传销活动独立成罪，但从相关罪名以及条文表述可知，刑法只是将传销活动组织者、领导者作为犯罪认定，对于其他参与人并不能以组织、领导传销活动罪认定。[②] 如有些传销人员通过搭建网络宣传平台、建立微信群等方式大肆宣传传销运作模式，以培训导师身份对社会民众进行洗脑、诱骗参与投资，上述个人可能发展下线人数与层级达不到“30 人以上且层级在 3 级以上”的立案标准，但从实际危害性而言，该类传销参与人对传销组

---

① 参见时方：“非法集资犯罪中的被害人认定——兼论刑法对金融投机者的保护界限”，载《政治与法律》2017 年第 11 期。

② 在《刑法修正案（七）》之前，2001 年最高人民法院发布的《关于情节严重的传销或者变相传销行为如何定性问题的批复》（以下简称为“最高人民法院 2001 年批复”）规定：“对于 1998 年 4 月 18 日国务院《关于禁止传销经营活动的通知》发布以后，仍然从事传销或者变相传销活动，扰乱市场秩序，情节严重的，应当依照刑法第二百二十五条第（四）项的规定，以非法经营罪定罪处罚。”根据最高人民法院 2001 年批复，对于传销活动以非法经营罪认定并未区分传销的组织者或经营者，只要是参加传销活动的成员即具备入罪的主体条件，打击范围相比当前更为宽泛。

织的发展与扩大起到重要作用。虽然《禁止传销条例》对于参与传销组织的成员规定了行政处罚措施，但惩罚力度过于轻微，加之客观原因导致行政制裁不到位，无法实现对传销组织中积极参与人的打击与惩治效果。

根据最高人民法院2001年批复，对于从事传销活动构成犯罪的应当以非法经营罪定罪，对于传销组织中存在的骨干分子虽然不起组织、领导作用，但其行为属于扰乱市场秩序的非法经营行为，应当作为非法经营罪定罪量刑。有观点据此指出，《刑法修正案（七）》在刑法第224条之一增设组织、领导传销活动罪，只是规定具有骗取财物为目的的诈骗型传销犯罪，因此本质上与合同诈骗罪具有同质属性，都属于特殊诈骗犯罪类型；但最高人民法院2001年批复是针对外延辐射更为广泛的所有传销活动进行的刑法规制，除对骗取财物为目的的诈骗型传销犯罪进行规定，其他不具有骗取财物要素的传销活动仍应作为非法经营罪予以认定，即新罪名的制定不影响到原司法解释的效力，最高人民法院2001年批复仍有效力，因此对于原本就可以进行处罚的传销积极参与人，仍应当依照以往司法解释以非法经营罪进行认定。①

对上述观点存在如下难以解释的困境。首先，从法律体系解释角度而言，刑法针对某一违法行为专门设立罪名进行规制，当该罪名只规定处罚组织、领导者这一在犯罪活动中起主要作用的人员，而没有规定处罚一般参与人的情况下，在法律适用过程中基于严密法网、加大打击面，对其中起较轻作用的成员进行其他罪名定罪，有违罪刑法定原则之嫌。其次，基于刑法体系解释的立场，综观我国刑法对于有组织犯罪对象的处罚范围，既包括组织、领导者，也包括积极参加者与一般参加者，典型罪名如组织、领导、参加恐怖组织罪，组织、领导、参加黑社会性质组织罪等，立法者如果意图处罚组织、领导者之外的其他参与者往往会在犯罪条款与罪名中直接予以体现，只需要根据行为人参与程度与责任大小分别规定不同严厉程度的法定刑即可，在组织、领导传销活动罪中立法者没有对其他参与人进行规定并非立法疏忽。根据《关于〈刑法修正案（七）〉草案的说明》可知，立法者单独规定组织、领导传销活动罪的意图在于改变司法实践中长期出现的罪名适用不统一问题，希望通过专门罪名对此类犯罪进行统一适用，② 而上述通过刑法解释将传销活动中组织、领导者之外的参与人进行补漏式规制有违立法者专门设立罪名惩治传销活动犯罪的立法初衷。此外，虽然组织、领导者的行

---

① 参见黄芳：“惩治传销犯罪的法律适用：概念、思路和机制”，载《法律适用》2017年第21期。

② 《关于〈中华人民共和国刑法修正案（七）（草案）〉的说明》指出：“目前在司法实践中，对这类案件主要是根据实施传销行为的不同情况，分别按照非法经营罪、诈骗罪、集资诈骗罪等犯罪追究刑事责任的。为更有利于打击组织传销的犯罪，应当在刑法中对组织、领导传销组织的犯罪作出专门规定。”

为与积极参与人、一般参与人的行为有所不同，但实质上都是传销性质活动，一旦认定为性质不同的罪名，将存在不协调、不一致的问题。①

也有观点指出，刑法单独制定组织、领导传销活动犯罪，表明立法者并不处罚传销活动中组织、领导者之外的其他参与人，其他人员只能作为传销违法活动的行政处罚对象。对于一般的传销参与人既是违法者同时也是受害者，对其可以进行行政处罚和教育，这样不会使打击范围过大。② 从传销组织犯罪聚众型犯罪的实际特点考虑，限缩打击面有利于减少司法办案机关工作压力，加大对重点犯罪分子的集中惩治，一定程度上也体现了刑法谦抑理念。但从保护国家经济安全的刑事政策角度考量，对传销组织中起着巨大推动、贡献作用的参与人不进行相应的刑罚处罚，存在打击新型传销犯罪刑法惩治不力的弊端，放纵对违法犯罪分子的刑事处罚，不利于保障国家经济安全。未受到法律严厉制裁的传销参与人由于具有丰富的参与、运作传销活动的经验，在社会上很容易加入或者自行组织研发其他传销骗局，这也是当前各类互联网传销骗局频发、传销活动组织屡禁不止、无法根除的重要原因之一。因此，不能因为案件数量的繁重与办案中面临的困难对犯罪分子进行选择性打击，对于组织、领导者之外的其他有积极贡献的传销参与人同样应当进行刑法惩治。

## 四、互联网传销刑法规制机制

虽然国家监管部门近年来开展多次打击传销违法犯罪专项行动，为维护人民群众合法权益、保障市场经济秩序稳定及国家经济安全起到积极作用，但互联网传销活案件数量始终处于高发态势，遏制效果并不明显。③ 对此，可从刑法正向规制与被害人、参与人反向规制两方面进一步完善互联网传销犯罪刑法规制机制。

### （一）刑法正向规制机制

#### 1. 制定灵活的刑事认定标准

针对互联网传销骗局规避刑法认定标准作出的模式翻新，如混淆与合法直销运营模式的差别进行单层级模式改造，或者针对传销犯罪认定标准的3级30人立案标准，在下线发展人数上设定限制，如团队成员只发展到28人或29人即可

---

① 参见姜德鑫："传销行为的犯罪化问题探析"，载《政治与法律》2009年第8期。

② 参见黄太云："刑法修正案（七）解读"，载《人民检察》2009年第6期。

③ 从2009年《刑法修正案（七）》专门规定组织、领导传销罪以来，检索中国裁判文书网，可查询到2010—2018年全国法院审理组织、领导传销活动刑事案件数量分别为5件、9件、23件、254件、1222件、998件、2083件、2136件、2887件，总体上呈现不断上涨趋势，既体现司法机关打击力度加强，同时也表现出传销活动愈发猖獗的发展态势。

完成升级等。[①] 对于互联网传销组织刻意规避法律制裁，通过在团队人数以及发展层级上进行模式变换与创新，以往发布的司法解释认定标准在面对新型传销模式上存在一定的滞后与机械性。

在实践中认定新型传销活动应该紧抓其庞氏骗局的本质特征，即拉人头、发展下线、骗取入门费，前两者是以人员数量为获利依据建立金字塔层级结构，骗取入门费即体现传销骗取财物的主观目的，两者结合成为传销活动运行的核心要素。因此，对于互联网传销活动的法益侵害应对其整体组织规模、涉案金额进行总体评价，遵循罪刑法定原则前提下实现对新型涉众型经济犯罪严厉打击的政策要求。一方面，根据新型传销模式的变化制定更具适应性的司法解释，对传销组织发展人数、层级认定进行灵活调整，规定对于故意规避传销组织 3 级 30 人立案追诉标准的行为，可以根据团队运行实际情况灵活把握，如对于不具有实际经营行为的互联网传销组织，即使没有形成团队计酬的三级层级，对于整体运作组织应作为传销活动认定。另一方面，在确立互联网传销犯罪刑事认定标准的前提下严密打击法网。传销活动之所以久禁不绝，除了其自身的隐秘性、迷惑性之外，很大程度上与刑法规制的不及时、不到位密切相关，存在较大的犯罪黑数。基于刑罚的威慑力并不在于其残酷性，更主要体现在其确定性与不可避免性，这就要求对于互联网传销活动的刑法打击应严密法网，准确识别互联网传销活动庞氏骗局运作内核，对于形式上规避司法立案认定标准的运作模式应当坚决打击。

2. 提高刑罚惩治力度

就刑罚惩治力度而言，当前刑法规定组织、领导传销活动罪情节严重时仅判处 5 年以上有期徒刑，在涉众型经济犯罪中属于量刑较轻微的罪名，刑罚威慑力与法益侵害性不成正比。虽然当前对于经济犯罪处罚具有轻缓化趋势，但互联网传销在法益侵害属性与严重程度远远超过传统传销活动的危害性，刑法针对一般传销活动的法定刑无法有效规制具有法益侵害多元性的新型互联网传销活动，应加大对组织、领导传销人员的刑事惩治力度。具体有以下三点。（1）基于互联网传销活动的法益侵害性与非法集资犯罪相当，加之传销活动所具有的诈骗属性，互联网传销活动的刑罚惩罚力度应当与集资诈骗罪相等同，而当前两种法益侵害属性相似的涉众型经济犯罪法定刑相差较大，未能很好贯彻罪刑相适应原则。（2）公安侦查工作量与司法裁判结果失衡，造成侦查资源浪费，办案积极性受挫。互联网传销的专业性、复杂性、隐蔽性及传销组织跨区域性等特征，对

---

① 如广西北海“1040 阳光工程”，行为人参与时先交纳 69 800 元，次月“组织”会退还 19 000 元，实际出资额即为 50 800 元。随后每个成员至多可以发展 3 个下线，3 个下线再分别发展 3 个下线，当发展到 29 人的时候，即可晋升为老总，这一过程叫“上总（老总级别）”，即可开始每月拿“工资”，直至拿满 1040 万元，就从“组织”里出局，最终完成“资本运作”。

侦查机关业务素质提出了严峻的挑战，此类新型案件在侦办过程中占用公安机关大量人力、物力和财力，工作量繁杂，与案件最终判决结果的轻微形成鲜明反差，打击侦查机关办案积极性。[①]（3）从传销犯罪再犯预防角度而言，正是基于组织、领导传销犯罪法定刑处罚力度过轻，没有对传销活动犯罪分子产生应有的刑罚威慑，导致传销组织成员释放后重操旧业的比例非常高。[②]

因此，随着互联网传销的肆虐，为有效打击并遏制新型传销蔓延泛滥，应加大对相关传销组织人员的刑罚处罚力度。在立法上针对涉及经济安全的互联网传销提高刑期时限，规定情节严重、数额巨大时判处无期徒刑，与集资型庞氏骗局刑期相对应。在司法裁判上，对于传销活动主要成员应当避免自由刑判处过短甚至判处缓刑情形，原因在于传销活动作为精神邪教，通过对行为人自由的剥夺实现思想改造很有必要，当前对于传销活动的组织、领导者自由刑隔离时限过短，无法发挥刑罚教育改造功能，其再次返回社会使得传销活动继续蔓延扩散，甚至愈发猖獗；同时加大对传销人员的罚金处罚力度，限制其再次实施传销犯罪的物质基础，发挥罚金刑对于经济犯罪的惩罚性与预防性功能。

### （二）刑法反向规制机制

#### 1. 构建被害人防范机制

面对纷繁复杂的互联网传销，参与人的不断涌入是传销骗局无法根除的重要原因，除发挥刑法正向规制机制，还应努力构建传销骗局被害人防范机制：一方面，通过新闻媒体、互联网平台、手机短信、社区宣传等途径立体式通报互联网传销案件，及时公布互联网传销犯罪运作模式、欺骗手法、规律特点等，对互联网传销造成的损失与危害后果进行揭示，提升民众防范新型传销骗局的意识与敏锐性；另一方面，由于互联网金融领域创新及相关违法犯罪蔓延速度迅猛，很多互联网传销活动基于其隐蔽性、欺骗性以及发展规模，政府监管及侦查部门无法第一时间发现并进行打击，民众不能单纯因为政府没有及时打击就认为所参与投资活动是合法行为，应加强民众自身合格投资人的培养，在参与前根据金融常识进行甄别，如在投资过程中注重审查投资平台资质与合法性，参与活动的收益可行性及与回报是否成正比等。参与人对于以缴纳会费、拉人头等为名号实施的投

---

① 检索中国裁判文书网，以刑事案由对组织、领导传销活动罪进行关键词检索，截至2019年3月23日共检索出刑事案件10 417件，随机查阅案件判决结果，多数传销活动案件组织、领导者被判处5年以下有期徒刑，很多案件犯罪嫌疑人被判处3年以下有期徒刑并宣告缓刑，并未执行实际刑期。具有全国影响的江西精彩生活“太平洋直购案”涉案金额66亿元，发展渠道商与会员689万人，本案主犯被判处10年有期徒刑，是当前可查到组织、领导传销罪刑期最高的案件。参见（2013）赣刑二终字第63号刑事判决书。

② 参见王烨：“新型传销犯罪的侦办难点及对策”，载《人民公安报》2012年10月28日，第3版。

资模式更应增强警惕，克服投机贪利心理，在不了解投资内容及项目运行状况的情况下切勿盲目参与，防止从犯罪活动的被害人进一步演变为犯罪实施者，成为刑法打击规制的对象。

2. 传销参与人刑事惩治机制

有观点指出，就组织、领导传销活动的规制范围而言，仅处罚领导者与组织者，其他参与人不承担刑事责任。但这并不意味着其他参与人不构成任何犯罪，应当根据其参与实施传销活动的属性进行区分讨论：就原始型传销活动，参与人仍可以认定为非法经营罪；① 在诈骗型传销活动，参与人可能构成集资诈骗罪等罪名。②

就立法规定而言，当前刑法只是对传销活动中的组织者、领导者进行刑事处罚，虽然通过解释论的方法可以对其他参与人进行集资诈骗罪、合同诈骗罪甚至非法经营罪等罪名认定，但这在一定程度上与罪刑法定原则相冲突。基于经济犯罪尤其是互联网金融犯罪迭代更新速度之快与刑法固有的立法滞后性之间的冲突，在当前新型网络传销模式更新频繁、法益侵害愈加严重，传统组织、领导传销活动罪不能有效规制犯罪、保护法益的情况下，为有效保障国家经济安全、加大对互联网传销犯罪的惩治，对于立法不足之处应当进行相关立法完善与补正，不能碍于立法滞后之情面而一味扩大刑法解释范畴。过度发挥刑法解释的补正功能只会僭越罪刑法定原则防线，侵犯犯罪人人权。因此，虽然有些传销人员在传销组织中所处层级不高，但对整个传销活动的推广起着重要作用，应当将组织、领导者之外的积极参与人纳入犯罪主体之中，可以参考借鉴日本对于传销犯罪的规定，既惩治组织、领导者，对于参与人员也规定相应刑期。③

---

① 就刑法惩治传销活动在《刑法修正案（七）》之后是否完全遵循单轨制处罚模式，仅依靠组织、领导传销活动罪一罪认定而不再以非法经营罪处罚，最高人民法院针对相关司法裁判作出批复，即根据最高人民法院〔2012〕刑他字第56号批复："对组织、领导传销活动的行为，如未达到组织、领导传销活动罪的追诉标准，行为人不构成组织、领导传销活动罪，亦不宜再以非法经营罪追究刑事责任。""曾国坚等非法经营案（第865号）"，参见最高人民法院刑一至五庭：《刑事审判参考》（总第92集），法律出版社2014年版。

② 参见张明楷："传销犯罪的基本问题"，载《政治与法律》2009年第9期。此处所说的原始型传销实际上是指诈骗型传销之外具有经营行为的团队计酬型传销，但正如前文所指出，在2013年11月14日两高一部颁布的《关于办理组织、领导传销活动刑事案件适用法律若干问题的意见》实质上将团队计酬型传销活动不作为犯罪处理，张明楷教授文章观点是在该司法解释出台之前提出的，当前在司法实践中将原始型传销的参与人作为非法经营罪认定已经不具有法律依据。

③ 日本对于传销活动的刑事处罚主要规定在附属刑法《无限连锁会防止法》，在第5条规定无限连锁会开设、运营罪，与我国组织、领导传销活动罪中的组织者、领导者作用相似。此外，日本在传销活动组织中对劝诱他人入会行为单独规定入罪，在第6条、第7条中分别规定职业劝诱罪与一般劝诱罪，即对传销组织活动中对参与人按照劝诱的频率、数量、职业性与否作出严厉程度不同的刑事处罚。但不论如何，即使刑事责任不重，但对于一般性劝诱他人入会也会作为犯罪处理，给予20万元以下罚金处理。参见郑泽善："日本对非法传销行为的刑事处罚"，载《中国刑事法杂志》2007年第6期。

结合我国当前互联网传销案件呈现特点以及司法办案客观状况，对于传销组织中的其他参与人可以单独设立罪名，承担轻于组织、领导者的刑事责任，但需要根据参与程度以及对传销活动的作用力大小，区分为积极参与人与一般参与人。对于前者可以比照日本《无限连锁会防止法》规定的职业性劝诱罪进行刑事责任认定，而对于一般参与人尽管对于发展下线也起到一定作用，但情节并不严重，同时结合司法机关实际办案压力，可以只作为行政处罚认定，既有效打击情节恶劣的传销活动犯罪分子，对传销犯罪实现有力的刑事打击，又对于情节轻微的传销组织人员做到区别对待，体现了刑法谦抑原则，有效贯彻宽严相济刑事政策。①

## 五、结语

尽管“马甲”不断变化，互联网传销通过拉人头、发展下线、骗取入门费并用后来者的资金弥补前期参与人回报的庞氏骗局运作本质没有改变。当前以资本运作等为名实施的互联网传销无法依靠商品交易本身获得实质性收益，没有实际盈利能力，偿还投资者的利益回报只能通过新投资者加入进行维持，属于典型拆东墙补西墙的庞氏骗局运作模式。打击传销过程中不能忽视传销参与人在其中的地位与作用，即使在事实层面承认其具有受欺骗并遭受财产损失的被害人属性，但基于其在传销活动中的积极行为，此类主体不具备刑法保护的正当性。为遏制高发的互联网传销犯罪，对于刻意规避司法认定标准的互联网新型传销，应确立较为灵活的刑事认定标准，提高刑罚惩治力度，并通过反向构建被害人防范机制，根据参与人实质作用予以刑法规制，实现对互联网传销犯罪的预防与打击。

① 参见张智聪、董锫锫：“日本对非法传销处罚的司法实践即启示”，载《中国检察官》2013年第5期。

# 互联网金融犯罪大数据证据的定位与运用

吴春妹　叶　萍　黄　成　张美惠*

**摘　要**：大数据证据因其海量性、多样性和全面性特征，与互联网金融案件的特点存在契合之处，本文结合司法实践中对大数据证据的探索运用，对其在指控和证明互联网金融犯罪中的作用进行分析，总结现阶段的运用场景和运用模式，提出在运用过程中发现的问题。从证据种类、证据效力、证明能力、追赃挽损、政策考量等多个维度构建大数据证据在互联网金融犯罪案件中的审查、运用规则。

**关键词**：互联网金融；大数据；大数据证据；非法集资类案件

## 一、大数据证据的概念

近年来，大数据技术已经成为国内外众多学者关注的焦点问题，但当前对大数据技术在司法领域的应用主要集中在大数据侦查和大数据司法之中。具体而言，一是强调利用大数据挖掘犯罪，以及预测尚未发生的犯罪。灵活运用大数据的关联分析技术，通过数据挖掘技术，在侦查初期就发现犯罪线索。[①] 二是强调运用大数据发现犯罪规律，有针对性地制定和调整侦查取证策略，实现打击和预防犯罪的双重效果。[②] 三是强调将大数据运用于司法办案系统的智能化、出庭示证可视化和类案证据标准的统一化。[③] 但对于大数据证据在刑事案件中如何定位，以及如何在个案中运用其指控和证明犯罪，还停留在讨论和探索层面，有学

---

* 吴春妹，北京市朝阳区人民检察院党组副书记、副检察长。叶萍，北京市朝阳区人民检察院第二检察部主任、检察官。黄成，北京市朝阳区人民检察院检察官。张美惠，北京市朝阳区人民检察院检察官。本文系最高人民检察院检察理论研究所互联网刑事法律研究中心科研基金资助项目“互联网金融犯罪大数据证据的定位与运用”（GJ2019HX04）的阶段性成果。

① 参见王立楠、陈佳明：“大数据时代反贪信息化侦查模式的构建”，载《中国检察官》2015 年第 9 期。

② 参见李蕤：“大数据背景下侵财犯罪的发展演变与侦查策略探析——以北京市为样本”，载《中国人民公安大学学报》2014 年第 4 期。

③ 参见刘品新、陈丽：“数据化的统一证据标准”，载《国家检察官学院学报》2019 年第 2 期。

者指出应当突破列举式的证据制度，根据诉讼新情况新变化，将大数据证据单列出来作为独立的证据种类；① 有学者指出将大数据技术与现行法律规定的证据种类相关联，通过转化的形式使大数据证据能够以法定的证据形式应用于个案。②

在研究大数据证据的定位和运用之前，首先，应当明确大数据证据的内涵与外延。在司法实践中，大数据证据首先表现为侦查取证过程中面临的海量数据，如公安机关平台自有的大量数据或大量资金账户交易明细；其次，为分析和处理海量数据，相应的以算法和程序为基础的分析技术应运而生，在其中实现数据挖掘、碰撞和整合；最后，经过以上处理过程，最终会形成相应的可视化分析报告或结论，如车辆轨迹分析报告、资金分析报告等。上述海量数据、对海量数据的分析技术及分析形成的报告或结论都可以被纳入大数据证据的范畴。

## 二、大数据证据在互联网金融犯罪中应用的应然性及其定位

### （一）大数据应用的应然性

1. 大数据证据本身在数量和质量上的优越性

从海量电子数据的角度评价大数据证据，其本身就具有数量庞大、类型多样、内容客观等特点，通过灵活运用数据分析、处理技术，又能使上述海量数据形成相应的分析报告或结论，将数据背后的规律和特征以文本、图表及其他可视化形式直观、清晰地表现出来。从数量上看，大数据证据在作为数据本身时，因其来源广泛，数量也十分庞大，能够为后续的数据分析提供基础支撑；同时，数量的巨大也能够一定程度上弥补小部分数据不精确的不足；从质量上看，当把分析技术和分析形成的报告纳入大数据证据范畴后，实际上则是将客观的数据以符合刑事诉讼法规定的形式固定下来，使其能够起到直接指控和证明犯罪的作用。

2. 新型互联网金融犯罪案件办理的实际需要

当前，随着互联网金融的不断发展，随之而来的“创新型”互联网金融犯罪案件，特别是非法集资类案件在数量上日益增多，在犯罪手法上也不免存在诸多新型和隐蔽之处，呈现出花样翻新、依托网络、紧跟时代、面向国际等特点。这类大案频出，严重扰乱了国家金融秩序，影响了经济发展和社会稳定。③ 同时，由于互联网本身的开放性特点，此类案件普遍存在涉案公司、涉案犯罪嫌疑人、涉案集资参与人数量众多，涉案资金总体量庞大、账户数量多、流向复杂等

---

① 参见何家弘、张建伟等：“大数据侦查给证据法带来的挑战”，载《人民检察》2018 年第 1 期。

② 参见刘品新：“论大数据证据”，载《环球法律评论》2019 年第 1 期。

③ 参见张玉鲲：《非法集资犯罪的理论与司法实践》，中国检察出版社 2016 年版，第 1 页。

特点，按传统犯罪案件的侦查和办理思路，所需的办案人员数量和财物保障都将大为增加。而当前公安机关、检察机关和审判机关在办理非法集资类案件时，都面临着案多人少的巨大压力，案件量和涉案人数激增态势明显，且个案涉案金额呈现出逐年增长的趋势。特别是在涉 P2P 非法集资类案件集中“暴雷”后，投资金额动辄几千万元、上亿元甚至几十亿元，涉案投资人人数也成千上万，此类案件单个案件的涉案嫌疑人人数也多为数十人。同时，P2P 类案件还存在着资金去向难以查清，追赃挽损困难的突出特点，此类案件涉案集资参与人账户、借款人账户成千上万个，核实借款人真伪、资金去向的任务较之普通非法集资类案件更为繁重。因此，基于上述新型互联网金融犯罪案件办理的实际需要，及时、准确运用大数据证据，有利于准确及时地认定和惩罚犯罪。

3. 互联网犯罪证明标准的特殊性

如前所述，互联网犯罪案件因发生领域的开放性和涉及信息的庞杂性，对其仍采传统案件的证明标准存在实际操作上的难度。因此理论和实务界对此都提出了相应的处理方式，如有的学者就提出了网络犯罪的底线证明标准，即按照法定的入罪和加重处罚两道“坎”，提供能用以定案的最基本的证据。要追究网络犯罪者的刑事责任，指控证据必须证明其已经触及法定的入罪门槛；而要追究网络犯罪者的加重刑事责任，指控证据还必须证明其已经触及法定的加重处罚门槛。具体来说，我国现行法律普遍采用数额（如金额、人数等）作为入罪或加重处罚的标准。因此，办案人员就必须在证明作为底线的数额（如金额、人数等）指标方面，达到“案件事实清楚、证据确实充分”的要求；至于其在多大程度上超过了作为底线的数额（如金额、人数等）指标，则只需要进行概要性的证明或展示。[①] 因网络犯罪高发而不断更新的法律中也对此类案件设立了“综合评估认定”“转移证明责任”等新的评价标准，如最高人民法院、最高人民检察院《关于利用网络云盘制作、复制、贩卖、传播淫秽电子信息牟利行为定罪量刑问题的批复》明确规定：“鉴于网络云盘的特点，不应单纯考虑制作、复制、贩卖、传播淫秽电子信息的数量，还应充分考虑传播范围、违法所得、行为人一贯表现以及淫秽电子信息、传播对象是否涉及未成年人等情节，综合评估社会危害性，恰当裁量刑罚，确保罪责刑相适应。”最高人民法院、最高人民检察院《关于办理侵犯公民个人信息刑事案件适用法律若干问题的解释》第 11 条第 3 款规定，“对批量公民个人信息的条数，根据查获的数量直接认定，但是有证据证明信息不真实或者重复的除外”。

① 参见刘品新：“网络犯罪证明简化论”，载《中国刑事法杂志》2017 年第 6 期。

### （二）大数据证据的定位

当前司法界对大数据和大数据技术的应用，大部分停留于挖掘线索、预测犯罪和类案规律分析等情报导侦层面，而缺少对大数据证据在个案指控和证明犯罪方面的应用和相关研究，大数据证据在刑事诉讼法中的合法地位也需要进一步深入论证。但综合大数据本身的特点、现实互联网金融案件的办理需要和网络犯罪案件的证明标准不难看出，对大数据证据应当通过机器算法对海量数据进行数据采集、数据挖掘、数据碰撞等分析手段，根据个案的具体情况加以人工转化为分析报告的形式，使其成为在互联网金融犯罪个案中，指控和证明犯罪的有力证据。

## 三、司法实践中大数据证据运用现状及存在的问题

### （一）司法实践中大数据证据的运用场景

1. 在普通刑事案件中提供涉案人员行踪轨迹——以生效裁判文书为分析路径

在以往的刑事案件侦查过程中，大数据分析研判往往被用于分析犯罪嫌疑人及相关重点人员的行踪轨迹，进而协助侦查机关抓获犯罪嫌疑人，大数据分析的作用在判决书中则经常以到案经过、情况说明的方式予以确认。如江某某故意杀人一案判决书中认定：侦查机关出具的办案说明显示，2017 年 8 月通过公安网人像比对技术，发现江某某照片与李某的户籍资料照片高度相似，经公安网大数据分析李某曾经在海南省海口市出现过。后根据该线索，侦查员在海口市某小区门口将江某某抓获归案。经讯问，江某某对其杀人事实供认不讳，并交代其在海口改名李某的事实。[①] 又如陈某甲、陈某乙盗窃罪一审刑事判决书中认定：本案的侦破经过为通过大数据分析等技侦手段，确定被告人陈某乙手机运行轨迹与案发地在时间上、空间上相吻合，从其持有使用的手机号锁定被告人陈某乙并将其抓获。[②] 但从以上判决书的内容中也可以看出，在刑事犯罪侦查取证过程中，大数据分析手段大多类似技术侦查手段而又轻缓于技术侦查手段。其主要依托公安网数据和手机通信记录等内部信息进行分析，且出于侦查手段保密的需求，大多不将完整的分析过程呈现在书面文件中。

2. 在执行案件中分析被执行人履行能力

以“大数据分析”为关键词在中国裁判文书网进行检索，检索结果显示，江苏省无锡市惠山区人民法院和江苏省宜兴市人民法院的 36 份民事纠纷执行裁定书中均有此类表述：“本院向申请执行人发出执行情况、风险告知书、大数据

① 参见江西省宜春市中级人民法院（2018）赣 09 刑初 17 号刑事判决书。

② 参见湖北省安陆市人民法院（2017）鄂 0982 刑初 13 号刑事判决书。

分析报告，将上述执行情况告知申请执行人，要求其向本院提供被执行人的财产线索。申请执行人明确表示被执行人无可供执行财产，向本院申请终结本案本次执行程序。”① 及“本院于 2018 年 8 月 22 日通过无锡法院被执行人履行能力大数据分析系统对被执行人进行了大数据分析，未能发现其名下有可供执行的财产”②。这说明大数据分析技术已经应用于部分地区的执行工作，江苏省无锡市中级人民法院建立的“被执行人履行能力大数据分析系统”即是将大数据分析应用于执行工作的一例典型实践。根据无锡市中级人民法院的官方数据，截至 2018 年 9 月，该“被执行人履行能力大数据分析系统”已通过大数据分析系统对 32 541 个被执行人的信息进行分析，对相关被执行人的财产及时采取查封、扣押等执行措施 45 281 次，执结案件 21 012 件。对被执行人采取罚款、拘传、拘留等强制措施人数增加 357%，移送和判处“拒执罪”的被执行人同比上升 150%，被执行人自觉履行率提高 45%。③

通过分析该系统的功能，可以看出其值得刑事案件取证工作的借鉴之处。在数据采集、筛选方面，该系统与多个政务、公共信息平台对接，采集、整理、归类产生的海量信息及人、财、物等碎片化信息。④ 在数据分析方面，该系统具有资产分析功能、资金流分析功能和轨迹分析等功能，通过查询银行存款、车辆情况及价值、房产情况及价值全面掌握被执行人的财产情况；通过分析重点账户之间形成的资金回路信息，确定被执行人是否存在通过他人账户故意转移资产、隐瞒财产的行为；通过查询并展示被执行人出行轨迹，分析被执行人是否存在违法高消费行为等有能力而拒不履行的违法行为。在具体案件办理方面，该系统还具有关联案件分析功能、告警管理功能和综合研判报告功能，能够自动收集被执行人在全省涉执行案件总金额，综合分析被执行人的欠债情况；当同一被执行人案件在全市超过一定数量时，系统会自动告警提示，便于执行部门及时统一管理；并最终形成被执行人履行能力分析报告，供执行法官对案件研判。这一系统的监督管理功能也同样可以为刑事案件取证工作所用，其通过自动记录每个用户、每个 IP 地址的操作记录并形成完整操作日志，可以监督执行法官、执行法院对系统的使用行为，确保公民信息数据的安全，防止相关功能的滥用和

① 参见江苏省无锡市惠山区人民法院（2017）苏 0206 执 1035 号执行裁定书。

② 参见江苏省宜兴市人民法院（2019）苏 0282 执 1333 号执行裁定书。

③ 参见“无锡法院建立‘大数据分析系统’破解执行难”，http：//jszx. court. gov. cn/main/ExecuteResearch/100055. jhtml，最后访问日期：2019 年 11 月 26 日。

④ 参见“‘大数据’破解‘执行难’——无锡法院‘被执行人履行能力大数据分析系统’成效显现”，http：//www. wxzf. org/news_show. aspx? id =62070，最后访问日期：2019 年 11 月 26 日。

违规操作。①

（二）互联网金融犯罪案件中大数据证据运用现状

目前在办理互联网金融犯罪案件中，已经有部分地区的侦查机关使用前述机器算法和程序等手段，对案件中涉及的海量工商登记、资金账户和手机存储文件数据进行采集和分析，并在技术人员和办案人员的配合下，形成相应的分析报告，为相关案件提供证据支持。

如北京市某区分局经济犯罪侦查支队通过政府采购的方式购买科技公司的服务，通过科技公司开发的资金流向追踪分析系统，使用基础银行交易明细等数据完成对资金流向的分析。主要工作流程为：第一，将基础数据导入系统，并进行数据清洗，统一格式，形成资金明细总表；第二，通过筛选卡号、账号、户名、金额、时间、证件号码等，根据办案需要一键生成可视化资金流向图，协助办案人在侦查初期即掌握资金流向和控制资金的主要人员，及时确定侦查方向，及时开展追赃工作；第三，在资金流向图中选择两个端点，根据办案需要生成任意两者间资金流向具体往来图；第四，通过系统模型分析，可即时发现未调单账户，即涉案重要账户但未调取交易明细的账户，协助办案民警在侦查初期及时调账；第五，通过系统模型分析，对大额交易行为、过渡账号、重点交易对手、主要获利对手、主要资金来源及去向一键生成分析报告，供分析研判使用。

（三）大数据证据实践运用中存在的问题

由以上实践经验可以看出，对于大数据证据的运用，一方面是通过资金穿透发现控制资金的主要人员和资金流向，及时确定侦查方向，开展追赃工作；另一方面是探索将资金穿透分析情况以报告等形式作为互联网金融犯罪案件庭审中的证据出示。目前对于情报导侦和犯罪预防工作，侦查机关已经形成了行之有效的工作机制，实践中也为及时追查资金去向、挽回集资参与人的损失提供了大量智力支持。但检察机关将大数据证据用于庭审示证，在证据效力和证明能力上仍存在一定问题。

1. 大数据证据在证据法体系中的类型归属

大数据证据在庭审中能够作为证据展示和交换，前提是其应属于或可归于《中华人民共和国刑事诉讼法》（以下简称《刑事诉讼法》）中的法定证据种类，并能够以直观可视化的形式呈现在控、辩、审三方面前。而实践中，大数据证据本身尚不能作为现行法律规范下的合法证据形式。有的学者认为，列举式的证据法可以在司法中应用得非常清楚，但缺点也在于列举总有不周延之处，需要根据

① 参见“‘大数据’破解‘执行难’——无锡法院‘被执行人履行能力大数据分析系统’成效显现”，http：//www. wxzf. org/news_show. aspx? id＝62070，最后访问日期：2019 年 11 月 26 日。

诉讼新情况、新变化随时作出调整。[①] 在现行法律体系下，将大数据证据转化为何种法定证据形式也存在争议。

2. 原始数据来源的真实性如何保证

无论将数据本身还是将通过分析数据形成的报告作为大数据证据，保证数据来源的合法性和数据本身的真实性都是使其符合法定证据要求的必要条件。但在实践中，由于大数据本身的海量特点，可能会存在数据质量和数据收集上的问题，如数据重复、数据缺失、采集手段违法、采集范围偏差等。

3. 数据清洗过程中如何保持数据的完整性

数据清洗是大数据证据分析的必经前置步骤，而无论是以系统自动还是人工手动的形式进行数据清洗，过程中都可能出现数据混同、丢失、污染的风险。以资金查控分析系统为例，进行资金分析主要依托的是办案人从各银行线下调回的电子版银行交易明细，存在格式不一、部分数据缺失等问题，需要进行数据清洗统一格式，数据清洗以系统自动为主，在系统无法处理的情况下以人工手动为辅。为保证清洗的客观性，应当在清洗过程中尽量剔除人工因素，同时通过系统测试保证系统清洗的有效性，以使数据不丢失、不被污染、不影响后续分析的准确性。

4. 如何做到使机器算法分析数据的过程可信可认知

相比于传统侦查模式，侦查机关直接收集并提交物证、书证、言词证据，及通过勘验、鉴定等法定形式收集并提交电子证据、鉴定意见，大数据证据在以分析报告的形式出现时，往往是通过机器算法的形式形成的，而机器算法是否真实可靠、算法语言与法律语言的分歧等问题也都会影响分析结果作为证据使用的合法性。

5. 如何论证大数据证据与案件待证事实的关联性

大数据的突出特点在于相关性，即“知道‘是什么’就够了，没必要知道‘为什么’”。[②] 美国沃尔玛连锁店超市最初将尿布和啤酒摆在一起销售时，并未探究出这一事实发生的原因，也只是基于对各门店的详细原始交易数据的收集和分析得出人们喜欢同时购买这两样商品的结论。而司法证明的前提和基础就是因果关系，这是简单的相关性所无法满足的。只知道“是什么”不足以形成刑事诉讼中完整的证据链体系，对于无法解释因果关系的大数据分析结果，即使原始数据和分析过程都真实、合法，由于无法证明其与待证事实之间的因果关系，也应当认为其不具备关联性，不能作为有效的诉讼证据。

---

① 参见何家弘、张建伟等：“大数据侦查给证据法带来的挑战”，载《人民检察》2018 年第 1 期。

② ［英］维克托·迈尔－舍恩伯格、肯尼思·库克耶：《大数据时代：生活、工作与思维大变革》，盛杨燕、周涛译，浙江人民出版社 2013 年版，第 89 页。

## 四、大数据证据在互联网金融案件庭审中的运用

### （一）证据法视角下大数据证据的类型归属

根据大数据证据的不同呈现方式及其在指控和证明犯罪中发挥的不同作用，大数据证据可以纳入下列法定证据种类，也应当探索其作为独立证据种类的可行性。

1. 电子数据

根据《最高人民法院、最高人民检察院、公安部关于办理刑事案件收集提取和审查判断电子数据若干问题的规定》，电子数据是指以数字化形式存储、处理、传输的，能够证明案件事实的数据。在办理互联网金融犯罪案件中，涉及大量从涉案公司电脑、涉案网络平台中调取的证据，甚至包括大量由银行出具的电子版银行交易记录，当海量证据中的一份或几份本身可以作为定案依据时，应当认定其证据形式为电子数据，但当海量证据本身并不能单独作为定案依据，而需要通过技术分析手段转化为文本或表格等分析报告形式时，因修改后的刑事诉讼法对于证据概念采用材料说，放宽了对证据资格的限制，故将分析报告等结论性材料认定为书证较为适宜。

2. 书证

在当前的互联网金融犯罪案件，特别是非法集资类案件中，由于涉案资金体量庞大，且与案件定罪量刑关系密切，因此司法会计鉴定机构出具的司法审计报告往往是庭审中指控和证明犯罪的重要证据。但实践中一直存在审计报告质量普遍不高、出具报告耗时过长①等问题，不仅影响办案效率，也时常无法实现良好的庭审效果。而目前通过资金查控系统自动生成，技术人员和办案人员人工优化的资金分析报告，在保证基础数据准确的前提下，已经能够取代审计人员和司法审计报告的作用，且司法审计相较于企业财务报表审计而言，涉及审计人员职业判断的事项较少，如果可以保证系统运行的有效性，其速度和准确度都将远超现有的人工审计工作。同时，随着简政放权、放管结合、优化服务政策的不断推进，今后司法局可能将不再对司法会计鉴定资质进行行政审批，审计报告也将不再具有鉴定意见的证据效力，仅作为书证使用。因此，资金分析报告作为审计报告的替代，在实际作用和法律地位等方面均具有可行性。

3. 鉴定意见

因大数据证据的分析过程与鉴定意见的形成过程在科学性方面具有相似之处，司法实践中对将大数据证据作为鉴定意见使用也有所尝试。如在贵阳市中级

---

① 部分案件审计报告在法定审查起诉期限届满前仍无法出具。

人民法院（2017）黔01刑终448号二审裁定书中，引述一审判决书认定的事实为“经贵州省公安司法鉴定中心鉴定，被告人所使用的‘伪基站’设备检出IMSI号（手机号码对应的唯一编码）2 629 475个。经贵阳市公安局某分局公共信息网络安全监察大队利用‘大数据分析平台软件’技术，获取到贵州省公安司法鉴定中心所提取的该‘伪基站’设备内IMIS号中重复项为551 896个，非重复IMIS号为2 077 579个”。同时在“本院认为”部分明确认定：“被告人致无重复IMIS号的2 077 579户手机用户中断手机信号”。这两份裁判文书都认可了将大数据分析技术和司法鉴定报告相结合使用，共同形成完整鉴定意见的证据形式。但现行法律体系对于鉴定意见在鉴定范围、鉴定主体和鉴定方法等方面的规定均较为严格，将大数据证据列入鉴定意见仍然面临于法无据的尴尬局面。

4. 大数据证据作为独立证据种类的可行性

每一次信息技术领域的大变革都会带来证据法理论与实践的突破，相对于司法实践而言，立法本身就具有滞后性。在2012年电子数据被纳入新刑事诉讼法之前，许多电子数据形式的证据已经以当时法律框架内的合法形式出现在庭审过程中，并因此推动了立法进程。因此，未来的证据法当中，大数据分析报告有必要单列出来作为独立的证据种类。① 随着大数据技术的成熟以及大数据分析结果在司法实践中发挥日益重要的作用，立法应当赋予其诉讼证据的地位。②

（二）大数据证据的证据效力审查

1. 在收集过程中保证数据来源的合法性和内容的真实性——以区块链存证技术为构想

无论是否进行技术手段分析，数据收集都是侦查取证工作的第一关卡，侦查机关对于海量数据的扣押、冻结和收集、提取均应严格按照相关法律规定进行。如在电子数据的提取中，应当由二名以上侦查人员进行，取证方法符合相关技术标准，封存原始存储介质，采取计算已提取数据的完整性校验值的方式，以保护电子数据的完整性。③

由于电子证据普遍具有易消亡、易篡改、技术依赖性强等特点，传统的取证方式逐渐显露出成本高、效率低、采信困难等不足。在“互联网＋”的背景下对电子数据的收集和提取也不再限于传统的勘验、鉴定等侦查手段，区块链存证等前沿技术的运用不仅在理论研究和司法实践中不断探索，而且在法律规定中逐步落地。

---

① 参见何家弘、张建伟等：“大数据侦查给证据法带来的挑战”，载《人民检察》2018年第1期。

② 参见钟明曦：“论刑事诉讼大数据证据的效力”，载《铁道警察学院学报》2018年第6期。

③ 参见2016年9月9日最高人民法院、最高人民检察院、公安部：《关于办理刑事案件收集提取和审查判断电子数据若干问题的规定》。

2018年6月28日，杭州互联网法院受理的杭州华泰一媒文化传媒有限公司诉深圳市道同科技发展有限公司著作权纠纷一案一审宣判，这是全国首例以区块链技术进行存证的民事案件，并且以生效判决的形式确认了通过区块链技术进行存证的电子数据证据效力，被称为“互联网法院区块链存证第一案”。[①] 无独有偶，北京市首例区块链存证案也于2018年9月25日在东城区人民法院成功获判，法院判决认为，在中文在线数字出版集团股份有限公司诉北京京东叁佰陆拾度电子商务有限公司著作权纠纷一案中，中文在线公司提交的由第三方存证平台存证的电子数据在生成、储存方法以及保持内容完整性方法等方面较为可靠，对其真实性予以确认。[②] 2018年9月3日，最高人民法院在《关于互联网法院审理案件若干问题的规定》中，首次对以区块链技术进行存证的电子数据真实性作出司法解释。该司法解释第11条明确规定，当事人提交的电子数据，通过电子签名、可信时间戳、哈希值校验、区块链等证据收集、固定和防篡改的技术手段或者通过电子取证存证平台认证，能够证明其真实性的，互联网法院应当确认。虽然该司法解释中明确规定涉及的案件范围仅包括涉互联网的民事、行政领域案件，但该规定的实施代表着区块链存证的法律效力在我国得到进一步确认。将区块链技术作为证据合法收集方式的规定对刑事诉讼中的证据认定仍有借鉴意义。

区块链存证的主要技术手段为，利用区块链技术来保全电子证据，将收集的电子数据、收集电子数据所产生的记录（操作日志）等统一计算唯一的哈希值后上传至区块链网络中进行固定保存，确保数据不被篡改，从而保证电子证据的真实性和完整性。区块链技术特有的不可篡改、不可抵赖、多方参与等特性，与电子数据存证的需求天然契合。区块链与电子数据存证的结合，可以降低电子数据存证成本，方便电子数据的证据认定，提高司法存证领域的诉讼效率。[③] 可见在刑事诉讼中，特别是在互联网金融犯罪中引入区块链存证技术，不仅符合互联网金融犯罪中主要证据均存储于互联网的特点，而且可以在提高取证效率的同时，保证电子数据的真实性和完整性。但同时也应当看到，2019年1月2日公安部发布的《公安机关办理刑事案件电子数据取证规则》第24条仅规定了公安机关网络在线提取电子数据应当计算电子数据的完整性校验值；必要时，可以提取有关电子签名认证证书、数字签名、注册信息等关联性信息。但未明确规定公安机关在收集刑事电子数据时可以自行采用或委托第三方存证机构使用区块链取证、固证技术，这说明在刑事诉讼领域应用区块链存证技术，仍需理念更新和法规、制度落地。

---

① 参见杭州市互联网法院（2018）浙0192民初81号判决书。

② 毛荣：“‘区块链+电子证据保全’制度研究”，四川省社会科学院2019年硕士学位论文。

③ 可信区块链推进计划，参见《区块链司法存证应用白皮书》，第12页。

2. 运用多种手段保证机器分析处理数据程序的可信性

（1）对机器分析处理程序本身的再鉴定。由于机器分析处理数据程序的过程一般涉及独创性的算法和程序，开发者为了保护自身的知识产权和商业秘密，一般不愿将处理程序的源代码公开，也就无法通过传统的鉴定方式证明其运行的有效性。此时可以引入科技界测试软件系统时常用的“黑箱测试”，就是不打开黑箱，而利用外部观测、试验，通过输入、输出信息，来研究黑箱的功能和特性，探索其构造和机理的科学方法。① 在司法实践中，也有运用“黑箱测试”检验数据分析系统可靠性的先例。如在某组织传销犯罪案件中，为借助某个大数据分析平台对后台数据库中海量的会员数据、资金数据等进行分析，通过模拟数据反复启动对该大数据分析平台的多轮黑箱测试，抽样验证过关后再用于检验鉴定，得出了传销犯罪的组织层级、成员关系等。②

（2）发挥控辩双方在法庭对抗中的充分论证作用。基于刑事案件天然的对抗色彩，被告人及其辩护人可以在法庭上对大数据证据的真实性、合法性和关联性等提出异议，其中当然也包括对机器分析处理数据程序提出异议，控辩双方可以充分利用专家证人在专业性上的帮助，将对机器分析处理数据程序的分歧意见在庭审过程中得到充分展示和辩论。在对分析程序的控辩对抗中，也可以借鉴《最高人民法院关于互联网法院审理案件若干问题的规定》第 11 条的规定，当事人对电子数据真实性提出异议的，互联网法院应当结合质证情况，审查判断电子数据生成、收集、存储、传输过程的真实性。当事人可以申请具有专门知识的人就电子数据技术问题提出意见。

（3）建立有迹可寻的各环节追溯程序。在《刑事诉讼法》规定的证据种类中，物证、书证需要提供或收集该证据的人员对其来源和内容进行可视化、可理解的说明；鉴定意见需要鉴定人员在鉴定意见书中写明委托事项、检材来源、鉴定方法、鉴定结论等内容，将鉴定的全过程以书面形式固定下来；勘验、检查笔录同样需要侦查人员将勘验、检查的全过程以记叙的方式固定在笔录中；这些法定客观证据展现在庭审过程中时，均需要有明确的证据来源和详细、完整的证据形成过程，才能被法庭采信为定案证据。因此，大数据证据在最终以分析报告等可视化形式展现给法庭时，在解决其基础数据的真实性、完整性问题这一基础上，也需要向法院说明形成分析报告的全过程，这就要求在形成最终报告的全过程中都要建立有迹可循的记录和追溯程序。在收集基础数据的过程中，应当记录每一次收集的收集人和收集方法，如在线上调取银行交易明细时，留存经办侦查人员和银行工作人员的认证信息；在分析过程中的每一个环节，无论是机器算法

---

① 参见葛祥国、肖桃华：“浅析黑箱理论”，载《中国教育技术装备》2011 年第 18 期。

② 参见刘品新：“论大数据证据”，载《环球法律评论》2019 年第 1 期。

的运行，还是人为因素的参与，都应当留存有明确的运行和参与痕迹。只有保证每一环节均可追溯，才能保证大数据证据在庭审过程中用于指控和证明犯罪的有效性，一旦证据出现问题，也可以根据追溯机制及时、准确确定责任源头，追究相应责任。

### （三）大数据证据的证明能力审查

1. 通过量的累积，使弱相关性转化为强相关性

大数据证据受到的质疑，除前文所述的数据来源合法性、内容真实性和分析过程可信性外，主要集中于数据或数据形成的分析报告与待证事实之间的关联性。独立的数据可能与案件待证事实之间仅存在弱的相关性，但大数据证据以其海量性的特点，可以通过量的累积，补强这一相关性。这在现行司法实践中也有依据，如最高人民法院、最高人民检察院、公安部《关于办理电信网络诈骗等刑事案件适用法律若干问题的意见》规定："办理电信网络诈骗案件，确因被害人人数众多等客观条件的限制，无法逐一收集被害人陈述的，可以结合已收集的被害人陈述，以及经查证属实的银行账户交易记录、第三方支付结算账户交易记录、通话记录、电子数据等证据，综合认定被害人人数及诈骗资金数额等犯罪事实。"在法某诉江苏省某市市场监督管理局请求撤销该局出具的《投诉举报调查处理告知书》一案中，法院认为，根据本省办案系统大数据分析，法某在本省提起行政复议及诉讼的近200件行政案件，基本与其私益无关，行政复议及诉讼的目的也多为获取奖金，并非为了维护公共利益及规范行政机关的执法行为。上诉人到处投诉举报、申请行政复议、提起行政诉讼，不仅增加了行政成本，更浪费了宝贵的司法资源，因此其起诉也不具有诉的正当利益。① 这一判决虽然是行政领域的案件，但也能反映出司法实践中，已经认可数量的累计能够影响性质的判断，对于证明标准相对较高的刑事案件具有借鉴意义。

2. 通过质的转换，使相关性转化为因果性

大数据证据的主要特点在于相关性，这与传统证据与待证事实之间的强因果性可能存在不同之处，但正如有的学者所言："如何从相关关系中推断出因果关系，才是大数据真正问题所在。"② 应当将人类的认知与机器算法的分析过程融合，使大数据证据的相关性转化为指控和证明犯罪过程中的因果性。如在互联网金融犯罪案件资金分析报告的生成过程中，鉴于审计人员具有专业资质，其出具的审计报告具有专业性，可以探索将资金分析查控系统的速度和精准度与审计人员的专业性相结合，同时解决资金分析报告的客观性和合法性两个问题。这一观

---

① 参见江苏省泰州市中级人民法院（2017）苏12行终249号行政裁定书。

② 姜奇平："因果推断与大数据"，载《互联网周刊》2014年第18期。

点在现有的判例中也已经有所体现，如宁波市江北区人民法院（2017）浙0205刑初357号刑事判决书中认定的证据有宁波市社会保障管理局出具的报案书，其中描述“社会保险管理部门在日常工作过程中，通过医保大数据分析审查，发现被告人励某某等参保人员异常就医、违规配药情况，有诈骗医疗保险金的嫌疑，遂向公安机关报案[①]。”这事实上也是通过证据转化的形式肯定了医保大数据分析与诈骗行为案发之间的因果关系。

## 五、大数据证据在互联网金融案件追赃挽损中的运用

目前在涉P2P网络借贷平台非法集资类案件中，存在着平台资金链断裂、进入刑事程序后，借款人拒不还款恶意逃废债的突出问题，而P2P平台因未获得法定登记备案资质，其运营数据不能纳入信贷记录的金融监管框架，使得办案机关无法有效追赃挽损。在法院的办案实践中，要将上述借款人纳入失信人员名单，对其在P2P平台的借款予以追缴，借款事实必须先经生效判决予以认可。而此类案件在进入刑事程序后，其在法院受理或审理的民事部分一般会由法院裁定不予受理或裁定中止，而刑事判决中一般又着重于P2P平台吸收资金和出借人情况的相关事实，而未对借款人的借款事实予以明确认定，因此，现尚无行之有效的方法将P2P平台借款人列为失信人，进而向其追缴投资款。

对于这一问题，可以探索通过对此类案件采取资金穿透等海量数据筛查、碰撞的分析形式，形成资金分析报告，在报告中明确P2P平台未还款借款人的具体情况，并在刑事判决中将该资金分析报告以在案证据的形式予以固定，从而使该刑事判决作为将逃废债借款人纳入失信人名单的依据，以在最大限度上追赃挽损，保障集资参与人的财产利益。

## 六、大数据证据运用过程中的政策考量

### （一）在充分运用大数据证据的过程中加强个人信息保护

1. 尊重公民的知情权

知情权是公民的基本权利之一，当事人在司法程序中应获知其所受到的控告及强制措施的性质和理由。[②] 在收集和提取大数据证据的过程中，对于公权力已经授权侦查机关依法使用的大数据信息或可以依法调取的大数据信息，如人口采集库信息、银行交易明细等，在收集和分析的过程中可以不经公民同意。但应当在不影响案件进程的前提下，至迟在庭审过程中向被告人开示大数据证据中的数

① 参见宁波市江北区人民法院（2017）浙0205刑初357号刑事判决书。

② 参见钱育之：“知情权：犯罪嫌疑人的基本权利”，载《求索》2007年第8期。

据来源、程序算法和分析结果等内容。

2. 遵守取证的相关性

大数据证据的侦查取证工作虽然涉及海量数据，其中可能存在大量与案件无关的信息内容，但也应参照传统侦查模式下的相关性原则，在调取证据时应当以挖掘犯罪线索和证明待证事实的需要为导向，严格限制取证范围。对于获取的与案件有关的数据应采取妥善的保存手段，避免泄露或非法使用。对于获取的与案件无关的数据应当及时销毁。

（二）建立规范、有序的大数据共享、协助查询体制

大数据证据的运用面临的另一个突出问题是司法办案过程中对电子化数据的强烈需求与相关机构对数据的开放程度和便利性严重不足之间的矛盾，如侦查机关在调取银行交易明细时，部分银行表示无法出具电子版交易记录，给随后的审计工作开展增加了巨大工作量，也因此影响了办案效率。在调取部分第三方支付交易记录时，也存在着支付平台对不同地区的侦查机关要求提供的材料内容不一，出具查询结果的时间过长等问题。在当前数据应用乱象频出的现状下，对数据的保护固然重要，但也应当兼顾效率，在完善相关立法的前提下，建立有法可依的大数据共享、协助查询机制。在相关法律规定中可以对大数据按照隐私程度和秘密程度分级，对不同等级的数据提出根据安全强度要求不同而设定的相应共享、协查要求。如对用户注册信息可以以形式稍为简单的办案单位介绍信和《调取证据通知书》予以协助调取，而要调取交易记录时，则可以要求办案单位在不违反办案保密纪律的前提下，在提供上述材料的同时，出具相应的《立案决定书》等案件材料，以在提高办案效率的同时，兼顾大数据信息调取的规范性。

# 数据抑或货币

## ——论电商平台虚拟财产的保护

盛　锋*

**摘　要**：金融科技与电子商务的发展使得用户在电商平台的虚拟财产层出不穷，从而增加了认定侵犯网络用户虚拟财产的行为性质的难度。笔者认为对此类案件的审理不但要考虑行为人获取网络财产的手段，而且要考虑犯罪行为所针对的虚拟财产跟法定货币之间的直接代偿关系。如被告人盗窃的虚拟商品与法定货币之间能够直接代偿的就是盗窃罪，不能够形成直接代偿关系的则按照非法获取计算机信息系统数据罪处理，更符合罪刑法定的原则。

**关键词**：虚拟财产；代偿关系；财产犯罪；数据

金融科技的进步与电子商务的发展，使得电商平台、网络服务商提供给用户的虚拟财产不断推陈出新，网络上出现的林林总总虚拟财产，其中既包括电子账户内存款、消费额度、现金等，还包括消费积分、抵用券、网络游戏币、网络游戏道具、电子彩票、比特币等。

目前我国法律对网络虚拟财产规定不统一、不明确，导致实践中针对侵犯网络虚拟财产的行为定罪量刑的不一致。如近期上海市青浦区人民法院判决毁坏他人游戏装备的被告人陈某构成故意毁坏财物罪，① 这样的判决虽然关注了网络虚拟财产的实用性，但是忽视网络虚拟财产与现实社会财产的区别在于网络虚拟财产都是 0 和 1 的代码组合，这些网络游戏装备是可以“破坏”也是可以恢复的；故意毁坏财物罪保护的财物是不能失而复得的，对被害人的保护要么只能照价赔偿，要么修理。对于财物而言，不但要有使用价值，还要有确切的价格。在被害人的经济损失难以认定的情况下，认定被告人纠集三人公然毁坏他人财物，构成故意毁坏财物罪不但是对网络虚拟财产与法定货币之间的代偿关系认识的不足，而且容易导致公众对法律适用的误解。因此，本案将游戏装备等同于现实社会的

---

* 盛锋，北京大成（上海）律师事务所律师。

① 参见蒋云飞、鲁璐：“毁坏他人游戏装备，该如何处理”，载《检察日报》2019 年 11 月 1 日。

财产，对王某毁坏游戏装备的行为按照故意毁坏财物罪定罪量刑是不符合立法本意的。

笔者认为，类似案件处理结果的不一致，一方面源于法律规定的不明确，另一方面也是因为人们对这些网络虚拟财产与法定货币之间代偿关系认识不全面导致的。本文通过案例分析的方法，讨论电商平台的数据与财产的划分方法，从而为电商平台商业模式的创新和保护提供指引。

## 一、网络虚拟财产属性分析

在现实生活中，由于金融科技的发展，原本纯粹的电子商务网站的功能得到强化，一方面网络支付技术与加密技术的发展，实现了货币数字化；另一方面电子商务平台功能的多元化，促销手段推陈出新，使得网络虚拟财产层出不穷。

表一将主要列举阿里、腾讯、京东等知名公司的网络虚拟财产。

**表一　知名公司的网络虚拟财产**

| 公司 | 电子货币 | 信用 | 消费券 | 积分 | 游戏币 | 网游彩票 | 其他权益 |
|---|---|---|---|---|---|---|---|
| 阿里 | 支付宝余额 | 蚂蚁花呗 | 卡包（代金券、消费码） | 支付积分 | 金币 | 周周乐 | 余额宝 |
| 京东 | 京东余额 | 京东白条 | 领券中心（抵扣券、消费券） | 京豆、京东钢镚 | 金币 | 抽奖 | 礼品卡、Plus 会员礼包 |
| 腾讯 | 微信零钱 | 微粒贷 | 卡包 | | Q 币 | 微信、彩票 | |
| 新浪 | 微博钱包 | 借钱 | 我的卡券 | 消费积分 | 金币 | （跟开心乐玩合作） | 理财金账户、体验金 |

### （一）电子货币

此类形式的网络财产实际上是法定货币数字化处理。国际清算银行巴塞尔银行监管委员会在 1996 年 8 月发布的《电子货币的安全》报告中将电子货币称为储值产品（Store Value Products），是一种“储值型支付工具”。在该机构 1998 年发布的《电子银行和电子货币业务的风险管理》中，电子货币被认为是“储值或预付价值的支付机制，通过销售点（POS）进行支付，也可以在两个储值设备之间直接转移价值，或通过开发的计算机网络转移价值。它包括以卡类为基础或以软件或计算机网络为基础的电子货币两种类型”。[①] 根据巴塞尔银行监管委员会的定义，广义的电子货币是指通过硬件设备或者电脑网络完成支付的储存价值或预先支付机制，也就是依靠电子设备网络实现储存和支付功能的货币。

《非银行支付机构网络支付业务管理办法》第7条规定：“支付账户所记录的资金金额不同于客户本人的银行存款记录，不受《存款保险条例》保护，其实质为客户委托支付机构保管的，所有权归属于客户的预付价值。该预付价值对应的货币虽然属于客户，但不是以客户本人的名义存放在银行，而是以支付机构的名义存放在银行，并且由支付机构向银行发起的资金调拨指令。”

如表一中的支付宝账户、京东余额、微信零钱、新浪微博钱包都可以视为电子货币，而这些电子货币归属于客户。

### （二）小额借款

在网络环境下，由于网络支付技术的发展，出现了由电商平台提供的信用消费账户，如支付宝提供的蚂蚁花呗、京东网站向客户提供的京东白条。

如“蚂蚁花呗”内的资金实际上是由重庆市蚂蚁小微小额贷款有限公司、商融（上海）商业保理有限公司以及支付宝（中国）网络技术有限公司及其关联公司提供的预借资金以及小额商业担保服务。对于信用账号里的授信额度实际上也是基于消费者个人实际信用，对用户的借款、担保、支付、收款还款等一系列实际操作行为的网络化与数字化的快速处理。

### （三）网络游戏虚拟财产

在网络游戏中的虚拟财产分两类。

第一类是网络游戏虚拟货币。按照《网络游戏管理暂行办法》第2条第4款的规定，是指由网络游戏运营企业发行，游戏用户使用法定货币按一定比例直接或间接购买，存在于游戏程序之外，以电磁记录方式存储于网络游戏运营企业提供的服务器内，并以特定数字单位表现的一种虚拟兑换工具。这是由网络游戏服务的提供商提供，可以在网络游戏一个游戏或者多个游戏中使用，此类虚拟货币可以由消费者通过法定货币直接购买或者间接购买获得。这一类虚拟货币发行价格由运营单位制订，发行价格一般不变，相关数据由运营企业保存。这一类比较典型的是Q币、网易一卡通。

第二类是网络虚拟道具（游戏币）。这些道具由网络游戏提供商开发并提供，可能通过网络虚拟货币购买或者通过游戏方式获得。这些游戏道具只能在一个游戏中使用。《关于加强网络游戏虚拟货币管理工作的通知》第26条规定，

---

① Risk Management for Electronic Banking and Electronic Money Activities Basle Committee on Banking Supervision March 1998。转引自唐应茂：《电子货币与法律》，法律出版社2002年版，第12页。

网络游戏运营企业所发行的网络游戏虚拟货币不得与游戏内道具名称重合。网络游戏内道具的管理规定由国务院行政部门会同有关部门另行制定。这种道具只能在某一特定的游戏中使用，只能兑换成游戏道具，不可以兑换成虚拟货币。如支付宝中的“周周乐”提供的奖券是由蚂蚁会员的积分转换而来，这就是一种游戏的道具。

（四）消费积分

在实践中，比较常见的消费积分有中国移动的消费积分，京东商城提供的京豆、优惠券等，这些积分有的可以兑换商品、服务或者折抵现金。这些奖券是电商平台的促销手段，发行的目的在于吸引消费者，这些消费积分、奖券的使用与兑现方式取决于电商平台的促销规则。目前对其管理与调整所适用法律规定是《网络商品和服务集中促销活动管理暂行规定》中明示原则、有利于消费者原则。因此，消费积分权益设定主观性比较大，相对比较随意。

（五）比特币

有人认为，比特币是一种去中心化，非普遍全球可支付的电子加密货币；而另有一些观点则认为比特币属于虚拟商品，并非货币。

比特币是网络传输技术与加密技术发展的成果之一，也是区块链技术与支付结算技术的结晶。由于比特币采用密码技术来控制货币的生产和转移，没有中央的发行机构，无法任意增发，交易在全球网络中运行，有特殊的隐秘性，加上不必经过第三方金融机构，因此得到越来越广泛的应用，也成了非法交易的媒介。用户利用个人电脑和智能手机中的加密钱包软件，无须任何银行、信用卡、在线支付公司等中介机构，可随时随地在网络上直接交换物品、服务。根据剑桥大学2017年的研究，全球有多达580万个加密钱包活跃用户，其中大多数使用比特币。①

根据中国人民银行等部门发布的《关于防范比特币风险的通知》，比特币只应是一种特定的虚拟商品，不具有与货币等同的法律地位，不能且不应作为货币在市场上流通使用。实际上，比特币不是货币，只是一种网络产品；实际表现形式就是一串代码或者字符。

综上所述，电子商务和金融科技的发展，使用户在互联网的财产权益具有如下特点。

（1）所有网络权益都可以表现为0或1的数据或者代码。

（2）具有有用性，能够使用户占有支配或者使用的数据、软件等，系用户

---

① 参见 https：//zh. wikipedia. org/wiki/% E6% AF% 94% E7% 89% B9% E5% B8% 81。最后访问日期：2018年4月2日。

的个人财产，属于虚拟财产。

（3）可以交换的虚拟财产可以视为虚拟商品。

（4）法定货币的数字化处理的是电子货币。

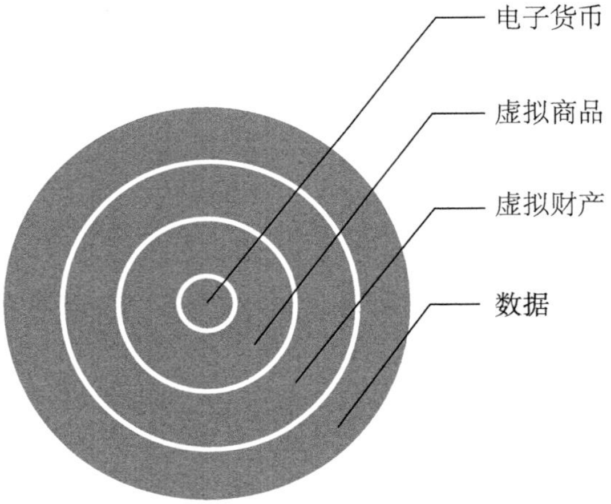


图一　用户在互联网的财产权益的特点

## 二、关于网络虚拟财产监管的主要法律规定

目前，我国关于网络虚拟财产监管的主要法律规定可以总结如表二所示。

表二　我国关于网络虚拟财产监管的主要法律规定

| 序号 | 文件名称 | 主要内容 |
|---|---|---|
| 1 | 《民法典》第127条 | 法律对数据、网络虚拟财产的保护有规定的，依照其规定 |
| 2 | 《非金融机构支付服务管理办法》及其实施细则；《非银行机构网络支付业务管理办法》《单用途商业预付卡管理办法（试行）》 | 主要规定非金融机构要开展网络支付业务，应当事先取得《支付许可证》，发行单用途预付卡应当到商务部门备案 |
| 3 | 《关于小额贷款公司试点的指导意见》《关于村镇银行、贷款公司、农村资金互助社、小额贷款公司有关政策的通知》等规定 | 为规范小额贷款公司业务提供依据 |

续表

| 序号 | 文件名称 | 主要内容 |
| --- | --- | --- |
| 4 | 《网络游戏管理暂行办法》（文化部令第49号）<br>《关于加强网络游戏虚拟货币管理工作的通知》（文市发〔2009〕20号）<br>文化部、商务部《网络游戏虚拟货币日常监管和执法要点指引》（办市发（2010）33号） | 规定了监管部门对游戏虚拟货币发行与监管的基本方法，对网络游戏虚拟货币分为两类：一类就是虚拟货币，如Q币、网易一卡通等；另一类就是网络游戏道具，对网络游戏虚拟货币的监管与执法要点进行指引 |
| 5 | 《网络商品和服务集中促销活动管理暂行规定》（2015年9月2日国家工商行政管理总局令第77号公布） | 消费积分是网络促销的手段，其消费积分的发行与使用应当符合消费者权益保护法，反不正当竞争法等法律的规定 |
| 6 | 《关于防范比特币风险的通知》（银发〔2013〕289号）<br>《关于防范比特币等所谓“虚拟货币”风险的提示》<br>《关于防范代币发行融资风险的公告》 | 比特币不是法定货币，只是一种虚拟商品；任何组织和个人不得非法从事代币发行融资活动；任何所谓的代币融资交易平台不得从事法定货币与代币、“虚拟货币”相互之间的兑换业务，不得买卖或作为中央对手方买卖代币或“虚拟货币”，不得为代币或“虚拟货币”提供定价、信息中介等服务 |

## 三、关于虚拟财产的保护的现状

### （一）电子货币

关于非法获取支付宝、微信钱包内资金的行为，都认定为侵犯他人财产的犯罪行为，在实践中往往存在争议的是由于犯罪嫌疑人获得财产的手段的变化，从而对适用侵财犯罪的罪名产生争议，如是盗窃罪还是诈骗罪。其中，对于非法获取信用账户内的资金或者通过破解密码的手段，绑定信用卡的方式也多确定为盗窃犯罪。①

对于小额贷款公司管理的规定主要有中国银行业监督管理委员会、中国人民银行《关于小额贷款公司试点的指导意见》（银监发〔2008〕23号）《关于村镇

① 参见天津市静海区人民法院（2018）津0118刑初180号刑事判决书。

银行、贷款公司、农村资金互助社、小额贷款公司有关政策的通知》（银发〔2008〕137 号）以及各地方关于小额贷款公司管理的地方性规定。

比如蚂蚁花呗的资金是电商平台基于个人信用的高低，向消费者提供法定货币借款金额。对于这些网络财产实质是现实法定货币在网络世界的电子化，笔者认为将其视为有价证券进行保护符合现行法律规定。

（二）网络游戏虚拟货币

在刑事司法实践中，最早的比较典型的案例是在 2006 年 11 月《最高人民法院公报》上发布的上海市黄浦区人民检察院提起公诉的孟某、何某某网络盗窃案，该判决认为从 Q 币销售代理人处窃取的 Q 币是财产，因此在实践中涉及窃取腾讯 Q 币的案件一般都认定为盗窃罪。在处理涉及网络游戏道具、游戏礼包等的案例中却将非法获取游戏币（道具）的行为认定为非法获取计算机信息系统数据的犯罪行为不在少数[①]，如表三所示。

**表三　将非法获取游戏币认定为非法获取计算机信息系统数据的案件**

| 类型 | 案号 | 案由 | 审理法院 | 手段 |
|---|---|---|---|---|
| 数据 | （2017）川 1602 刑初 167 号 | 蔡某、游某某、严某某非法获取计算机信息系统数据 | 四川省广安市广安区人民法院 | 以非法方法进入杭州 K7 游戏平台后台，通过盗取管理员账号发放游戏礼包牟利 3300 元 |
| | （2017）浙 07 刑终 489 号 | 梅某某、郑某某非法获取计算机信息系统数据 | 浙江省金华市中级人民法院 | 通过凑试密码的方式进入被害人游戏平台账号，盗取账号内 1 亿游戏银子，非法获利人民币 8800 元 |
| | （2017）京 0107 刑初 96 号 | 朱某、王某非法获取计算机信息系统数据 | 北京市石景山区人民法院 | 开通的管理员账户，未经公司许可向多名游戏玩家进行充值、发放游戏道具、月卡等操作，并线下交易获利 |

人民法院对于网络用户因游戏中虚拟货币或者道具账号等被网络游戏服务提供商封停而引发民事纠纷进行审理时，此类纠纷有时以信息网络服务合同纠纷，有时则以返还财产或者侵犯财产权利的纠纷立案审理。

---

① 实践中，游戏服务的提供商在刑事诉讼中以遭受了直接经济损失为由，提出附带民事诉讼的却得不到支持。但另行以间接损失为由提出民事诉讼的，却能得到法院的支持。如北京市海淀区人民法院（2016）京 0108 民初 36358 号民事判决书；北京市第一中级人民法院（2014）一中民终字第 1674 号民事判决书。

### （三）消费积分

在实践中，比较常见的消费积分有中国移动的消费积分，京东商城提供的京豆，优惠券等。如表四所示，在实践中有时将其认定为财产，有时却将其认定为数据。

**表四　与消费积分性质认定的有关的案件**

| 类型 | 案号 | 案由 | 审理法院 | 手段 |
|---|---|---|---|---|
| 财产 | （2012）魏刑初字第457号 | 职务侵占案 | 河南省许昌市魏都区人民法院 | 酒店员工窃取旅客入住酒店消费积分抵扣房费归自己所有 |
| | （2017）浙0226刑初36号 | 李某某盗窃案 | 浙江省宁海县人民法院 | 窃取商城积分后转换商品 |
| | （2012）虹刑初字第1137号 | 邬某某盗窃罪案 | 上海市虹口区人民法院 | 窃取电信积分换商品 |
| 数据 | （2014）穗云法刑初字第2222号 | 陈某、喻某、罗某、肖某、陈某、马某、王某破坏计算机信息系统罪 | 广东省广州市白云区人民法院 | 非法获取南航明珠会员里程积分，然后兑换商品、机票等 |
| | （2016）闽0924刑初68号 | 被告人刘某、郭某某非法获取计算机信息系统数据 | 福建省寿宁县人民法院 | 顺丰公司员工非法获取同事的积分后兑换商品 |
| | （2015）扬邗刑初字第00307号 | 王某犯非法获取计算机信息系统数据、非法控制计算机信息系统罪 | 江苏省扬州市邗江区人民法院 | 通过技术手段非法获取中国移动公司信息的数据，后通过积分兑换成商城币 |

笔者认为将非法获取消费积分然后按照兑换后取得商品或者现金金额，即违法所得额作为量刑依据，再以盗窃罪或者职务侵占罪定罪量刑的做法存在弊端。其只能针对既遂犯，只能在积分与商品或者现金之间的兑换关系公示公开且与商品价值与现实商品的关系可以查清的情况下适用；反之，则无法反映被告人行为的危害性。如表四中非法获取航空飞行里程积分的行为就无法按照侵犯财产犯罪进行定罪量刑。

（四）比特币类

自 2014 年以来全国各地法院已经审理了好几起窃取比特币的案件。被告人在这些案件中非法获取比特币的方法基本上都是一致，即被告人非法登录被害人账号，然后将比特币售出，再将违法所得转入被告人控制的银行账号。

表五中的判决反映了各地司法机关对窃取比特币行为的本质缺乏统一认识，部分地区将比特币视为一种有价商品，按照被告人违法所得额定罪量刑，这容易给公众造成比特币是一种有价商品的错觉，这跟监管部门禁止为比特币交易提供任何服务的政策背道而驰。实际上，比特币本质上是一种由 0 和 1 组成的代码，其是一种电子数据的本质应当被坚持。

**表五　各地审理的窃取比特币的案件**

| 序号 | 案号 | 案由 | 审理法院 | 手段 |
| --- | --- | --- | --- | --- |
| 1 | （2015）金刑初字第 00090 号 | 陈某犯非法获取计算机信息系统数据案 | 江苏省金湖县人民法院 | 非法获取被害人账号与密码，登录账户，将账户内比特币卖出，再将违法所得转入自己账户 |
| 2 | （2014）普刑初字第 1162 号 | 陈甲盗窃案 | 上海市普陀区人民法院 | 被告人非法登录被害人火币网账户，修改账户信息后，卖出比特币，被告人将销售款提现至其本人建设银行卡内。 |
| 3 | （2015）东刑初字第 1252 号 | 胡某某盗窃罪 | 北京市东城区人民法院 | 被告人非法获取被害人邮箱的密码，修改了被害人的火币网密码，设置对被害人不利的自动交易，以此方式窃取被害人账户中的资产。被告人从中获利 5 万余元 |
| 4 | （2016）浙 10 刑终 1043 号 | 武某某盗窃案 | 浙江省台州市中级人民法院 | 被告人利用非法获取的账户及密码，通过篡改收款地址的方式盗走被害人金某账户中的比特币然后出售将所得资金提现到其控制的账户内。 |
| 5 | （2018）京 0108 刑初 1410 号 | 仲某某非法获取计算机信息系统数据案 | 北京市海淀区人民法院 | 被告人在比特币钱包程序中插入代码转移 100 个比特币至其个人钱包，造成该公司经济损失人民币 36 000 元。案发后退还公司 90 个比特币，另外 10 个比特币无法找回。 |

## 四、分析与启示

### （一）数据保护是虚拟财产保护的基本方法

一切网络财产在网络上都是0和1的代码，任何侵犯网络的违法犯罪行为都是从非法侵入计算机信息系统和非法获取计算机信息系统数据的行为开始。

因此，加强电商平台的数据保护，做好电商平台的网络安全管理、风险控制与处理、数字认证与身份识别工作是电商平台的基本保护方法。在司法实践中，在对于虚拟财产属性、价格存在争议的情况下按照非法获取计算机信息系统数据罪立案侦查、定罪量刑更加符合罪刑法定的原则。

盗窃罪与非法获取计算机信息系统数据罪的联系在于主观方面均为故意，二者在客观方面的联系是秘密窃取的方式是非法获取计算机信息的手段之一，秘密窃取数据的行为符合非法获取计算机信息系统数据罪的客观方面的要求。

但是二者的区别在于，盗窃罪保护的法益是财产所有权，属于数额犯，盗窃数额达到1000元至3000元以上才构成盗窃罪，客观方面系采用秘密窃取的方式非法占有他人财物。非法获取计算机信息系统数据罪保护的法益是计算机信息系统的安全运营，情节严重的才构成犯罪（比如违法所得5000元，造成经济损失1万元以上等）。立法目的，在于禁止采用非法方式获得计算机信息系统的数据，从而破坏计算机信息系统的正常运行。客观方面为非法获取计算机信息系统数据的方法包括但不限于秘密的手段，公开或者貌似合法的手段也可以构成该罪。

此外，虚拟财产的估价也是难点之一。最高人民法院、最高人民检察院《关于办理盗窃刑事案件适用法律若干问题的解释》第4条第（1）项规定：“（一）被盗财物有有效价格证明，根据有效价格证明认定；无有效价格证明，或者根据价格证明认定盗窃数额明显不合理的，应当按照有关规定委托估价机构估价。”也就是说，在价格认定时有价格证明的按照价格证明认定，没有价格证明（或者价格证明畸高或畸低）的，应当委托评估或者鉴定。

而价格评估或者鉴定的前提是合法性，即不存在禁止流通与兑换的明文规定，其次才是评估与鉴定方式的公平合理性。如窃取比特币的情形，由于七部委在《关于防范比特币风险的通知》中明确规定禁止中国金融机构为比特币提供金融服务和使用比特币作为支付结算工具为客户提供金融服务，因此无法认定比特币的客观价格。在前述表五被认定为盗窃的三起案件中，如果被告人没有将比特币转让（通说销赃）此时，对比特币价格作出客观的认定是比较困难的，按照盗窃罪处罚明显证据不足。

（二）代偿关系决定虚拟财产的法律属性

网络财产是否可以与法定货币之间代偿与转化，以该网络财产的功能（即价值存储功能）决定，否则这些虚拟财产只能作为网络环境下的数据进行保护。

财产应当具有管理的可能性、价值性等特征。网络技术与金融科技的发展加强了人类对网络财产的控制与管理的能力。电商平台支付功能的实现，使得网络虚拟财产与法定货币之间的转化更加便捷，网络虚拟财产的现实价值更加明显。其价值性主要体现在法定货币与虚拟财产之间的代偿关系上，即法定货币与网络虚拟财产之间可以自由双向地进行交换。代偿关系具体而言有如下情形。

1. 直接代偿的关系

电子货币很容易理解是一种法定货币的数字转化形式。其代偿形式主要有三种。

第一种方式是来自于用户资金转化成电子账户中的财产。如“支付宝”“微信零钱”“滴滴余额”内的资金是通过用户（或者其他用户）法定货币的数字转化而来的。

第二种方式是电商平台提供的预借资金。“蚂蚁花呗”内的资金实际上是由重庆市蚂蚁小微小额贷款有限公司、商融（上海）商业保理有限公司以及支付宝（中国）网络技术有限公司及其关联公司提供的预借资金以及小额商业担保服务。对于信用账号里的授信额度实际上也是基于消费者个人实际信用，对用户的借款、担保、支付、收款、还款等一系列实际操作行为的网络化与数字化的快速处理。

第三种方式是电商平台提供财产。如支付宝红包，支付宝红包是由用户进行分享与推荐后直接获得的，可以用于支付与结算功能的数字财产。“红包”是电商平台利用自有的资金，利用电商平台与法定货币之间支付与结算通道，为用户与商户之间建立起支付的通道，从而使“红包”具有法定货币的存储与支付功能。

2. 间接代偿关系

如消费者获得的京豆、积分，由于这类网络财产并非来自于法定货币与消费者之间的转换，而是来自于用户的消费或者对网络的使用，所以属于间接代偿。

消费积分与法定货币之间的替代与转换也没有直接通道，而是取决于电商平台自行设置的兑换规则或者第三方的兑换方式，这种兑换规则取决三个方面的因素：一是电商平台是否规定能够替换；二是替换的方式，即以积分直接换现金还是换实物；三是替换对价的形成方式，即是由网络平台决定，还是网络用户与第三方平台决定，抑或是由第三方决定。

如果被告人通过交换或者销售这些积分并且获得了实际利益，应当认为是被告人给商城带来的损失。表四中作为数据处理的案件中陈某等人非法获取被害人南方航空公司南航明珠会员的飞行里程用于换购机票2820张（价值人民币689 080元），陈某等人非法获利数十万元。其之所以没有按照盗窃罪进行处罚，主要是因为被告人实施犯罪所针对的对象是“里程”。而这些“里程”如何换算成积分，再换算成购买机票的人民币，在此过程中有很大的不确定性，兑换的办法由很多因素决定。

再如，在表四刘某、郭某某案件中，刘某、郭某某通过非法获取顺丰公司其他员工的积分，然后再到相应商城兑换产品，而积分是与产品之间的调换、而产品的价格由商城决定，兑换的方式与比例不能体现为一种积分与法定货币的调换方式，不能直接体现积分与法定货币之间的代偿关系。

在上述表四的案例中，被告人实施犯罪所直接针对对象并不是最终获得的财物，而是获得了里程数、员工积分、电信消费积分，而这些积分还要再进一步按照公司规定在商城中转化为商城币或者其他形式的数据，最后才能体现为获得的商品。也就是说，得到了这些“积分、里程”不代表就获得了商品。因为如何兑换，是否可以兑换还取决于网络服务提供者设定的条件，这种情况下不能等同于现实生活中的法定货币的数量。

因此，对于非法获取消费积分的行为按照侵犯财产的犯罪行为进行定罪量刑有违罪刑法定的原则。因为，就其本质而言，被告人侵犯的消费积分都是可以恢复的，被侵犯的用户的权利是可以恢复的，真正受到攻击的应当是电商平台。

3. 网络消费

在表三中朱某、王某未经公司许可擅自开通管理员身份向多名游戏玩家销售游戏装备道具的行为，主审法官认为首先，网络游戏中道具、元宝等虚拟财产与传统意义上的财物存在明显差别，该虚拟财产的价值数额之认定缺乏能够被普遍接受的计算方式。故进而认为这些游戏装备与道具属于数据，不是财产。[①] 这种观点也是正确的，因为虚拟道具的产生来自网络游戏服务商的设定，其购买也不是通过法定货币直接购买，有时是通过虚拟货币购买或者通过游戏的方式获得，因此虚拟道具与法定货币之间是没有直接代偿关系的，不能将其认定为刑法保护的财产。对于游戏中的虚拟财产与法定货币之间的代偿关系要注意以下两点。

（1）虚拟游戏币系单向置换的关系。如网络游戏财产的变现按照《网络游戏暂行管理办法》规定，“网络游戏虚拟货币的使用范围仅限于兑换自身提供的网络游戏产品和服务，不得用于支付、购买实物或者兑换其他单位的产品和服务”，公安部等部门《关于规范网络游戏经营秩序查禁利用网络游戏赌博的通

① 参见北京市石景山区人民法院（2017）京0107刑初96号刑事判决书。

知》规定，“不得提供游戏积分交易、兑换或以‘虚拟货币’等方式变相兑换现金、财物的服务，不得提供用户间赠予、转让等游戏积分转账服务，严格管理，防止为网络赌博活动提供便利条件”。

对游戏币的回赎法律上也是有严格规定的，在文化部等14个部委联合发布的《关于进一步加强网吧及网络游戏管理工作的通知》（文市发〔2007〕10号）中明确规定消费者如需将虚拟货币赎回为法定货币，其金额不得超过原购买金额。

在前述2006年孟某、何某某网络盗窃案中审判人员认为，“Q币和游戏点卡是腾讯公司、网易公司在网上发行的虚拟货币和票证，是网络环境中的虚拟财产”。审判人员的论述是根据支付对价与获得网络服务的对等性，进而认为本案涉及Q币等同于现实社会的中的财产，应当受刑法保护。这样的结论是正确且合理的。因为代理商茂立公司持有的Q币与法定货币之间存在直接的代偿关系。这种代偿关系体现为Q币实际出售的价格，这个价格是经过游戏监管部门行政许可后发行的，这样的价格体现了Q币在现实生活中的使用价值具有其合法性与合理性。

（2）网络游戏道具与装备。网络游戏虚拟货币以及道具在现实生活中是无法通过这些财产自身的市场流通来实现的，即使要转让或者交换，也只能通过网络游戏平台提供的游戏装备交易平台进行交换，如网易的“藏宝阁”。

但是这些虚拟财产或装备在现实生活中是有用的，这些网络虚拟财产没有与法定货币直接置换的平台与途径，需要依赖网络服务平台的设置与交易规则的设计。因此不能体现出与法定货币之间的代偿关系。这些虚拟游戏币或者道具对游戏用户而言是有价值的，其价格也是可以采用公允的方法计算出来的。这些游戏道具与装备，在用户或者平台失窃后，网络游戏的服务商可能通过数据恢复的方式将这些道具与装备追回。既然网络服务提供者、用户能够通过恢复数据的方式重新获得道具、装备，这对于用户与游戏平台而言就不存在失去了对虚拟财产的控制。用户与平台的物质损失实际体现为恢复数据与找回数据的费用。

在表三中关于网络游戏道具或者礼包的案件中，虽然被告人通过非法获取游戏登录密码，从而将游戏装备向用户销售这个过程实际是一个销赃的过程，通过这个过程获得赃款。这些游戏礼包在市场上价格不固定，销赃的价格不能反映企业的实际损失。

综上所述，秘密窃取虚拟商品构成盗窃罪还是非法获取计算机信息系统数据罪，应当考虑两方面的因素：一是被告人实施犯罪行为的秘密性与违法性；二是被害人获得的虚拟商品与法定货币之间的代偿关系，即能够直接代偿的就按盗窃罪定罪，不能直接代偿的按照非法获取计算机信息系统数据罪定罪更符合罪刑法定的原则。

因此，司法机关在处理侵犯电商平台虚拟财产案件时应当把握三种原则：第一，电商平台虚拟财产与法定货币可以直接代偿时（如电子货币、预付款账户余额）应当视为有价证券；第二，电商平台的财产需要通过支付法定货币购买取得时，视为财产进行保护；第三，电商平台的财产与法定货币不能形成直接或者间接的代偿关系时，则应当视为数据进行保护。作为电商平台虚拟财产的发明与设置、自我保护措施也应当以上述三种情形，设计相应的制度与应急处置措施。

# 网络诽谤行为的刑法规制困境与出路

## ——以116份刑事裁判文书为样本

孟　思　韩　啸*

**摘　要**：大数据时代的到来和信息技术的飞速发展，极大方便了人们的生产生活，全世界构成纵横交错的联系网。然而，在网络空间肆意发表不实言论和虚假信息，侵犯他人人格和名誉的诽谤行为频发，公民人格和名誉被侵害问题更加突出。本文以2014—2019年116份刑事裁判文书为样本，通过梳理网络诽谤行为的刑事裁判情况，剖析立法和司法上对网络诽谤行为的规制困境，提出规制网络诽谤行为的完善路径。

**关键词**：网络诽谤；规制困境；路径

随着网络信息技术的飞速发展，网络受众日益增多，言论发表更加便捷。然而，过分推崇的言论自由使网络空间内的诽谤行为频发。与传统诽谤行为相比，网络诽谤使公民的人格和名誉被侵害问题更加突出。本文以116份刑事裁判文书为样本，以网络诽谤行为为主线，剖析网络诽谤行为的刑法规制困境，提出规制网络诽谤行为的路径选择。

### 一、现状检视：网络诽谤行为的实证分析

在中国裁判文书网中，笔者以“网络诽谤”为关键词，以“刑事案件”为案件类型进行检索，经甄别，选取2013年《最高人民法院、最高人民检察院关于办理利用信息网络实施诽谤等刑事案件适用法律若干问题的解释》（以下简称《两高适用解释》）通过后的116份刑事裁判文书作为研究样本，对网络诽谤行为的整体情况进行梳理。

#### （一）网络诽谤行为的基本情况

网络诽谤行为涵盖两方面：一是网络，它指明了诽谤行为的传播媒介。二是

* 孟思，北京市顺义区人民法院行政庭法官助理，北京师范大学法律硕士。韩啸，北京市顺义区人民法院速裁庭法官助理，中国人民大学法学硕士。

诽谤，即捏造虚假事实或篡改事实，发布或者传播后让公众知悉，以诋毁他人名誉和人格。

1. 网络诽谤行为的主体特征

利用网络从事诽谤行为的主体具有多样性的特点，表现在类型多样和角色不同。

个人、企业、网络大V、职业加害人和网络服务商等都能成为网络诽谤行为的幕后推手。一些被称为“网络大V”的网络活跃人物，通过在网络上肆意发表言论，博取公众关注，谋取不正当利益。此外，随着社会发展、网络营销和网络推手等特定需求的出现，职业加害人开始涌现。这一特殊群体以“网络水军”为典型代表。为谋取不正当利益，网络水军受雇于他人，通过网络发帖、舆论引导等手段在网上实施诋毁、诽谤行为或对他人的报复诋毁进行反击，从而实现雇佣者的真实目的。网络服务商若未及时采取必要措施，未尽到合理注意义务，纵容或加重了诽谤言论在网络上的传播，也可能被要求承担法律责任。

上述网络诽谤行为主体一般扮演三种角色：（1）发帖者。直接制造诽谤言论，再利用网络媒介发表。它是网络诽谤行为的主要实施主体。（2）跟帖者。肆意评论、转发、跟随诽谤言论，助推网络诽谤行为的蔓延和传播。（3）传播媒介。网络服务商为网络言论自由的发表提供了平台和空间，但也为诽谤行为的传播提供了便利条件。若未通过技术对网络诽谤行为进行必要规制或未及时删除诽谤信息致使被诽谤人损害扩大，网络服务商也可能成为独立的犯罪主体。

2. 网络诽谤行为的对象特征

根据所针对对象的属性不同，可将网络诽谤的行为对象分为两大类：个体性对象和公共性对象。个体性对象是指诽谤言论直接指向特定个人或企业等。公共性对象是指诽谤言论指向不特定人，影响的是某一类产品，某一类生产服务行业，甚至针对政府或者国家等。经过梳理，大部分网络诽谤案件的被害人主要是国家工作人员、村委会主要负责人、公司老板、教师、明星五大类人群。因职业的特殊性、公开性及需要保持正面形象的需求，公众比较倾向于对上述人员进行舆论监督，致使上述人员成为被诽谤的高危对象。

3. 网络诽谤行为的发布载体

随着网络技术的迅猛发展和网络平台的丰富完善，公民表达个人意愿的方式和途径更加便捷。网站论坛、帖吧、微博、微信、手机短信、QQ、电子邮箱等都能成为诽谤言论的传播载体。因上述媒介受众面较广，信息传播迅速，诽谤内容一经发布，在短时间内就可能被成千上万的人知晓。作为国内最大的社交媒体平台之一，微博在信息传播中发挥着重大作用。2018 年 1 月 27 日，北京网信办发布公告通报了微博平台存在的内容管理问题，微博也进行了全面整改，容易引发热议和不实言论的热搜榜、热门话题榜等板块被下线一周，这也在一定程度上遏制了网络不实言论的滋生与发酵。

4. 网络诽谤行为的责任承担

随着网络诽谤行为愈演愈烈，网络诽谤类诉讼案件数量也在逐年增加，由此引发如下责任：（1）引发民事诉讼，要求承担民事责任，以此居多。因网络诽谤行为侵犯他人名誉权、隐私权等权利，被侵权人往往要求侵权人赔偿损失、赔礼道歉等。（2）引发刑事诉讼，要求承担刑事责任。若诽谤人捏造虚假事实发布或传播，情节严重，可能触犯刑法中的诽谤罪，损害商业信誉、商品声誉罪等。因诽谤罪属于告诉才处理的犯罪，司法实践中往往是被诽谤人提起自诉，要求诽谤人承担刑事责任。（3）引发行政诉讼，要求变更行政处罚。诽谤人因诽谤行为被公安机关处罚后，诽谤人和被诽谤人均有可能对处罚结果不满，从而提起行政诉讼。（4）案件未进入司法程序，因证据不足或达成谅解告终。由于网络犯罪技术侦查投入量的严重匮乏，相关学理研究的滞后及法不责众的社会文化心理，大量网络诽谤行为在事后没有能够进入司法程序中得到查处和制裁。[①] 部分案件以诽谤人获得被诽谤人的谅解结束。样本中，网络诽谤行为责任承担方式的比例为：民事责任（59%）、刑事责任（23%）、行政责任（18%）。

（二）网络诽谤行为的裁判情况

根据《刑法》第246条、《两高适用解释》第1条、第2条[②]的有关规定，利用信息网络捏造事实诽谤他人，达到情节严重程度时才构成诽谤罪。通过对裁判文书进行梳理，笔者发现网络诽谤行为的裁判呈现如下特点：

1. 实体审理多于程序审查

116份刑事裁判文书中，自诉人撤诉4件，程序审查41件（包括裁定不予受理21件，裁定驳回起诉13件，撤销原裁定、裁定原审法院受理5件，裁定驳回申诉2件），实体审理71件（包括判决构成诽谤罪53件，判决无罪18件）。具体如图一所示。

2. 裁判考量因素较多

网络诽谤行为发生在网络空间，涉及众多环节和主体，具有一定的特殊性和复杂性，且因诽谤罪属于告诉才处理的犯罪，法院审理此类案件时需要考虑诸多因素。

（1）程序审查阶段。程序审查时，法官会重点考虑网络诽谤自诉人的自诉是否符合法定受理条件，举证是否充分等。如自诉人需举证证明有明确的网络诽谤人、网络诽谤行为的存在（包括诽谤事实是捏造的、网络诽谤行为系针对自己、诽谤行为情节严重、属于人民法院管辖等）。若自诉人无法举证证明上述条

① 参见于冲："网络诽谤行为的实证分析与刑法应对"，载《法学》2013年第3期。

② 《刑法》第246条规定，"捏造事实诽谤他人情节严重"构成犯罪。《两高适用解释》第1条规定了"捏造事实诽谤他人"的情形，第2条规定了"情节严重"的情形。

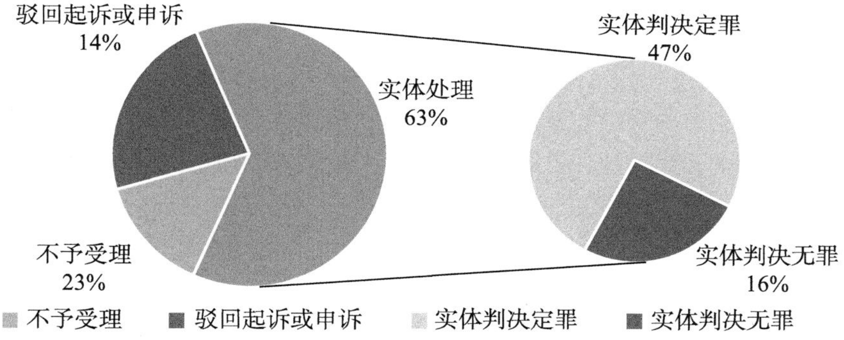


**图一　样本中裁判方式分布情况**

件，又不补充相关证据，提起的自诉很可能被裁定不予受理或驳回起诉。程序审查结果及考量因素见图二。

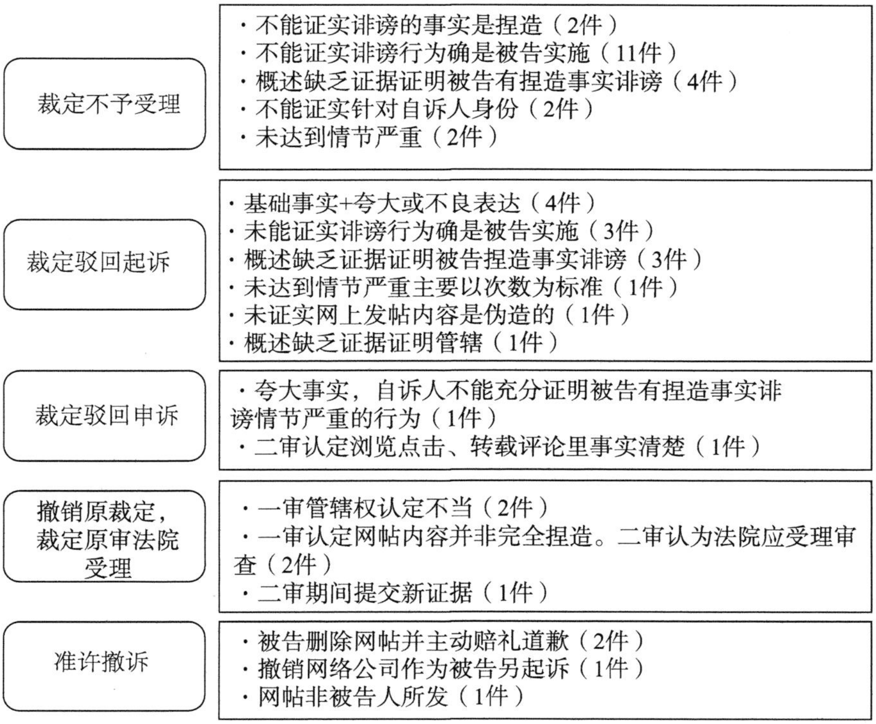


**图二　程序审查结果及考量因素**

（2）实体审理阶段。实体审理时，法官会重点从犯罪构成的四方面考虑定罪情况。从犯罪主体看，自诉人应举证证明被告人是诽谤行为的实施者。从犯罪客体看，网络诽谤行为侵害的是自诉人的人格和名誉。从主观方面看，被告人应明知其发布的事实不属实。从客观方面看，被告人确实捏造虚假事实在网络上散布，且已达到情节严重的程度。在共同犯罪中，法官会重点考察诽谤人在实施诽谤行为时发挥的作用大小。实体审理结果及考量因素见图三。

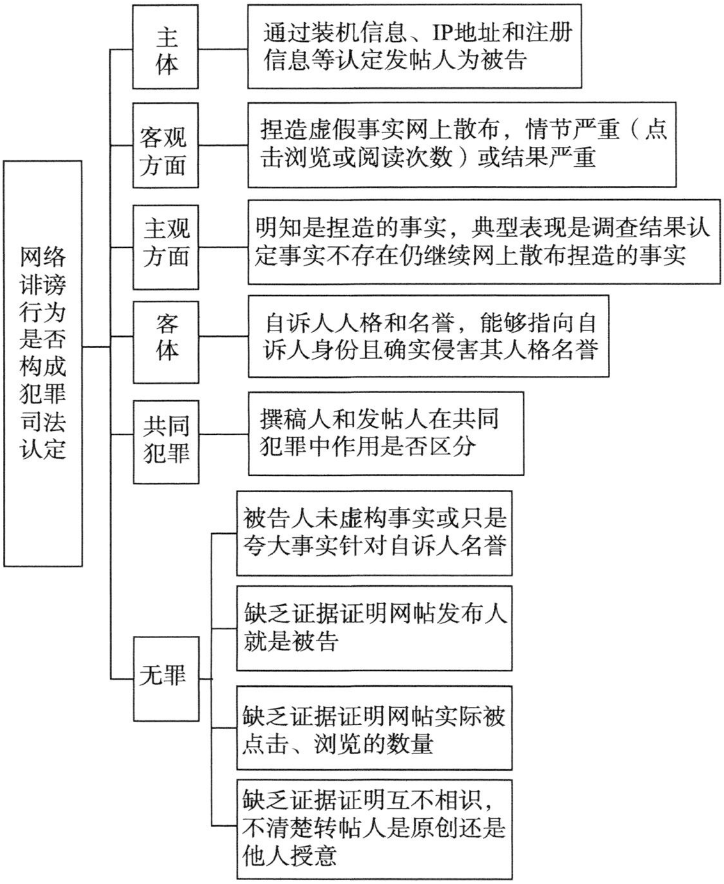


图三　实体审理结果及考量因素

## 二、问题剖析：网络诽谤行为的刑法规制困境

随着网络侵权愈演愈烈，网络诽谤行为已经成为网络时代迫切需要治理的突出问题。下文笔者将重点从立法和司法等两大角度探讨网络诽谤行为的规制困境。

## （一）立法规制不足

### 1. 现有罪名梳理

通过对刑法、各刑法修正案及最高人民法院、最高人民检察院颁布的司法解释进行梳理，笔者发现刑法中规制网络诽谤行为的具体罪名包括：诽谤罪，损害商业信誉、商品声誉罪，编造、故意传播虚假恐怖信息罪和寻衅滋事罪。

（1）诽谤罪。网络诽谤行为是依托网络，非法捏造虚假事实，以发微博、发帖等形式，在网络空间发布和传播诽谤信息，最终实现诋毁他人名誉和人格的行为。虽然诽谤行为发生在网络空间，实质仍为诽谤。因此规制此类行为最直接的罪名仍是诽谤罪。

（2）损害商业信誉、商品声誉罪。该罪名的行为对象是特定单位或商品。若在网络空间捏造虚假事实诋毁某一行业、某一单位或某一商品的信誉或声誉，造成不良影响，就可能构成损害商业信誉、商品声誉罪。因发生在网络领域，故网络诽谤行为损害商业信誉、商品声誉，与现实生活中损害商业信誉、商品声誉的行为有所不同。

（3）寻衅滋事罪。《两高适用解释》第 5 条第 2 款规定："编造虚假信息，或者明知是编造的虚假信息，在信息网络上散布，或者组织、指使人员在信息网络上散布，起哄闹事，造成公共秩序严重混乱的，依照刑法第 293 条第 1 款第（4）项的规定，以寻衅滋事罪定罪处罚。"虽然该条文实质上更侧重于规制网络造谣行为，但利用网络诽谤与造谣都是网络空间的侵权行为，调整范围基本一致。当网络不实言论的发布、传播达到情节严重的程度时，才有可能构成规制力度更强的诽谤行为。因此可以说，部分严重的网络造谣行为可能构成网络诽谤，此时就应以寻衅滋事罪论处。

（4）编造、故意传播虚假恐怖信息罪。前述三类罪名的侵权行为对象一般是特定个人、单位、行业或商品。除此之外，在现实生活中还有针对不特定对象实施的网络诽谤行为，而刑法中能够规制针对不特定对象实施的网络诽谤行为的罪名少之又少，编造、故意传播虚假恐怖信息罪是难得的罪名。若行为人通过网络编造、故意传播企业放射性物质泄漏等虚假恐怖信息，此时就能按照编造、故意传播虚假恐怖信息罪定罪处罚。

### 2. 存在的问题

（1）罪名适用范围有限。虽然诽谤罪，损害商业信誉、商品声誉罪，编造、故意传播虚假恐怖信息罪，寻衅滋事罪都可以规制网络诽谤行为，但因上述罪名的适用一般要满足"情节严重"的条件，所以适用情形非常有限。严重的网络诽谤行为才能被惩罚和处理，一些轻微的网络诽谤行为则容易被隔离在外，不能有效打击，这就助长了诽谤信息的传播、蔓延和网络诽谤不法分子的嚣张气焰。虽有惩处之心和规制之意，但罪名适用的高门槛阻碍了对网络诽谤行为的规制。

（2）对集团化、对象不确定的网络诽谤规制欠缺。“网络水军”是随着网络营销发展而产生的一种畸形网络公关。因经济利益诱惑和网络监管缺失，一些人大量招聘“网络水军”，按照客户需求以网络打手、QQ 群等方式，发帖吹捧客户及其产品，或密集发帖诋毁他人名誉。集团化水军们的“积极参与”使诽谤言论在网络空间迅速滋生、发酵和传播。实践中，甚至出现一些以营利为目的的“代骂”网站，使网络诽谤行为呈现出职业性特征。而现行刑法中，并无专门罪名对此类危害性更大的集团性、群体性的网络诽谤行为进行规制，可能导致被诽谤人遭受更严重的伤害。

此外，现有罪名在规制针对不特定对象实施的网络诽谤行为时存在欠缺。编造、故意传播虚假恐怖信息罪虽然能对针对不特定对象实施的网络诽谤行为进行规制，但如果诽谤内容无法认定为“虚假恐怖信息”，无论造成多么严重的后果，都不能以此罪定罪处罚。而除该项罪名外，又没有合适罪名对此行为进行规制，这就纵容了一部分违法犯罪。

（3）公安机关协助规定模糊。被诽谤人若想提起刑事自诉，需举证证明诽谤人的身份、诽谤行为的存在等。而由于网络的匿名性、隐蔽性，非经专业网络侦查手段，网络诽谤言论的制造者和传播者往往难以查清，点击浏览量也难以举证，被诽谤人的举证能力非常受限。样本中，25% 的自诉人因举证不能，被裁定驳回起诉或不予受理。虽然《刑法修正案（九）》第 16 条对公安机关协助调查进行了原则性规定①，但该条文并未明确规定“确有困难”的认定标准、法院要求公安机关协助的条件和情形，这就导致实践中缺乏可操作性。法院既可要求也可不要求公安机关协助调查，非强制性的规定使自诉人的权利无法得到更好保护，自诉人举证困难重重。

### （二）司法裁判尺度不一

1. 概况

无论是程序审查阶段还是实体审理阶段，均存在改判情形。由此可见，上下级法院在审理网络诽谤类案件中存在不少分歧，裁判尺度不一。如不认罪悔罪的诽谤罪被告人是否可以适用缓刑，自诉人提交的证据何种情况下算是足够充分，

---

① 《刑法修正案（九）》第 16 条规定：“被害人向人民法院告诉，但提供证据确有困难的，人民法院可以要求公安机关提供协助。”

对上述问题一、二审法院的认识存在不同。实践中，还有部分案件因当事人在二审阶段采取了补救措施或出现了新证据而发生改判。经过梳理，上下级法院在网络诽谤类案件中的分歧点具体表现在：程序审查阶段——自诉人举证是否充分，是否符合受理条件等。实体审查阶段——定罪与否、此罪与彼罪、量刑考量、刑罚方式的选择和证据是否充分等，详见图四。

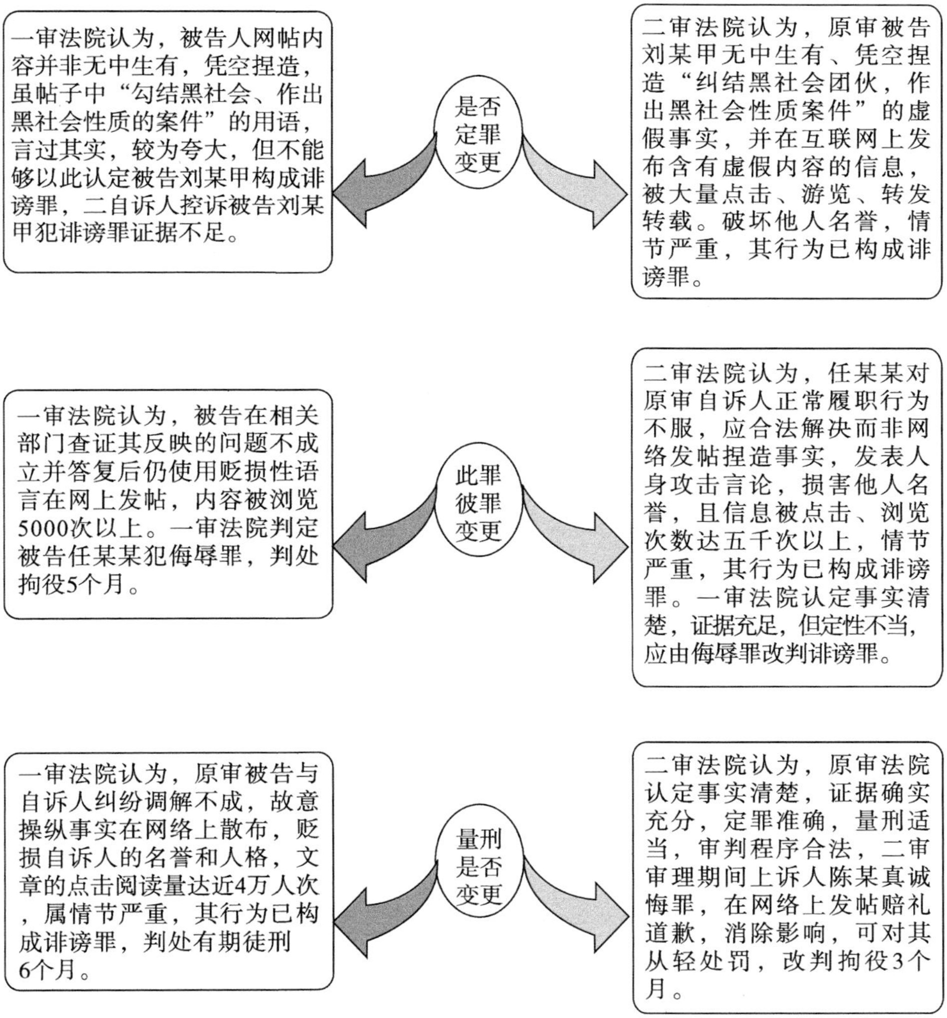


**图四　一、二审法院认定分歧**

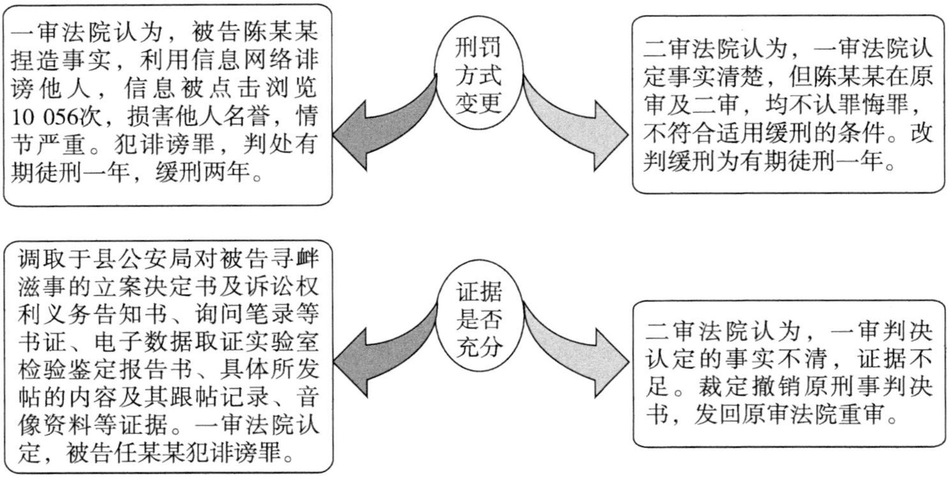


**图四　一、二审法院认定分歧（续）**

2. 典型分歧

（1）自诉人的经常居住地、经常工作地是否为犯罪结果地。网络诽谤行为发生在网络空间，受众不确定，犯罪结果地无法明确。一、二审法院对犯罪结果地的认定容易产生分歧。样本中，因认为被害人的经常居住地、经常工作地不是犯罪结果地，一审法院以没有管辖权为由裁定不予受理自诉的案件有5件。其中3起案件自诉人上诉后，二审法院认为网络诽谤行为虽然发生在虚拟空间，但网络诽谤行为重在保护自诉人的人格和名誉，自诉人的经常居住地和经常工作地是诽谤行为造成实际影响的地方，因此，自诉人的经常居住地和经常工作地属于犯罪结果地，犯罪结果地的法院具有管辖权。二审法院最终撤销原裁定，并根据管辖权指令原审法院受理。①

（2）被告人是否为诽谤人认定不一。实践中，有的网络诽谤信息是以“我”的口吻发布，内容也与自诉人与被告人之间的纠纷有关，通过网站亦能确定诽谤信息发布者的注册手机号和身份信息属于被告人，但被告人却否认实施了网络诽谤行为，在这种情形下，能否直接认定被告人就是诽谤人，司法实践中存在分歧。有的法院认为诽谤信息也有可能是知悉纠纷的被告人的亲属或朋友所发，不能认定被告人是发帖人。而有的法院则以身份信息和纠纷主体为要素，运用法律推理，推断被告人即为发帖人。② 认定方法和判断标准不同使此类案件裁判尺度不一。

① 参见（2017）赣02刑终152号、（2016）云01刑终709号、（2016）闽06刑终385号刑事判决书。

② 参见（2017）渝03刑终202号、（2015）鞍刑二终字第00402号刑事判决书。

（3）不完全捏造事实是否构成诽谤罪。当涉案纠纷中出现暴力因素时，被告人将其夸大为黑社会性质的案件，在这种不完全捏造事实的情况下，被告人的行为是否构成诽谤，法院裁判亦不统一。[①] 法院未认定诽谤的主要理由是被告人对暴力行为的评价属于认识错误，并非有真正的诽谤意图。而认定诽谤的主要理由是黑社会性质案件中的事实与纠纷中出现暴力争执、撕扯行为完全不同，被告人的行为属于捏造虚假事实，贬损自诉人名誉的行为，因此构成诽谤罪。

## 三、完善之道：规制网络诽谤行为的路径选择

### （一）加强网络诽谤的立法保护

1. 增设网络诽谤规制罪名

立法是规制网络诽谤行为的核心。随着网络造谣、诽谤等行为愈演愈烈，受害人日益增多，网络纠纷的社会危害性逐渐扩大，立法应当有所作为。

一方面，可以司法解释或刑法修正案的形式增设规制网络诽谤行为的罪名，或者通过增设专门的网络犯罪章节，在立法中以具体条文、具体罪名的形式将各类网络诽谤侵权的犯罪形式罗列下来，使法官在审理此类案件时更有针对性，更能准确找准条文的适用，避免法律适用错误。尤其是对于危害性较大的团体性、集团性的网络诽谤行为，以及针对不特定对象实施的网络诽谤行为，立法应及时创设新罪名进行规制。另一方面，可增加网络诽谤行为的犯罪群体设置，对于明知系捏造事实而又进行发帖、转帖或回帖行为的个体，即使其受雇于特定人或公司，但因其主观上存在犯罪故意，也应一起受到诽谤罪的规制，这样就能够形成较强的威慑力，从源头上遏制网络诽谤行为的滋生。

2. 明确法院启动公安机关协助条件

自诉人在收集网络诽谤相关证据时，因无调查取证权，一般会被掌握信息方拒绝，证据收集存在诸多困难。通过细化法院要求公安机关协助调查的条件，能够在一定程度上化解自诉人举证困难的尴尬境地。笔者认为，法院启动公安机关协助调查应满足以下条件。

（1）启动条件。从客观方面对“确有困难”进行认定和衡量，困难应包括技术不能和权限不能。技术不能是指自诉人没有掌握证据提取、固定的技术方法，权限不能是指自诉人不具备调取或申请单位协助调取电子数据的权限。若同

---

① 参见见（2014）阜刑终字第00274号刑事判决书，其中一审未认定二审认定；（2017）渝03刑终9号刑事判决书，其中一、二审均未认定；（2016）吉05刑终217号刑事判决书，其中一、二审均认定；（2017）渝03刑申9号刑事裁定书，其中一、二审均未认定。

时满足上述两种条件，法院方可启动公安机关协助调查。

（2）启动阶段。立案前后，法院均可启动协助调查。自诉人提起自诉后，若自诉人的举证并不全面充分，法院不宜直接以不符合立案条件为由，裁定不予受理或驳回起诉，而应结合自诉人的情况，对举证困难进行分析，看是否需要启动公安机关协助调查机制。

（3）启动原则。应以启动协助调查为原则，不启动为例外。法院应主动启动协助调查，帮助自诉人获取与案件相关而又获取困难的证据。但在部分案件中，自诉人具有举证能力，无须经过协助便能获取涉案相关证据，此时法院可以不启动公安机关协助调查，但若自诉人提出申请，法院应书面答复自诉人不进行协助调查的理由。详见图五。

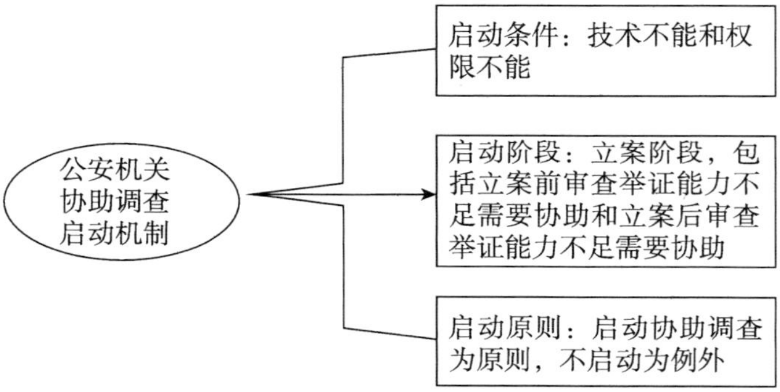


**图五　法院启动公安机关协助调查机制**

### （二）统一司法裁判尺度

#### 1. 明确网帖是否为被告人所发的推定证明标准

在刑事诉讼中，证明被告人有罪的核心要义是排除其他合理怀疑。在民事诉讼中，证明的核心要义为高度盖然性。因网络诽谤提起自诉的案件，与公诉案件和民事案件均不相同。因涉及定罪问题，应更加审慎。若被告人否认其系诽谤行为的实施者，此时不能仅以双方存在纠纷、被告人在线下确实有过诽谤行为或者诽谤信息发布主体是用被告人的手机号或身份信息注册等情况，就此推定被告人为发帖人。在完善公安机关协助调查的背景下，自诉人的举证能力有所加强，自诉人应再举证证明发帖人的实际 IP 地址与被告人的唯一针对性，法院可综合各种因素，推定被告人为发帖人，被告人也可举出反证推翻此推定，详见图六。

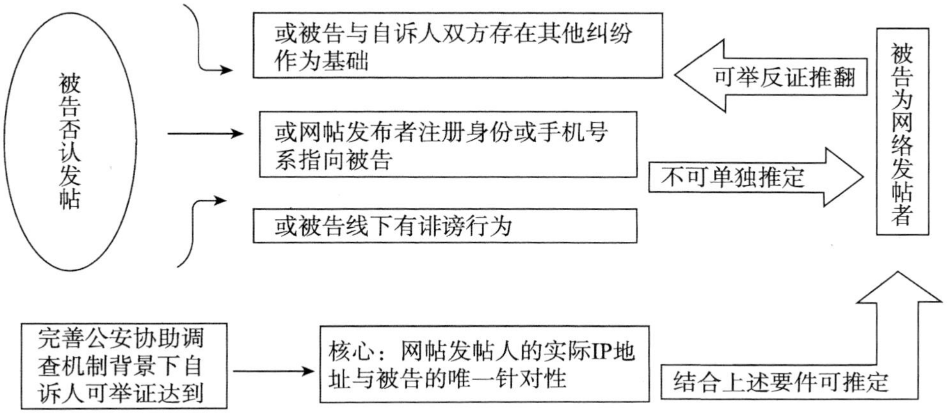


**图六　推定被告人为实际发帖人的证明标准**

2. 统一不完全捏造事实的入罪标准

在基础事实上进行夸大演绎即不完全捏造事实，此种情况是否构成犯罪应进行综合判断。第一，先看双方的纠纷或矛盾点是否真实。第二，再看诽谤对象是普通民事纠纷相对人，还是公职人员、监管上级等特殊身份人员。若是特殊身份人员，可采取较严格的入罪标准，若是普通人，入罪标准可适当放宽。判断时要注意区分行为性质，综合考虑夸大程度与主观方面。第三，看有关机关调查后，行为人是否仍在网上散布不实信息。若有关机关调查完，明确告知诽谤人所发信息与事实不符，而诽谤人仍继续散布诽谤信息，则视为诽谤人存在主观恶意。第四，看夸大程度是否严重影响了自诉人名誉。若诽谤人发布的言论仅是用词浮夸或者不文明，则可考虑不入罪。若诽谤人捏造自诉人不存在的明显违法犯罪的事实，则应考虑入罪。详见图七。

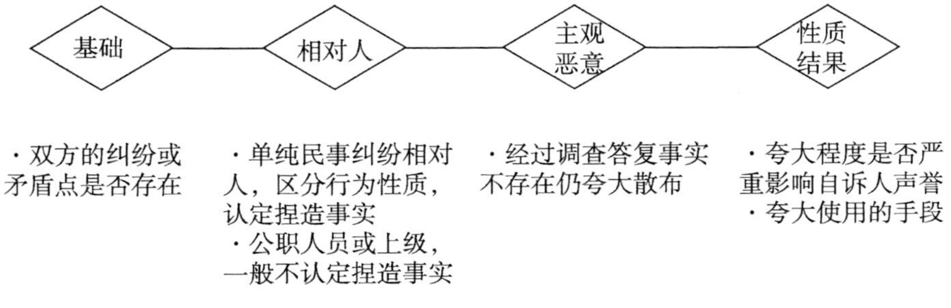


**图七　网络诽谤行为不完全捏造事实入罪标准递进**

（三）创新多元化的网络争议处理模式

1. 在大城市设立专门互联网法院

2017 年 8 月 18 日，全国第一家集中审理涉网案件的试点法院——杭州互联网法院挂牌成立。该法院是司法主动适应互联网发展趋势的一项制度创新，贯彻“网上案件网上审”的审理思路，将网络类案件从审判体系中剥离，为维护网络安全、化解涉网纠纷、促进互联网和经济社会深度融合等提供司法保障。[①] 2018 年 9 月 9 日，北京互联网法院成立。专业化法院的筹建顺应了网络飞速发展的时代要求，有利于保护网络空间各方参与主体的合法权益。

出于经济发展水平、网络公司聚齐情况、案件数量和适用难易度等多重因素，可将大城市限定为三地：北京、广州和上海。上述三地经济发达，网络争议频发，无论是从方便法院审理还是方便当事人诉讼的角度，在上述三地设立专门的互联网法院都是明智之举。互联网法院的具体运作模式可以借鉴杭州和北京互联网法院的经验，结合本地实际情况，进行创新。

2. 在大中城市设立互联网纠纷专审速裁通道

除北京、广州和上海外，还有天津、深圳等大型城市及经济发达的中等城市，它们面临的网络争议类纠纷数量也不在少数。若建立专门的互联网法院有些浪费资源，在法院内部设立互联网纠纷的专审速裁通道才切实可行。它既能避免大规模的人员和资金投入，也能在一定程度上应对愈演愈烈的网络争议。具体运作模式如下。

（1）案件受理。当事人来法院立案时，立案法官要严格审查案件材料，判断案件能否适用专审速裁通道，并作出具体案件类型的划分。若发生在网络空间的诽谤行为构成民事侵权，则案件类型属于民事案件。若当事人提起自诉，经审查网络诽谤行为情节严重，可能构成刑事案件，此时立案法官应先行受理案件材料，让自诉人举证证明被告人的身份及诽谤行为的存在等。若因网络侵权行为被行政机关尤其是公安机关处罚，被处罚人不满行政处罚决定，提起行政诉讼，则案件属于行政案件。在划分时，立案条件应严格适用，避免适用范围的扩大，应注意网络诽谤行为必须发生在网络空间，构成了网络侵权，需要追究相关人员的法律责任等。

（2）案件审理。经审查符合专审速裁案件后，针对不同案件类型可采取不同的审理办法。对于民事案件，法官经过协调化解，看诽谤人与被诽谤人之间能否达成谅解，提醒诽谤人及时删除侵权言论，积极对被诽谤人进行补偿，避免损

---

① 参见王梦遥：“中央同意设立杭州互联网法院，为什么是杭州”，载《新京报》2017 年 6 月 26 日，B2 版。

失和不良影响的扩大化。此类化解方法应是最主要的化解方式，通过沟通协调，争取大部分网络争议类纠纷在此阶段被化解。对于刑事案件，专审速裁法官应告知自诉人要举证证明诽谤人的存在及具体身份，侵权行为方式及证据，属于受诉人民法院管辖等。囿于自诉人举证能力的有限性，法院通过与公安机关建立协调机制，对自诉人确实无法举证的案件，由公安机关及时协助自诉人调查取证。针对行政案件，法院与政府法制办及时沟通，确定常见被诉机关内部的网络争议化解联络员，行政案件收案后，网络争议化解联络员应积极联络争议各方，有针对性地开展化解协调工作。上述三种案件类型，均以实质性化解网络争议为目的，为避免案件久拖不决，耽误当事人的期限，应严格限定化解时限，规范化解程序。

## 四、结语

随着经济和社会的发展，网络已经成为增强联络的重要渠道和表达自由的重要载体。网络诽谤行为是发生在网络空间的特殊的诽谤行为。加强对网络诽谤行为的立法规制，不断统一裁判尺度，构建多元化的网络纠纷处理模式是时代发展和审判能力现代化的迫切需要。相信通过多措并举，网络诽谤行为能被有效遏制，网络诽谤案件的裁判尺度会更加统一，公民人格和名誉等合法权益能够得到更加切实有效的维护！

# 互联网金融领域爬虫行为的刑事风险分析

张怡铭*

**摘　要：**互联网金融的兴起得益于大数据的发展，而爬虫程序作为高效收集数据的方式，被数据行业普遍运用。利用爬虫程序抓取数据的行为是否构成犯罪是本文研究的重点。首先，从技术角度分析了爬虫程序的原理，列举了司法案例，进一步说明爬虫行为的入罪模式。其次，从法理分析爬虫行为入罪的可能性。在非法获取计算机信息系统罪中，关键在于"非法性"的判断，形式上理解为"违反国家规定"，而不包括爬虫协议；实质上与个人访问行为做比较，从数据公开性、访问行为受限程度来分析，限制爬虫访问的措施并未限制数据的公开和获取，因此不属于"非法获取"。在侵犯公民个人信息罪中，抓取已公开的公民个人信息不应作为犯罪处理；在用户有效授权范围内抓取数据也不具有违法性。最后，针对共犯问题给出了判断标准。在数据共享和流通中，刑法应保持谦抑和克制，尊重前置法的处理结果。

**关键词：**互联网金融；爬虫；非法获取计算机信息系统数据罪；侵犯公民个人信息罪

## 一、大数据时代的互联网金融爬虫业务

在《大数据时代》一书中，数据被形象地比喻为黄金，① 强调了数据在信息时代的巨大价值。大数据技术作为一种分析、处理数据的方式，广泛应用于诸多领域，并带来了产业革命。金融行业也搭乘大数据的东风，使互联网金融模式迅速发展，第三方支付、P2P 网络借贷、互联网理财等都是常见的形式。虽然相较于传统银行，互联网金融公司抵御风险和资金偿付的能力较弱，但它凭借大数据时代的海量数据做到了风险控制。在大数据的刻画下，借款人的"信用"形象被清楚地勾勒，既用于征信分析，也用于贷后催收，从而保证金融借贷业务的正

---

* 张怡铭，浙江省杭州市人民检察院检察官助理。

① 参见［英］维克托·迈尔－舍恩伯格、肯尼思·库克耶：《大数据时代：生活、工作与思维的大变革》，盛杨燕、周涛译，浙江人民出版社 2013 年版，第 45 页。

常运行。

数据对于互联网金融行业至关重要，在高额利润的刺激下，不少大数据公司纷纷转向为互联网金融行业服务。然而，某些大数据公司在追求搜集数据的全面和细致的过程中，忽略了合法性与安全性，面临着行为违法甚至犯罪的风险。[①] 正如近期，多家大数据公司接连被公安机关立案调查，原因在于其利用爬虫程序获取公民个人信息后，出售给“套路贷”团伙、“714 高炮”平台等。网贷平台利用这些公司信息实施精准诈骗、暴力催收，不仅侵犯了公民的财产安全，甚至出现了债务人不堪骚扰和压力而自杀身亡的事件。因此，为了瓦解下游犯罪的基础，实现源头治理，有关部门对大数据行业进行了清洗和整顿，尤其是对利用爬虫软件进行数据抓取的行为进行了处理。

爬虫程序是大数据公司常用的技术手段，一方面，合法的爬取行为提高了数据收集的效率；但另一方面，不加限制的爬取也可能侵犯别人的数据隐私。那么，利用爬虫程序抓取数据的行为是否构成犯罪？构成何种犯罪？是技术中立还是技术帮凶？以及如何在数据共享与数据隐私之间达到平衡？都是需要我们慎重思考的问题。

## 二、爬虫技术的行为模式及司法审视

### （一）爬虫技术的行为模式

爬虫是一种形象的叫法，是指一种按照一定的规制，自动抓取互联网信息的程序或者脚本，就像一只蚂蚁在信息网络中遍布爬行。[②] 爬虫技术的本质就是实现人工访问的自动化，也即通过增加点击频率，提高访问网页的效率，从而在短时间内收集到更多有用的信息。

就爬取数据的范围而言，一般来说，爬虫程序与人工可以到达的网站范围相同，但也有不同情况出现。一种情形是，爬虫的范围小于人工访问范围。例如，有些网站会对爬虫程序施加技术限制，必须正确识别验证码，才可以继续访问，而爬虫程序难以做到这一点，因此会被阻挡。又或者，网站通过设置“爬虫协议”[③] 来限制爬取的范围。另一种情形是，爬虫的范围大于人工访问范围。例

---

① 参见孙冰：“‘爬虫’背后的灰色大生意——个人数据隐私保卫战”，载《中国经济周刊》2019 年第 20 期。

② 参见游涛、计莉卉：“使用网络爬虫获取数据行为的刑事责任认定”，载《法律适用》2019 年第 10 期。

③ “爬虫协议，亦称机器人协议、Robots 协议，是一个面向计算机网络搜索引擎的，以 Robots 命名的文本文档，多应用于网络内容服务商的服务器，用于告知搜索引擎哪些页面与内容允许或禁止被其读取并作为搜索服务的结果提供给用户。”参见宁立志、王德夫：“‘爬虫协议’的定性及其竞争法分析”，载《江西社会科学》2016 年第 1 期。

如，也有一些爬虫程序通过解析代码的方式工作，因此爬虫还有可能访问到人工不会访问，或者无法访问的内容。

（二）爬虫技术的司法审视

前述内容从技术角度分析了爬虫技术的行为模式，技术是中立的，关键看使用者将它用在何处。正如刘艳红教授在《网络爬虫行为的刑事规制研究》一文中，提到“网络爬虫在其被使用以来的二十余年时间里，之前被人们视为没有问题的中立技术，如今被人们视为‘道德上可疑的并可被视为违法’的技术”①。爬取技术在司法领域是如何被认知的，可以通过以下几个案例来窥见一斑。

案例1：瑞智公司、周某某等7人非法获取计算机信息系统数据案②

被告单位瑞智公司是一家大数据公司，通过与运营商签订精准广告营销协议，获得了运营商服务器的登录许可，并通过部署SD程序，从运营商服务器抓取采集网络用户的登录数据，并将上述数据保存在运营商redis数据库中，利用研发的爬虫软件、加粉软件，远程访问redis数据库中的数据，非法登录网络用户的淘宝、微博等账号，进行强制加粉、订单爬取、强行推送广告等行为，从中牟利。经查，仅在2018年4月16—18日，即爬取了淘宝用户（部分系绍兴市越城区居民）的订单信息共计22万余条次，为淘宝用户恶意添加好友13万余个次。被告单位瑞智公司及其关联公司通过上述业务非法获利数额特别巨大。法院判决其犯非法获取计算机信息系统数据罪。

案例2：彭某某等3人侵犯公民个人信息案③

2017年2月至5月，被告人彭某某利用其在成都市知数公司从事技术工作的便利，非法获取公民个人信息数十万条，伙同被告人吕某，通过QQ向被告人周某等人出售，违法获利约50万元。被法院以侵犯公民个人信息罪判处。该案中，知数公司主要为信贷审批人员提供查询服务，通过大数据对用户进行征信调查。知数公司通过开发的爬虫程序，在互联网各大网站上自动采集信息，采集的数据类型有微博、新闻、招聘信息、电商数据（含店铺信息、商品信息、商品评价）、最高法院执行信息、在第三方提供用户登录授权后采集的淘宝平台信息，采集后的数据交由知数公司研发中心对数据进行整理、加工、存储。

案例3：上海晟品公司等非法获取计算机信息系统数据案④

上海晟品公司的主管人员成功破解北京字节跳动公司的防范措施，采用爬虫

---

① 参见刘艳红：“网络爬虫行为的刑事规制研究——以侵犯公民个人信息犯罪为视角”，载《政治与法律》2019年第11期。

② 参见浙江省绍兴市越城区人民法院（2019）浙0602刑初636号刑事判决书。

③ 参见四川省成都高新技术开发区人民法院（2018）川0109刑初94号刑事判决书。

④ 参见北京市海淀区人民法院（2017）京0108刑初2384号刑事判决书。

技术抓取字节跳动公司服务器中存储的视频数据，造成字节跳动公司损失技术服务费人民币 2 万元。法院以非法获取计算机信息系统数据罪对被告人予以定罪判刑。爬虫软件在数据抓取的过程中，使用了伪造 device_id 绕过服务器的身份校验，伪造 UA 及 IP 绕过服务器的访问频率限制等规避或突破计算机系统保护措施的手段获取数据，构成非法获取计算机信息系统罪。

从上述三个案例，我们可以看出爬虫行为定罪处罚的特点：（1）从爬取对象来看，可以分为从富含数据信息的数据平台（支付宝、淘宝、简历网站等）爬取，从同业竞争对手（案例 3、同享公司爬取数据案①、黑爬虫网站案②）数据库中爬取，从用户手机③中爬取。（2）从爬取技术的应用阶段来看，包括侵入行为、获取行为、使用行为。

## 三、爬虫技术的刑事入罪分析

### （一）非法获取计算机信息系统数据罪入罪分析

爬虫程序会遍布各大网站搜寻目标信息，但并非所有网站都愿意对访问者开放，多数网络还会设置一系列的限制措施，例如，设置验证码、设定 Robots 协议、编辑技术防护程序，等等。如果只是单纯的爬虫程序，按照网站的公开范围，合法、正常地访问网站，并不会在这个阶段涉及刑事风险。但如果在爬虫程序上附加了其他突破限制的程序，绕开网站防护，就具有了“非法性”的讨论空间。

1. “非法性”的形式判断标准：违反国家规定

根据《刑法》第 285 条第 2 款规定，非法获取计算机信息系统数据罪是指“违反国家规定，侵入计算机信息系统或者采用其他技术手段，获取该计算机信息系统中存储、处理或者传输的数据”。其中获取数据的“非法性”表现为“违反国家规定”。根据《刑法》第 96 条规定，违反国家规定，是指违反全国人大及其常委会制定的法律和决定，国务院制定的行政法规、规定的行政措施、发布

---

① 参见上海市杨浦区人民法院（2015）杨刑初字第 232 号刑事判决书，同享公司人员为提高公司产品 WIFI 上网软件的市场占有率、扩大用户数量，安排员工利用所开发的程序，通过生成模拟上海掌门科技有限公司（“掌门公司”）软件正常用户的 HTTP 数据包，模拟掌门公司软件的正常用户，大量非法获取掌门公司服务器储存的 WIFI 热点密码，返至同享公司服务器并进行解密保存，达五百多万组。其被判处非法获取计算机信息系统数据罪。

② 参见江苏省淮安市淮安区人民法院（2018）苏 0803 刑初 643 号刑事判决书，九象公司的主管人员建立“黑爬虫”网站，对接多家小额贷款公司的借贷数据，在用户提供身份证后即可查询借款记录，以侵犯公民个人信息罪定罪处罚。

③ “3·15”晚会曝光的“714 高炮”平台，在注册该平台用户时，会要求用户填写手机号、上传身份证照片、学历、婚姻状况等一系列详细信息，此外，还要求验证手机运营商，验证完成就可以读取通讯录和通话详单。这些信息通常作为暴力催收、事后逼债的手段。

的决定和命令。

就非法获取计算机信息系统数据罪而言，与其相关的“法律、行政法规”为《网络安全法》《计算机信息系统安全保护条例》等。《网络安全法》第27条规定：“任何个人和组织不得从事非法侵入他人网络、干扰他人网络正常功能、窃取网络数据等危害网络安全的活动。”《计算机信息系统安全保护条例》第7条规定：“任何组织或者个人，不得利用计算机信息系统从事危害国家利益、集体利益和公民合法利益的活动，不得危害计算机信息系统的安全。”由此可见，法律和行政法规明确禁止非法侵入他人网络、窃取网络数据、危害计算机信息系统安全的行为，但未具体列举各种行为类型，只能做原则性掌握。而国家互联网信息办公室发布的《数据安全管理办法》第16条规定：“网络运营者采取自动化手段访问收集网站数据，不得妨碍网站正常运行；此类行为严重影响网站运行，如自动化访问收集流量超过网站日均流量1/3，网站要求停止自动化访问收集时，应当停止。”其较为具体地规定了自动化访问手段，即爬虫程序的合法边界，不得妨碍网站正常运行。

综上可以发现，针对爬虫行为的非法性只有原则性规定，并没有具体列举何种行为才是法律禁止的。此外，似乎只要不妨碍网站正常运行，对爬虫程序，法律表现出较为宽容的态度。在形式标准无法很好地界定刑事非法性时，为了避免刑事处罚范围的扩张，我们需要进行实质判断。

2. “非法性”的实质判断标准：与个人访问的非同质性

关于“非法性”的判断标准，理论界与实务界有着不同的看法。第一种，违反法律规定、爬虫协议以及强行突破反爬虫措施的行为都属于非法爬取。① 第二种，非法性表现为违背他人意愿进入系统，既包括采取技术手段进入，也包括未征得他人授权或同意进入。② 第三种，非法性只体现为违反国家规定，而不包括爬虫协议，也不包括突破限制访问的技术手段。③ 由此可见，认为“违反国家规定”构成“非法性”并无争议，但是对于违反爬虫协议、突破技术防护的进

---

① 参见刘艳红：“网络爬虫行为的刑事规制研究——以侵犯公民个人信息犯罪为视角”，载《政治与法律》2019年第11期。

② 参见游涛、计莉卉：“使用网络爬虫获取数据行为的刑事责任认定——以‘晟品公司’非法获取计算机信息系统数据罪为视角”，载《法律适用》2019年第10期。

③ 参见李颖、王冀：“数据抓取与非法获取计算机信息系统数据罪浅析”，https://mp.weixin.qq.com/s?__biz=MjM5NTUxNjk2MA==&mid=2650686576&idx=1&sn=954d7ff7d897725a2ab639960c4eb7e2&chksm=befda33f898a2a29189dd674b368bb3a6afa8c6f111e842845fc4801f6303c55fd83d09edefa&mpshare=1&scene=1&srcid=1113Ury52vGKU6EDqEaUvrzY&sharer_sharetime=1573632415415&sharer_shareid=908806d85e31f499c7c506c5bb7bd969&pass_ticket=iOEolZYFgTZo5nMWIZcOwabPJl0a1gVCfybKLic5TVFsCvwe0BbgdW%2FuVba6DO20#rd，最后访问日期：2019年11月12日。

入行为是否属于“非法”，争议较大。

笔者认为，对于“非法性”的判断不能完全依据爬虫协议或是采取技术措施，而应该结合爬虫程序访问与个人用户访问的异同来实质区分。个人用户在获得授权的情况下，可以自由地访问网页信息，浏览、复制或下载，不会带来违法犯罪风险。相似地，爬虫程序作为一种提高访问频率的计算机程序，在获得授权情况下，也可以自由地访问网页信息。同时，也只有允许爬虫技术的存在，各大搜索引擎、数据库检索系统等，才能在短时间内搜集海量数据，才能促进数据共享与流通，实现人类社会整体进步。如何区分合法的爬虫与非法的爬虫，可以从以下几个方面进行。

第一，信息数据是否公开。网页信息纷繁复杂，在判断爬虫行为非法性时，首先要判断访问的信息数据是否公开。如果爬取的是向公众公开的信息、数据，并且允许公众获取、复制、下载、转发，此时用户无论是通过人工点击访问，还是通过爬虫程序高频访问，都不构成非法访问。例如，案例 2 中，知数公司爬取的微博、新闻、招聘信息、电商数据（含店铺信息、商品信息、商品评价）、最高法院执行信息等，符合公开信息的特点，并且允许公众获取、复制、转发，相当于信息背后的数据失去了法益保护的必要性，允许公众共享。但是，如果仅针对有限 APP 用户开放，行为人未取得授权或者超出授权范围访问，无论是采用人工访问还是爬虫访问，都具有非法性。例如，案例 3 中，晟品公司爬取了“字节跳动公司”仅针对 APP 用户开放的视频数据，则具有刑事非法性。

第二，访问行为是否受限。如果网站信息不仅允许公众访问，且允许随意下载、复制、提供给他人，那么爬虫程序访问数据并复制传回的行为就不具有实质危害性，因为这些数据已经被网站管理者实质上的公开，属于公众共享的范围。但如果网站信息只允许公众浏览，并不允许任何形式的复制、传播，此时将相关数据复制传回，反向破译成信息的行为就具有违法性，因为这种行为实际上侵犯了计算机信息系统的数据隐私与安全。

3. 结论

爬虫协议作为爬虫领域的行业规范和道德准则，明确告知了网络爬虫者网页的哪些数据允许爬取、哪些禁止爬取。但是并不能依据爬虫协议的内容来判别非法性。这是因为爬虫协议有别于民法上的合同，不是基于双方自由意志的表达，而是由网页经营者单方设置，表达数据公开范围的格式条款。在此情形上，爬虫协议的设置不单单是符合行业规范的、出于自身网络信息的合理安排，而可能是基于各种利益的博弈。网页提供者通常会将“爬虫协议”所带来的竞争利益与该协议造成的访问流量损失之间进行比较。当前者大于后者时，网页经营者往往会选择设置严苛的“爬虫协议”，以此排挤竞争对手，并通过自己在搜索服务市场上的优势地位弥补这份损失，而由此造成的流量损失，最终都将由利用互联网服务的消费者承担。当后者大于前者时，可以推断设置“爬虫协议”的动机更为单纯，网页经营者无法通过自有的搜索引擎填补下降的访问流量，故而限制行为多出于对所拥有信息的自由安排，当属正常的自主经营行为，由此形成的合同亦应受到法律的承认与保护。① 因此，基于意思表达的不平等以及数据流通的需要，不能将网页经营者设置的爬虫协议作为判断依据。虽然排除了爬虫协议的刑事违法性，但并不意味着爬虫程序可以无视该协议，肆意爬取。如果爬取的数据没有对公众开放，且不允许公众复制、传播时，其行为依然应受到刑法规制。此外，违背爬虫协议的爬取行为，可以受到竞争法、知识产权法、合同法的规制。

网页经营者的另一反爬措施，表现为采用 IP 限制、验证码、登陆限制、数据伪装、参数签名、隐藏验证和阻止调试等。② 相应地，爬虫程序会采取反反爬虫措施，例如，绕开或破解身份验证、变更访问账户访问地址、模拟生成常用 user agent 等数据抓取方式，这也是目前数据搜索、加工行业中广泛采用的技术手段。③ 此类爬虫，似乎技术性更强，非法侵入的特征也更为明显，但究其本质依然是限制机器访问的措施，而非针对数据公开与否的限制。从技术角度看，大规模机器访问与个人用户访问只是单位时间内访问数量的差别。爬虫的访问只是提高了获取信息的效率，这种差别并非“允许”或“不允许”的差别，而是“快”与“慢”的差别。数据被抓取对象所采用的限制相同访问账户、限制相同访问地址等防御措施的目的，均仅在于分辨访问者是普通用户还是爬虫程序，而不是为了禁止用户访问。④ 此时，也应当依据爬虫访问与人工访问的同质性作为实质判断标准，如果爬取了超出访问权限的非公开数据，依然具有刑事违法性。

---

① 宁立志、王德夫：“‘爬虫行为’的定性及其竞争法分析”，载《江西社会科学》2016 年第 1 期。

② 参见贺思聪编：《爬虫实战从数据到产品》，电子工业出版社 2019 年版，第 5 - 10 页。

③ 参见李颖、王冀：“数据抓取与非法获取计算机信息系统数据罪浅析”，https：//mp. weixin. qq. com/s? _ _ biz = MjM5NTUxNjk2MA = = &mid = 2650686576&idx = 1&sn = 954d7ff7d897725a2ab639960c4eb7e2&chksm = befda33f898a2a29189dd674b368bb3a6afa8c6f111e842845fc4801f6303c55fd83d09edefa&mpshare = 1&scene = 1&srcid = 1113Ury52vGKU6EDqEaUvrzY&sharer _ sharetime = 1573632415415&sharer _ shareid = 908806d85e31f499c7c506c5bb7bd969&pass _ ticket = iOEolZYFgTZo5nMWIZcOwabPJl0a1gVCfybKLic5TVFsCvwe0BbgdW% 2FuVba6DO20#rd，最后访问日期：2019 年 11 月 12 日。

④ 参见李颖、王冀：“数据抓取与非法获取计算机信息系统数据罪浅析”，https：//mp. weixin. qq. com/s? _ _ biz = MjM5NTUxNjk2MA = = &mid = 2650686576&idx = 1&sn = 954d7ff7d897725a2ab639960c4eb7e2&chksm = befda33f898a2a29189dd674b368bb3a6afa8c6f111e842845fc4801f6303c55fd83d09edefa&mpshare = 1&scene = 1&srcid = 1113Ury52vGKU6EDqEaUvrzY&sharer _ sharetime = 1573632415415&sharer _ shareid = 908806d85e31f499c7c506c5bb7bd969&pass _ ticket = iOEolZYFgTZo5nMWIZcOwabPJl0a1gVCfybKLic5TVFsCvwe0BbgdW% 2FuVba6DO20#rd，最后访问日期：2019 年 11 月 12 日。

### （二）侵犯公民个人信息罪的入罪分析

在数据抓取和数据使用环节，都有可能构成公民个人信息罪。根据《刑法》第253条之一第3款的规定，“窃取或者以其他方法非法获取公民个人信息的，依照第1款的规定处罚。”利用爬虫技术抓取的数据如果属于“已公开”的公民个人信息，还能否认定为犯罪？在某些软件强制用户授权后再抓取数据的行为还能否认定为“非法获取”？下文针对这两个问题作进一步讨论。

1. “公民个人信息”的认定

根据2017年最高人民法院、最高人民检察院《关于办理侵犯公民个人信息刑事案件适用法律若干问题的解释》第1条的规定，“公民个人信息，是指以电子或者其他方式记录的能够单独或者与其他信息结合识别特定自然人身份或者反映特定自然人活动情况的各种信息”，其还具体列举了财产状况、行踪轨迹等内容。该解释第5条根据个人信息分级、分类保护的原则将个人信息划分为三类：其一，行踪轨迹信息、通信内容、征信信息、财产信息；其二，住宿信息、通信记录、健康生理信息、交易信息等其他可能影响人身、财产安全的公民个人信息；其三，其他公民个人信息。在此类案件中，爬虫软件收集到的公民基本信息、身份信息、财产状况、行踪轨迹、通信信息等都属于刑法意义上公民个人信息的范畴。

2. 抓取公开的公民个人信息不属于“窃取”

对于互联网上已公开数据的爬取，还是否需要用户或平台的授权？是否构成本罪的“窃取”呢？

首先，根据《中华人民共和国民法典》（以下简称《民法典》）第1037条规定，“处理个人信息，有下列情形之一的，行为人不承担民事责任：……（二）合理处理该自然人自行公开的或者其他已经合法公开的信息，但是该自然人明确拒绝或者处理该信息侵害其重大利益的除外……”由此可见，收集自然人自行公开或者合法公开的信息，不承担民事责任，除非自然人明示拒绝或者侵害重大利益。

其次，结合司法实践，在广东省深圳市中级人民法院发回重审的侵犯公民个人信息罪的案件①（本案相关裁判文书尚未公开）中，深圳中级人民法院不认可深圳市罗湖区人民法院将“企业根据法律法规规定或为经营所需而公开的企业

---

① “主动公开的相关企业信息是否属于刑法意义上的公民个人信息”，https：//mp. weixin. qq. com/s? _ _ biz = MzIxOTU0ODE0Mw = = &mid = 2247483937&idx = 1&sn = 7299b784d212f6226fbf87f05183a02c&chksm = 97d8d2a1a0af5bb77341e30ac3e660f45c4b7c473922925ac3f1d408e22c96416534a9674254&mpshare = 1&scene = 1&srcid = 1004FhcfshEDSx4ZS3elkFeD&sharer_sharetime = 1573373781179&sharer_shareid = 908806d85e31f499c7c506c5bb7bd969&pass_ticket = yuK scd6LdR05ckPGigyfxbTsB6dZiU%2FL6Jvp1tp3qUQ6SzYXunRo2fKbuZ3EozSR#rd，最后访问日期：2019年11月10日。

信息（即使包含个人姓名、联系方式）”认定为刑法意义上的公民个人信息，因此以事实不清、适用法律错误为由撤销原判，发回重审。由此可见，爬取网站上公开的数据信息，实务中无论从民事责任还是刑事责任角度，都倾向于认定为合法行为，但后续未经被收集人同意，非法出售谋利行为可能构成侵犯公民个人信息罪，但爬取行为一般不具有刑事违法性。

3. 经过用户授权的抓取数据行为不属于“非法获取”

除了上述未经授权直接窃取信息的行为外，爬虫软件更为普遍的运作模式为，在用户注册 App 时强制授权访问数据权限，或是主动提交其他平台的账号密码，从其他平台中爬取数据。此类行为的共性特点为，都得到了用户形式上的“授权”，无论是扫码登录、提供账号密码，还是注册时勾选服务协议，默认同意服务权限条款，看似都获得了用户真实、自由的意思表示，那么，获得该授权能否排除行为的违法性？

有观点认为，仅获得形式“同意”的外观而实质上未取得有效授权，仍应认定为“非法获取”。理由为：第一，授权的获取带有强制性。用户为了正常使用 App 而勾选了服务协议，如果不授权则无法继续使用，这样强制授权的行为已经破坏了用户意思表示的基础，并非出于用户自愿而作出，因此形式上的同意不能生效。第二，根据《信息安全技术移动互联网应用（App）收集个人信息基本规范（草案）》（以下简称《App 收集信息（草案）》），[①] 规定了各项服务类型正常运行所必需的个人信息范围。其中，金融借贷类服务需要的最少信息包括：网络日志、手机号、身份证信息、银行账户信息、个人征信信息、紧急联系人信息、借贷交易记录。并不包括读取通讯录、支付宝账号、微信账号、定位服务等附加权限，因此即使获得了用户授权，也属于过度索权的行为，爬取相关数据依然具有违法性。

但笔者并不认同上述观点。第一，虽然强制授权的行为在一定程度上限制了公民意思表示的自由，但在发出授权要约时明示、真实、有效，并未欺骗用户，此时，无论用户的目的是自愿授权还是无奈授权，均不影响其意思表示的真实性和有效性，因为作出承诺的那一刻，不存在欺诈、恶意串通、重大误解等影响合同效力的情形。虽然目前 App 收集个人信息乱象丛生、强制授权、过度收集屡见不鲜，但只要用户对于授权申请存在明确的认知，无论目的和动机为何，只要同意了收集，就可以排除抓取数据行为的违法性。第二，相关 App 如果通过虚构事实、隐瞒真相的方式欺骗用户授权或者提供支付宝、微信账户密码时，则授

① “信息安全技术移动互联网应用（App）收集个人信息基本规范（草案）”，http://www.cac.gov.cn/1124853418_15652571749671n.pdf，最后访问日期：2019 年 11 月 10 日。

权意思表示不再真实有效，可以认定未经用户授权而非法获取，该行为依然具有刑事违法性。虽然收集数据行为合法，但后续大数据公司向网贷 App 出售数据信息的行为，如果未征得用户同意，依然可能构成侵犯公民个人信息罪。

### （三）与下游犯罪的共犯问题

在使用数据环节，大数据公司将抓取到的数据出售或提供给网贷平台，为下游犯罪的实施提供了信息支持。那么，作为数据提供者的爬虫公司是否需要对下游犯罪承担刑事责任呢?

笔者认为，是否成立下游犯罪的共犯，应当区分共犯结合关系和犯意联络紧密程度分类处理。如果信息提供者对购买信息者的用途、将要实施的犯罪行为，并不明知，主观上也没有意思联络，客观上也遵循商业惯例交易，无从得知后续犯罪的信息，此时，不能成立下游犯罪的共犯，仅成立侵犯公民个人信息罪一罪。如果信息提供者主观上知道或者应当知道信息购买者将要利用信息从事诈骗、敲诈勒索等犯罪活动，却依然向其提供信息，此时就可能成立下游犯罪的共犯。根据双方意思联络的紧密性及客观行为的结合程度，如果对于实施“套路贷”、诈骗犯罪等有密谋、分工、协作，那么可以将前期收集信息的行为认定为诈骗罪的预备行为，信息提供者也可能被作为共同犯罪的一员进行处罚。

## 四、结语：互联网金融的数据获取之路该走向何处

当我们进入信息时代，海量数据资源构成了我们认识世界、预测发展的基础，而互联网金融得以蓬勃发展，与传统银行业务比肩，也是得益于“大数据的滋养”。为了更高效、更精准地提取有用的数据，爬虫程序被作为一项中立技术被开发出来。不可否认，通过模拟人工点击的爬虫技术确实大大提高了数据的使用价值，也为金融行业的风控分析提供了宝贵的信息支持。然而，数据信息被一些不法分子滥用后，衍生出的下游犯罪，如精准诈骗、“套路贷”、暴力催讨等，严重威胁到公众的人身与财产安全。此时，刑法作为最严厉的处罚手段，也要对源头的信息供给行为予以打击。但需要我们思考的是，抓取数据的行为真的符合相关犯罪的入罪条件吗？此时，需要对构成要件进行实质解释，而非仅从形式上判断，同时需要树立数据流通和数据共享的意识。在理解“非法”时，并不是单单以被抓取信息一方的意愿作为评判标准，而应当以“国家规定”作为评价依据。刑法应该保持谦抑和克制，在前置法可以规制的情况下，不宜动用刑法再予以处罚。基于行业普遍的技术手段予以宽容和认可，对技术人员违法性的判断也多些倾听。

国家层面已经认识到数据行业的未来发展，加快了相关立法的进程。《数

据安全管理办法》《个人信息出境安全评估办法》《移动互联网应用（App）收集个人信息基本规范》等一系列制度文件，目前已经在公开征求意见。相信在法律法规不断完善的前提下，大数据行业会逐渐摆脱野蛮发展的路径，互联网金融也会继续得到数据的滋养，从而为小额贷款人提供更普惠的金融服务，也相信通过刑法的打击，使下游犯罪数量大大降低，从而营造良好的数据产业发展之路。

# 论大数据时代侵犯公民个人信息罪之告知同意原则

江海洋*

**摘　要**：大数据时代，告知同意原则是个人信息收集、使用最重要的合法性原则之一，就侵犯公民个人信息罪而言，同意原则亦是不法阻却事由。由于信息科技的发展，告知效果的虚化、同意之“理性人”基础受到冲击、同意原则与大数据技术模式功能相抵牾，告知同意原则的正当性与合理性受到质疑。然而，告知同意原则在现实中具有不可替代性，其理论基础不可放弃，告知虚化问题可以解决，因此只需要对其适度改造即可。对个人信息按蕴含的利益进行类型化区分，即分为与人格尊严直接相关的个人信息（敏感信息）和与人格尊严没有直接关系的个人信息（一般个人信息），对不同类型的个人信息进行有梯度的保护。灵活运用不同的同意模式、采用多视角解释方法以及注重多种利益衡量，对目前大数据技术对数据二次利用及组合利用、同意或离开二选一情境下同意的任意性等问题，进行类型化分析，进而判定同意是否有效、是否可以作为侵犯公民个人信息罪的不法阻却事由。告知同意原则不是万能的，欲实现个人信息的保护与流通的平衡，也应注意使用其他合法性事由。

**关键词**：大数据；告知同意；侵犯公民个人信息；出罪事由；类型化区分

## 一、告知同意原则——侵犯公民个人信息罪不法阻却事由

在当今大数据时代，个人信息的保护与流通矛盾开始突显：一方面，个人信息蕴含着社会成员隐私权等各种权利，需要法律对其进行保护；另一方面，个人信息的流通、共享与利用又是当今商业发展创新、社会治理的必然要求。为此，世界各国往往都会绞尽脑汁平衡个人信息保护与流通之间的关系。告知同意原则往往被认为是第三方合理使用个人信息的基础，以2018年5月生效的欧盟《一般数据保护条例》（GDPR）为例，虽然其第6条规定了数据主体同意、履行法

* 江海洋，北京大学法学院2018级博士研究生。

定义务、合同履行、保护重要利益、公共利益以及控制者优先利益 6 种数据合法性处理事由，但是由于除“同意”原则外的其他 5 种合法性原则适用条件严苛，而且具有高度不确定性，无论在理论上还是实践中，都很难撼动“同意”原则的主流和基础地位。[①] 与欧盟单一立法全面适用不同，美国采取的是一种部门式立法，这是根基于美国较少依赖政府管制力量而较多依赖市场力量与市场自律的传统。虽然美国仅在特定领域就特定类型个人信息或其特别处理方式由特殊立法进行规定，但是也要求在处理个人信息之前取得信息主体的同意。总体而言，将同意作为个人信息处理之正当性基础已渐成一种趋势，并获得了普遍承认。

我国并没有专门的个人数据或信息保护法，对个人信息的保护与利用的规定都散见于其他法律之中，“同意”原则也在各个法律中有所规定。《中华人民共和国消费者权益保护法》（以下简称《消费者权益保护法》）第 29 条规定：“经营者收集、使用消费者个人信息，应当遵循合法、正当、必要的原则，明示收集、使用信息的目的、方式和范围，并经消费者同意。”《中华人民共和国网络安全法》（以下简称《网络安全法》）第 41 条规定：“网络运营者收集、使用个人信息，应当遵循合法、正当、必要的原则，公开收集、使用规则，明示收集、使用信息的目的、方式和范围，并经被收集者同意。”《刑法》第 253 条侵犯公民个人信息罪专门为个人信息的保护与利用划定了刑事边界，刑法第 253 条并未明文规定“同意”为出罪事由，那么根据目前学界通说“同意”原则上是本罪的不法阻却事由？这就需要基于本罪法益出发，考虑是否本罪法益的不同界定对“同意”原则的影响，若是将本罪法益界定为个人法益，则无论是消极隐私权说，[②] 还是积极隐私权说，[③] 抑或是公民人格尊严与个人自由说，[④] 信息主体之同意都可以作为侵犯公民个人信息罪的出罪事由；若是将本罪法益界定为超个人法益，只要采超个人法益都可与个人法益相连接并推导出个人法益的主流观点，即法益必须与人相关联，由人所制定或认可的法，不可能与人没有关系，刑法的目的显然是保护“人”的利益，只有人的利益才能称为法益。[⑤] 那么，就可以认为信息主体之“同意”仍然是不法阻却事由，因为个人信息无论是被界定为隐私权还是信息自决权，此种权利个人都有处分的自由，因此对个人信息蕴含的权利集合的处理自然可以为所有信息主体共同之“同意”所正当化。

---

① 京东法律研究院：《〈欧盟数据宪章〉评述及实务指引》，法律出版社 2018 年版，第 52 页。

② 参见蔡军：“侵犯个人信息犯罪立法的理性分析——兼论对该罪立法的反思与展望”，载《现代法学》2010 年第 4 期。

③ 参见刘艳红：《刑法学（下）》，北京大学出版社 2016 年版，第 253 页。

④ 参见高富平、王文祥：“出售或提供公民个人信息入罪的边界——以侵犯公民个人信息罪所保护的法益为视角”，载《政治与法律》2017 年第 2 期。

⑤ 参见张明楷：《法益初论》，中国政法大学出版社 2003 年版，第 166－170 页。

## 二、大数据时代告知同意原则之质疑

告知后同意原则建构的基础主要来自于两种理论思考。一是本于信息隐私概念乃意指控制与自身相关信息之权利，因此信息隐私保护就在确保信息主体的信息控制权限。① 二是来自于自由市场概念。在自由市场下，信息主体、信息控制者与信息使用者，自然会就信息的使用与信息隐私保护间，找到最佳的平衡点。② 目前欧盟《一般数据保护条例》第13条、第14条详细规定数据控制者在向数据主体获取其个人数据或并非从数据主体处获取个人数据时应向数据主体告知的信息，其中包括控制者的身份和联系方式、个人数据处理目的以及处理的法律依据、个人数据的存储期限与期限的确立标准、数据保护官的联系方式、数据主体对其数据获取修改一系列权利以及个人数据接收方的种类等。

但是，在大数据时代，无论告知还是同意都在某种程度上偏离了原先制度设定的轨道，个人信息的收集方式与运用发生了翻天覆地的变化。在当今，个人信息收集无处不在，无论是在工作、生活抑或学习上，个人信息都会被各种公私主体有意无意地收集。个人信息频繁地被收集和处理以及信息控制者多方共享，既提升了获取每个信息主体同意的难度与成本，又使信息主体的个人在面对海量的隐私政策告知信息时，基本很少有人会认真阅读，大多都直接点击同意，告知的有效性往往会大打折扣。另外，个人信息的风险不仅仅来自于盗用者，也来自大数据的运用。以前数据收集能力远高于分析解读能力，许多数据收集后就只是摆放着，但是现在这种趋势正逐渐改变。尤其在某情境脉络下所提供的数据，可能会以完全想不到的方式被他人运用，甚至造成严重后果。例如，美国百货业者Target由完整购物纪录加上购买的人口统计数据库整合比对后推断，而缔造了业者比父亲还更早知道女儿怀孕的奇闻。另外，英国研究人员根据手机主人过去的数字足迹，再使用基本分析技巧，即可推断24小时后该手机主人大概身处何方，误差不超过几平方米，这对广告营销者（或跟踪狂）来说将无比实用。③ 面对大数据科技的冲击，告知同意原则被广为质疑。

### （一）告知效果的虚化

在大数据时代，个人信息的价值日益凸显，企业、商家等各种机构总是通过

---

① See Helen Nissenbaum, A Contextual Approach to Privacy Online, Washington Law Review, Vol. 79, Issue 1 (2004), p. 140.

② See Paula J. Bruening & Mary J. Culnan, Through a Glass Darkly: From Privacy Notices to Effective Transparency, North Carolina Journal of Law & Technology, Vol. 17, Issue 4 (2016), pp. 515－519.

③ 参见［英］维克托·迈尔－舍恩伯格、肯尼思·库克耶：《大数据时代》，盛杨燕、周涛译，浙江人民出版社2013年版，第5－9页。

各种各样的途径收集个人信息，除去那些没有通过隐私条款告知信息主体的信息收集者，很多信息收集者的隐私条款晦涩、冗长、难懂，隐私条款涉及繁杂专业的术语，一般人根本很难看懂。即使在国家的推动下采取对消费者有利的简化、易懂的隐私条款，隐私条款数量过多的问题也很难解决，因为当今社会的普通人可能一天就会浏览上百个网站，与无数公司（公用事业公司、保险公司、技术公司、旅游公司、金融公司等）进行线上和线下的商业活动，假设一个网站的隐私政策是1000字，那么每个人的每天的定量就在10万字左右。而且许多网站又经常修改其隐私政策，这就造成信息主体不得不重新阅读。抛开信息主体自身的阅读意愿不谈，仅仅从时间金钱成本考虑，也得不偿失。美国的一项研究表明，如果每个人在一年内都能在他们访问的网站上阅读每一份隐私政策，一年内花费的时间将达到538亿小时，换算成经济成本大概是7810亿美元。[①]

（二）同意理论基础之“理性人”质疑

告知同意原则的理论前提是预设信息主体是“理性人”，“理性人”的信息主体在被告知的情况下，有能力就是否同意他人收集、使用处理其个人信息作出自身利益最大化的决策。但是在大数据时代，信息主体的“理性人”假定，面临着内部性信息决策困境与外部性决策困境，从而削弱了信息主体作出知情的理性决策的实际能力，大大影响了“告知同意”原则的实效。[②] 理查德·塞勒（Richard Thaler）和卡斯·桑斯坦（Cass Sunstein）教授指出，几乎所有人在所有时间都在作出最符合自己利益的选择，或者至少比别人作出的选择要好的假设是错误的。[③] 传统理性主体模型在人类决策过程中有其固有缺陷，因为人们通常是根据启发式和构建选择的方式来作出决定的。人们的理性具有有限性，与生俱来的有限理性限制了人们获取、记忆和处理所有相关信息的能力，它使我们依赖于简化的思维模型、近似策略和启发式。对信息风险的评估也为“可用性启发式”（availability heuristic）所扭曲，即人们认为熟悉的危险比不熟悉的危险更危险。[④] 隐私偏好不是抽象的，而是具体的。隐私政策制定的方式，以及许多其他因素，塑造并倾向于扭曲隐私偏好，信息主体感到其自身能够控制时，更愿意分享个人数据，无论这种控制是真实的或虚幻的。更普遍的说法是，“当人们感到

---

① See Leecia M. McDonald & Lorie Faith Cranor, “The Cost of Reading Privacy Policies”, A Journal of Law and Policy for the Information Society, Vol. 4, No. 3 (2008), pp. 540 - 541.

② 参见吴泓：“信赖理念下的个人信息使用与保护”，载《华东政法大学学报》2018年第1期。

③ See Solove, Daniel J., Introduction: Privacy Self-Management and the Consent Dilemma°, Harvard Law Review, Vol. 126, Issue 7 (2013), p. 1887.

④ See Richard H. Thaler & Cass R. Sunstein, Nudge: Improving Decisions About Health, Wealth, and Happiness, Yale University Press, 2008, p. 25.

掌控局面时，他们更愿意承担风险，并认为这些风险不那么严重。”① 但是，许多信息损害在本质上是累积性的，随着时间的推移，以及个人信息的不断整合和再使用，损害可能会在将来的某个时点爆发，而这都是信息主体当初并不能预见的。② 在大数据时代，信息主体即使在被告知的前提下，其同意的决定除了受本身内部有限理性的限制外，也会受外部性因素的影响。

（三）与大数据技术发展模式、功能及现实相抵牾

现行的告知后同意原则，乃是基于信息主体在信息收集之前或当时被告知的信息，作出同意信息被收集、使用的决定。亦即，收集时的同意效果，将贯穿在受告知内容下的所有信息处理、利用阶段。然而，随着科技的不断发展，尤其是大数据技术的不断精进，对于已收集取得的信息作出原收集目的外的使用，或拿来与其他个人信息作组合分析使用，逐渐成为市场的常态。申言之，以自由市场机制支持当事人自主选择原则的主张，将因大数据技术的不断发展创新，而无法有效运作。在信息的收集、处理或利用的任一阶段，随时都可能发生当初信息主体在信息收集同意时，所未预期到的处理、利用方式，或所未预期的第三者使用其个人信息的情形出现。此种对于信息为原始目的外的使用行为，正是大数据挖掘分析运用的一项主要特征。大数据技术的运作原理就是立基于尽其可能收集愈多的信息以因应未来无法预期的使用。③ 原则上讲，只要没有获得同意，信息处理就是违法的。而大数据技术具有高频次、自动化、专业化、场景复杂性等特征，若是要求信息处理者对每一次利用都要再次获得信息主体同意，则会将极大地损害其效率，更重要的是在实践中往往是很难做到的，在某些情况下甚至是不可能的。④ 若要彻底贯彻告知后同意原则以保护信息隐私，则无可避免地将对大数据的发展造成阻碍。另外，在大数据时代，信息主体在原始的收集、使用目的下所为之同意，也会产生无限扩张至往后信息所有的再使用或组合使用之效果，著名案例有谷歌流感预测。⑤ 此种以收集阶段的同意，无限贯穿或扩张至所有的（不论是目的内或目的外）信息处理、利用行为之告知后同意原则，造成人们对信息隐私权保护之担忧。

---

① Solove Daniel J, Introduction: Privacy Self-Management and the Consent Dilemma°, Harvard Law Review, Vol. 126, Issue 7 (2013), p. 1887.

② 参见吴泓：“信赖理念下的个人信息使用与保护”，载《华东政法大学学报》2018 年第 1 期。

③ See Cranor, Lorrie , Panel I: Disclosure and notice practices in private data collection, Cardozo Arts & Entertainment Law Journal, Vol. 32, Issue 3 (2014), p. 807.

④ 参见田野：“大数据时代知情同意原则的困境与出路——以生物信息库的个人信息保护为例”，载《法制与社会发展》2018 年第 6 期。

⑤ 参见［英］维克托·迈尔－舍恩伯格，肯尼思·库克耶：《大数据时代》，盛杨燕、周涛译，浙江人民出版社 2013 年版，第 3－4 页。

面对告知同意的困境，有民法学者认为在大数据时代，应全面放弃告知同意原则。[①] 虽然上述对告知同意原则的质疑与批判主要是民法学者，就刑法而言，也具有重要意义。一方面，考虑到法秩序的统一性，若是其他法律认为在大数据时代，告知同意原则已经没有修补调整的可能性，信息主体作出的同意不是具有任意性或者不可能自由作出同意，那么刑法也不得不重新审视信息主体同意作为侵犯公民个人信息罪出罪事由的合理性。在考虑信息主体同意是否可以作为侵犯公民个人信息罪的出罪事由时，不可避免地需要考虑大数据时代个人信息的收集与运用的变化对信息主体同意效力以及同意方式的影响。一般认为，同意要具有任意性与真实性，基于胁迫而被压制的同意无效，以及基于被欺骗而产生认识错误也会影响同意的效力。[②] 另一方面，就同意的方式而言，刑法理论中有意思表示说与意思方向说，同意方式的选择也会对个人信息的保护与流通造成极大影响，换言之，信息主体同意方式的选择对于个人信息的保护与流通之间的平衡具有重要意义。

## 三、大数据时代告知同意原则放弃不可行

大数据时代，面对告知同意原则的缺陷，有学者提出应对告知同意原则进行改良，以基于场景的风险管理理念重构告知同意原则。[③] 还有学者综合考虑各种改良方案指出应对个人信息进行分类并设立隐私评估系统，适当拓宽择入式同意的适用范围，以行业引导方式提供隐私政策模板。[④] 更有激进的学者通过否定告知同意原则解决“信息不对称”的能力以及个人信息自决权，进而认为同意本身缺乏必要性和真实性且不符合经济考量，而且大量的例外规定会削弱同意效力，因此主张同意原则应被放弃，认为对个人信息处理行为的规制不能一味严格，应以防止滥用为原则，对个人信息处理行为是否具有正当性，应基于判断的方式并坚持采用责任规则。[⑤] 若是应时代变化，对个人信息的流通与处理而言，告知同意原则不具有正当性，则就侵犯公民个人信息罪而言，同意亦不能为不法阻却事由。不可否认，上述对告知同意原则的批判在某种程度上以当前大数据时代的某些现象为基础，具有一定的现实性。但是，并不能因此一叶障目，且不说无论是理论上的通说抑或实践中的通行做法，众多国际组织和国家均将个人信息

① 参见任龙龙：“论同意不是个人信息处理的正当性基础”，载《政治与法律》2016年第1期。

② 参见［日］山口厚：《刑法总论》，付立庆译，中国人民大学出版社2018年版，第167页。

③ 参见范为：“大数据时代个人信息保护的路径重构”，载《环球法律评论》2016年第5期。

④ 参见万方：“隐私政策中的告知同意原则及其异化”，载《法律科学》（西北政法大学学报）2019年第2期。

⑤ 参见任龙龙：“论同意不是个人信息处理的正当性基础”，载《政治与法律》2016年第1期。

处理的正当性建立于同意之上，[①] 就针对大数据时代告知同意原则的不足，也不是没有办法予以弥补。

### （一）告知虚化问题可以解决

首先，针对告知虚化的问题。针对告知信息主体的隐私政策的繁杂、冗长，信息主体不愿看、看不懂的情况。事实上并不难解决，可采取简短、白话语句的使用及分层次说明方法。比较早期的尝试乃着眼于设计较短内容的隐私权政策，并要求使用白话语句与文字说明，使人易于理解。此外，欧盟数据保护工作小组（Article29 Data Protection Working Party）于2004年提出的《更加协调的信息规定意见书》中，支持以“多层次告知”（multi-layered notice）概念取代过长的告知内容。由于欧盟个人信息保护小组认为，告知信息并不必须要显示在同一份文件上或同一网页页面上，只要各个分开的告知信息结合起来后，可以满足欧盟数据保护95指令规定的告知要求即可；[②] 而分层次的说明方式，对信息主体而言，能够在短时间（当事人比较愿意在不过度花费时间的前提下阅读隐私权政策）内快速地初步理解信息被谁、基于何种目的收集、使用。欧盟数据保护工作小组提出的分层次告知法，可分为下列三种层次：第一层属于“简短告知”（the short notice），告知内容是欧盟数据保护95指令第10条规定要求的必要信息或核心信息，即信息控制者的身份与联络信息，及收集、使用信息之目的的信息。甚至当可作为展示告知的空间受限制时，例如，行动购物网站上的隐私权政策受限于设备的画面窄小情况下，可使用“超简短告知”（the very short notice）方式；第二层属“浓缩告知”（the condensed notice），所告知的内容包括所有欧盟数据保护95指令要求须告知的信息。这些信息包括公司名称、信息处理目的、信息收受者的类别、回复与否是强制性或是自愿性以及未回复的可能后果、信息移转第三人的可能性、接近、修改及反对的权利、个人可享有的选项；第三层为“完整告知”（the full notice），告知内容必须包括所有欧盟国家的法律要求与特异性；告知方式可选择添附各国联系信息的连接网址。[③]

另外，也有学者指出，使用标准化格式进行隐私权政策告知，对于信息主体而言，也比较容易理解；且若企业间都使用大致相同的格式进行隐私告知，信息主体也具有更强的预见可能性。[④] 还有学者主张，可以体验式告知（visceral

---

① 参见任龙龙：“论同意不是个人信息处理的正当性基础”，载《政治与法律》2016年第1期。

② Article 29 Data Protection Working Party.

③ See Article 29 Data Protection Working Party（WP29），Opinion 10/2004 on More Harmonisd Information Provisions.

④ See Federal Trade Commission, Protecting consumer privacy in an era of rapid change: recommendations for businesses and policymakers (2012), pp. 61 – 64.

notice），亦即，告知的内容应少一点文字、多一点互动交流，此种方式以心理学方法，着重人们曾经的行为经验，以过往的行为经验为基础，提升人们重视隐私权政策的可能，有利于引起消费者阅读隐私权政策的意愿。① 值得注意的是，Ariel Porat 教授和 Lior Jacob Strahilevitz 教授在其开创性的文章中指出，个性化可以用来设计针对特定个人的披露，以增加信息的相关性，并减少信息过载的风险。② 事实上，随着信息技术的发展和数据收集、存储和处理成本的下降，对大量非结构化数据（大数据）的分析可以作为一种监管工具对信息披露起到变革性的作用。借助于大数据，可以为消费者提供适合他们的情况、性格、人口统计特征和认知能力的信息。提供这种行为上知情的（个性化的）信息而不是标准化的（非个人的）信息可以增加信息的个人接收者披露的相关性。③

（二）同意原则之理论基础不可放弃

有必要指出的是信息自决权是源于德国的概念，与源于美国的信息隐私权的区分在学界存在争议。④ 但是，无论是信息自决权还是信息隐私权都强调一种个人信息自主控制权。信息自主控制体现了个人主体的地位，个人对其个人信息的控制决定是一种自治的表现。有学者指出，在大数据时代，信息主体对于个人信息的控制本身就是一种利益。由于现今存储有关个人信息的技术手段时间不受限制，而且借助大数据处理技术，无论距离远近，可以在几秒之内获取信息。而且这些信息可以和收集的其他数据相组合，尤其是当建立综合性系统数据时，可以产生部分或者相当完整的人格图像，而信息主体却没有有效的手段控制其准确性和用途。在此种情况下，公众关注可能会造成个人心理压力，进而可能还会影响个人的行为，而获取信息和施加影响的可能会增加到什么程度现在还不得而知。⑤ 因此，对于个人信息赋予控制利益的保障，具有担当信息隐私保护控制阀的效果。否认个人对自身信息的控制能力，是对个人主体地位的否定，建立在对个人不信任的基础之上。主张废除告知同意原则的学者往往将对个人信息保护的希望寄托于某种外部力量，诸如信息处理者信义义务的履行、主管机构的监督。

---

① See M. Ryan Calo，Against Notice Skepticism in Privacy（and Elsewhere），Notre Dame Law Review，Vol. 87，Issue 3（2012），pp. 1027－1032.

② See Ariel Porat and Lior Jacob Strahilevitz. Personalizing Default Rules and Disclosure with Big Data，112 Mich L Rev 1417（2014）.

③ See Christoph Busch . The University of Chicago Law Review ，Vol. 86，No. 2，Symposium：PersonalizedLaw（March 2019），pp. 309－332.

④ 参见王泽鉴：《人格权法》，北京大学出版社 2013 年版，第 208 页；王利明："论个人信息权的法律保护——以个人信息权与隐私权的界分为中心"，载《现代法学》2013 年第 4 期。

⑤ 参见刘金瑞：《个人信息与权利配置——个人信息自决权的反思和出路》，法律出版社 2018 年版，第 71 页。

这些学者的内在逻辑是，只要个人信息处理对信息主体是无害的，就可以任意处理。然而，即使是“无害”的信息处理，如果信息主体不愿意，亦不能强行为之，不顾信息主体自身意愿直接进行“无害”的个人信息处理，本身就是一种自决机会丧失的尊严损害。①

（三）同意模式具有现实的不可替代性

无论是将数据隐私视为基本权利和自由的一种，而采“权利话语”（rights talk）的欧盟，还是将数据隐私视为市场利益的一种，而采“市场话语”（market discourse）的美国，② 告知同意原则在平衡个人信息保护与流通中都具有不可替代的作用。欧盟自不待言，其主要以告知同意为基础，辅之以例外构建其个人信息法律制度。就美国而言，其对个人信息的规制采取一种部门立法形式，即在某些特定领域就特定类型个人信息或其特别处理方式由特殊立法进行规定，在很多情况下也要求在处理个人信息之前征得信息主体的同意。联邦贸易委员会（Federal Trade Commission，FTC）向国会所提出的报告指出了，有助于建立公平信息惯例（fair information practices）的 5 项核心原则，其中，最重要者为通知注意及选择同意。③ 类似地，美国某些法律例如《金融服务现代化法》《儿童在线隐私权保护法案》《影视隐私保护法》等法律也规定了信息主体同意原则。④ 可以看出同意基础作为一种趋势，在美国也得到了认可。事实上，正如有学者所言，同意原则是“事先预防”型个人信息保护机制的重要体现，废除同意原则的后果必然是整个社会将注意力转向侵犯个人信息的“事后救济”。但是，“事后救济”一般救济成本高昂，更为重要的是某些个人信息的不当流通和处理将对信息主体造成难以挽回的伤害，这种伤害或损失可能难以通过物质补偿等形式得到救济。⑤ 不可否认的是，无论是“事先预防”还是“事后救济”，在个人信息的规制中，都有其地位，只不过每个国家根据自身文化习惯、历史传统等因素会有所偏重而已。在目前，可以说还找不到一种比同意更有效的保护个人信息的方法。“在个人和信息处理者的不对等关系中，权利人同意是一个最好的

---

① 参见田野：“大数据时代知情同意原则的困境与出路——以生物信息库的个人信息保护为例”，载《法制与社会发展》2018 年第 6 期。

② See Paul M. Schwartz&Karl – Nikolaus Peifer, Transatlantic Data Privacy Law, Georgetown Law Journal, Vol. 106, Issue 1 (2017), p. 116.

③ See Fred H. Cate, Protecting Privacy in Health Research: The Limits of Individual Choice, California Law Review, Vol. 98, Issue 6 ( 2010), pp. 1765 – 1766.

④ 参见高富平：《个人数据保护和利用国际规则：源流与趋势》，法律出版社 2016 年版，第 24 – 28 页。

⑤ 参见王籍慧：“个人信息处理中同意原则的正当性”，载《江西社会科学》2018 年第 6 期。

制约性权利。”[①] 特别是对于《刑法》规定侵犯公民个人信息罪的出罪而言，同意原则在刑法理论中作为出罪事由，可以说已经为理论界与司法实务所广为承认，若否定该原则，以其他原则代替，其出罪的正当性问题存在疑问，极容易出现定罪易、出罪难的司法乱象。

## 四、大数据时代告知同意原则之改造

为应对大数据时代告知同意原则的困境，有必要对告知同意原则进行符合时代特征的改造，使之符合大数据的发展模式，充分实现告知同意原则对个人信息保护与流通平衡的调节机能。不可否认，告知同意原则存在一定的不足，就“告知”的虚化而言，解决方案已经很清晰，只有信息主体提升权利意识以及信息收集者创设简单易懂的隐私政策，问题应不难解决。正如学者所言，在法律制度实施中成本总是难免的，知情同意因大数据而增长的成本与负担，如果对于维护人格尊严是必要的，那么就是应当承受的。[②]

### （一）刑法中同意原则新问题

对“同意”原则的质疑本质上即是个人信息收集利用效率与个人信息的保护的平衡问题，主要体现在以下几方面。

1. 大数据时代信息组合利用或二次利用问题

目前“同意”原则是以信息主体在信息收集当下所被告知的信息，作出同意个人信息被收集、使用的决定，收集时的同意效果，将贯穿在受告知内容下的所有个人信息的处理、利用阶段。然而，随着科技的不断发展，尤其是大数据挖掘与分析技术的不断精进，对于已收集取得之个人信息作出原收集目的外的使用，或拿来与其他个人信息作组合分析使用，已经逐渐成为市场的常态，这也是大数据技术的功能和魅力所在。这就造成在个人信息的收集、处理或利用的任一阶段，随时都可能有当初信息主体在作出个人信息收集同意决定时，所没有预期的处理、利用方式情形出现。此时，信息收集者是否需要再次获取信息主体的同意？若严格遵循告知同意原则，不可避免会影响到个人信息的利用效率，也在某种程度上影响国家的大数据发展战略的实现；若是采一次同意、无限利用的观点，则可以过于弱化个人信息的保护，有损信息主体的人格尊严，甚至造成其他严重后果。

就刑法而言，超出当初告知信息主体个人信息使用目的，在告知使用目的外

---

① 徐丽枝：“个人信息处理中同意原则适用的困境与破解思路”，载《图书情报知识》2017年第1期。

② 参见田野：“大数据时代知情同意原则的困境与出路——以生物信息库的个人信息保护为例”，载《法制与社会发展》2018年第6期。

使用个人信息的或者组合使用以及二次使用的，由于侵犯公民个人信息罪的规制的行为并不包括“非法使用”行为，所以信息收集者只要是未将个人信息非法出售或者提供给他人，那么基于罪刑法定原则则不会构成侵犯公共个人信息罪。为了处理此种情况，可以采取两种思路：第一种即是立法增设非法使用个人信息罪，用以规制利用大数据技术对个人信息组合使用或者二次利用以及目的外使用等非法处理数据的行为，同时也应将因故意或因重大过失从匿名或化名数据中重新确认个人身份的行为纳入本罪规制。我国《刑法》第 253 条之一侵害公民个人信息罪只是规定了非法获取、非法出售与非法提供的行为，并未对非法使用行为进行规制，这与其他国家的立法模式不同，德国《数据保护法》第 44 条第 1 款明文规定为了获取报酬，或者意图为自己或他人牟取暴利，或者意图损害他人利益而出于故意，未经授权，处理非一般皆可得的个人数据构成犯罪。第二种方式即是对侵犯公民个人信息罪中的“非法获取”行为作扩大解释，2017 年英国数字、文化、媒体和体育部发布的《英国新数据保护法案：改革计划》（A New Data Protection Bill：Our Planned Reforms）就尝试扩大解释“非法获取数据罪”，使其可以涵盖那些违反控制者的意愿而留存数据的人（即使他们最初获取数据是合法的）。[①] 基于罪刑法定的要求，以及大数据产业创新的需要，对非法使用个人信息的行为最理想的方式还是基于科学调研，以立法的形式确定新的罪名、合理的构成要件为宜。

至于告知时欺骗信息主体，以其他目的收集使用个人信息，即告知收集个人信息的目的是 A，但实际上目的是 B，信息主体出于认识错误同意，此时的同意是否有效？按照刑法通说则需要判断信息主体的认识错误是法益认识错误，还是动机认识错误，若是前者，自然可以认为同意无效。

2. 同意模式之选择问题

同意的方式的不同也会影响个人信息的保护与收集利用效率。目前，同意的方式主要有选择加入与选择退出两种。选择加入模式，个人信息收集者于收集、利用或分享个人信息前，应先取得当事人的明示同意。选择加入模式因此于个人信息上创设一种权利赋予当事人，且对于信息收集者课以引诱当事人放弃权利的负担。相反，选择退出模式要求信息收集者必须提供当事人选择退出关于个人信息收集、利用或分享之机会，因此，当事人怠于行使选择退出之权利，将被视为对于个人信息收集、利用或分享的默示同意。选择退出乃将负担移转至信息主体身上的机制，当其对此欠缺同意的意思时，当事人必须积极主动通知信息收集者

① 参见英国数字、文化、媒体和体育部（DCMS）编：“英国新数据保护法案：改革计划”，邓辉译，载《中国应用法学》2017 年第 6 期。

停止关于其个人信息之收集、利用或分享。[①] 可以发现，选择加入和选择退出对个人信息的保护与收集利用具有不同的价值倾向，那么是否对所有个人信息都应该采取统一的同意模式？就刑法而言，选择加入模式与刑法同意理论中的意思表示说相对应，即认为同意的意思必须以语言、举动等方式向行为人表示出来，选择退出模式与刑法同意理论中的意思方向说相对应，即认为只需要有现实的同意即可，即使没有表示于外部也有效。[②] 因此，同意模式的选择也影响着侵犯公民个人信息罪中同意效力的有无。

3. 同意任意性判断问题

无论是作为刑法中不法阻却事由的同意，还是个人信息流通中的同意原则，都要求信息主体同意时处于任意性自由决定。《德国联邦个人信息保护法》第4a条第1项明文规定，只有基于信息主体自由决定的同意才是有效的。亦即当事人必须得以自行决定是否同意对于其个人信息之收集、处理、利用以及如何处置，而非受到任何强制或外界压力。依据德国联邦最高法院的观点，当事人同意非出于自主决定的情况还包括，当事人因为处于经济或社会之弱势的状况或因从属关系而同意对其个人信息的收集、处理、利用，抑或是当事人因为超乎寻常的经济上或者其他性质的刺激或诱导，例如，广告赠品，有时当事人提供其个人信息，则当事人之同意即非出于自主决定。对于何谓超乎寻常的刺激或诱导应该如何认定存在争议，一般认为，如果信息主体因为此诱导，而无法理性评估，则可以认定其意思自主受到不当影响。但是个人的理性应该如何评估，很难有答案。事实上，在许多合同关系中，当事人往往处于一种类似压迫关系之下，当事人不但无法拒绝信息收集者的收集的要求，甚至连信息处理的方式也无法选择。[③] 可能正是由于信息主体的任意性或理想难以评估，欧盟《一般数据保护条例》第7条第4项规定，当评估同意是否自愿作出时，应尽最大可能地考虑合同履行包括服务的提供是否以基于不必要的同意个人数据的处理为条件。可以发现欧盟《一般数据保护条例》已放弃直接判断信息主体的任意性或自愿性，而改采一种客观需要说。互联网时代，大多数网络服务提供者，无论是App抑或是门户网站，大多采取同意提供信息或者放弃接受服务这种二选一的方式，此时信息主体的同意是否处于自愿性？是否可以成为侵犯公民个人信息罪的不法阻却事由？若否认信息主体的自愿性，则是否符合一律构成侵犯公民个人信息罪？

---

① 参见翁清坤："告知后同意与消费者个人资料之保护"，载《台北大学法学论丛》2012年第3期。

② 参见张明楷：《刑法学》，法制出版社2016年版，第225页。

③ 参见张陈弘："新兴科技下的信息隐私保护：告知后同意原则的局限性与修正方法之提出"，载《台大法学论丛》2018年第47卷第1期。

### （二）应对之道：个人信息利益类型化分解

在大数据时代，信息领域内隐私权内涵发生了改变。信息隐私的客体并不局限于业已存在的隐私信息，而是广泛表现为个人数据挖掘加工过程产生的各种数据权益。① 因此，有必要对个人信息保护的权利基础基于对个人信息的区分进行分类考察。正如有学者所言，权利就是法律上承认并予以保护的利益，利益是权利的本质要素，对个人信息权利体系的构建以及个人信息的分类应以个人信息上存在的利益为基础。② 随着时代的发展与科技的进步，个人信息中所蕴含的利益已经超过了原本意义上的单纯与人格尊严有关的信息隐私权，为此有学者正确地指出有必要将个人信息分为两大基本类型，即“与人格尊严有直接关系的个人信息”（敏感个人信息）和“与人格尊严没有直接关系的个人信息”（一般个人信息）。③

#### 1. 个人信息分类标准：敏感个人信息与一般个人信息

与人格尊严有直接关系的个人信息（敏感个人信息），包括个人私密信息、亲密信息和个人特征信息。个人私密信息即一旦披露就会导致人格受损的个人信息，如生理缺陷、性生活细节，④ Solove 教授指出，个人信息私密性是通过隐藏关于个人的事实，作为限制他人接近自己的其中一种方式；至于亲密信息，则不仅为个人自我创造所必要，亦为人际关系发展所需。⑤ Charles Fried 教授认为，要成为朋友或爱人，人与人间必须到达一定程度的亲密关系。关于个人的行动、信念，或情绪信息，个人不会选择与所有人分享，亲密性信息就是保障个人不与任何人分享这些个人信息的权利。透过赋予此项权利，创造了我们经营友情与爱情关系的道德资本。⑥ 从上述的论述中可发现私密性与亲密性的关键区别在于：亲密信息强调的是个人与他人间的关系利益，而私密信息则着重在个人自己。当个人企图建立一个屏障以保护他人对于自己私密生活的干扰时，两种利益概念表面上看起来或许有相似之处：除了保护自己不被干扰，同时亦阻绝与他人关系的建立。然而，私密性信息在维持个人事务的私密性，因此，保护私密性无可避免地将阻碍个人与他人产生社会接触，当此接触会危及该个人事务的秘密性时。但

---

① 参见刘泽刚：“欧盟个人数据保护的‘后隐私权’变革”，载《华东政法大学学报》2018 年第 4 期。

② 参见刘金瑞：《个人信息与权利配置——个人信息自决权的反思和出路》，法律出版社 2018 年版，第 134 页。

③ 参见刘德良：《论个人信息的财产权保护》，人民法院出版社 2008 年版，第 27－28 页。

④ 参见刘金瑞：《个人信息与权利配置——个人信息自决权的反思和出路》，法律出版社 2018 年版，第 135 页。

⑤ See Daniel J. Solove: Understanding privacy, Harvard University Press, 2008, pp. 21－24.

⑥ See Charles Fried: Privacy, Yale Law Journal, Vol. 77, Issue 3 (January 1968), pp. 475－482.

相反地，亲密性信息乃立基于与特定人分享特定信息以经营亲密关系的愿望；亲密性信息是在确保个人能在不担忧（或感到更加舒服）的情况下，与他人建立友爱、信任关系，因为此亲密关系能受到隐私屏障。[①] 个人特征信息是指可以直接识别主体身份的个人信息，包括肖像、声音等个人信息以及姓名等个人在社会生活中特点的个人标示信息往往需要和个人人身特征信息一起才能识别出特定主体的身份。[②]

与人格尊严没有直接关系的个人信息（一般个人信息），可以分为“可能影响人的消极自由（生活安宁）的个人信息”和“可能影响人的积极自由（行为自由）的个人信息”。可能影响人的消极自由（生活安宁）的个人信息主要是个人联络信息，如手机号码、电子邮箱，知道这些信息本身不会损害人格尊严和人的自由，但是滥用这些信息侵扰他人会损害当事人不被打扰的消极自由。可能影响人的积极自由（行为自由）的个人信息，是指个人的行为包括作为和不作为所伴生的个人信息，这包括不涉及个人尊严的个人生活经历信息和个人数字足迹信息，如个人在电商网站的点击浏览信息。[③]

随着大数据时代的到来，有必要将个人信息按其利益属性进行类型区分，进而对其采取不同程度的保护。个人信息控制利益仅是所有个人信息都具有的一项利益，但并非唯一利益。个人信息除了本身的自主控制利益，尚包括个人信息背后蕴含的其他隐私利益，如与人格尊严有关的私密、亲密利益。因此，不必过于强调个人信息主体的个人信息控制权，妄图以个人信息控制权实现所有类型个人信息的保护。一味过分强调个人信息保护的利益在于确保个人信息主体的个人信息控制权，而对不同类型的个人信息给予无差别的保护，容易造成一旦个人信息控制权被满足，即认为达到个人信息保护目的的结果，而造成一旦失去与人格尊严有关的个人信息的控制权，也就失去个人信息中亲密性或私密性利益保障的基础。这明显弱化了与人格尊严直接相关的个人信息的保护。因此，针对上述分类，可以认为除与人格尊严直接相关的个人信息外，私密性信息与亲密性信息尚存在私密性利益与亲密性利益，即便个人信息主体的个人信息控制利益受到满足或未受到满足，仍须进一步关注亲密性或秘密性利益的保护，进而给予不同类型的个人信息不同梯度的保护。事实上，上述分类也体现在我国的相关法律法规之中，国家质量监督检验检疫总局和国家标准化管理委员会 2012 年发布的《信息

---

① 参见张陈弘：“新兴科技下的信息隐私保护：告知后同意原则的局限性与修正方法之提出”，载《台大法学论丛》2018 年第 47 卷第 1 期，第 266 – 230 页。

② 参见刘金瑞：《个人信息与权利配置——个人信息自决权的反思和出路》，法律出版社 2018 年版，第 135 页。

③ 参见刘金瑞：《个人信息与权利配置——个人信息自决权的反思和出路》，法律出版社 2018 年版，第 135 页。

安全技术公共及商用服务信息系统个人信息保护指南》明确规定个人信息可以分为个人敏感信息和个人一般信息，随后2017年又颁布了《信息安全技术个人信息安全规范》，将个人敏感信息认定为“一旦泄露、非法提供或滥用可能危害人身和财产安全，极易导致个人名誉、身心健康受到损害或歧视性待遇等的个人信息”。2017年最高人民法院、最高人民检察院颁布的《关于办理侵犯公民个人信息刑事案件适用法律若干问题的解释》（以下简称《解释》）中也对不同类型的个人信息进行了区分保护，《解释》第5条根据个人信息本身所蕴含的利益分别规定了符合本罪情节严重的标准。

2. 个人信息类型化之多层次保护

由于不同类型的个人信息所体现的利益有所不同，自然受到保护的程度就有所差别，特别是在大数据时代，个人信息的流动无论对个人的生活还是对科技创新、国家治理都具有重要意义，因为对那些与人格尊严没有直接关系的一般个人信息的保护不可过度，应适当考虑社会利益，通过利益平衡考量此种一般个人信息的流动与利用是否具有不法性。对于那些与人格尊严直接相关个人信息的保护则不可轻视，这是保证个人自由发展，自己决定自己生活的前提。根据个人信息类型化理论，对上述大数据时代个人信息保护与利用如何平衡的疑问应有一个比较清晰的解决思路。

（1）个人信息组合利用与目的外利用。大数据技术的发展是以数据挖掘组合分析为其基础的，不可避免会将各种个人信息组合使用或者超出信息主体同意时利用目的，若任何个人信息都需要信息主体二次同意，难免造成低效，阻碍科技创新，影响国家的大数据发展战略。因此，有必要采取区分性保护，对那些分析目的或分析结果为与人格尊严直接相关的个人信息（敏感个人信息），应事后告知信息主体，并告知信息主体具有删除权等一系列权利。为应对大数据技术对个人信息的需求，动态同意模式值得提倡，即运用现代网络信息技术手段，在信息主体与信息收集利用之间搭建一个交流平台，使信息披露与知情同意成为一个持续、动态、开放的过程。借助这一技术平台，参加者可以随时了解研究的最新信息，并自由选择同意加入或退出。[①] 当然，就侵犯公民个人信息罪而言，大数据技术这种典型的事后组合利用与目的外利用，只要不是在第一次告知信息主体时采取了欺诈手段，造成信息主体产生法益认识错误，则不会构成本罪，因为本罪行为类型并未规定“非法利用”个人信息行为。

---

① 参见田野：“大数据时代知情同意原则的困境与出路——以生物信息库的个人信息保护为例”，载《法制与社会发展》2018年第6期。

（2）不同类型个人信息同意模式的选择。正如上文所述，选择加入模式与选择退出模式对个人信息的保护力度有所不同，对与个人尊严直接相关的个人信息（敏感信息）的收集使用应采取最高级别的保护，采取选择加入模式告知信息主体是合适的。同时，为了强化对亲密性、私密性个人信息的保护，对此类信息的同意必须是具体、特定的意思表示，即当事人对于收集、处理、利用其个人信息的目的和范围有明确认识后的同意，亦即对当事人而言，在何种条件下何种个人信息会被收集利用，以及是否会提供给第三人，必须清晰可辨，如此才能确定其同意的影响范围。而对于敏感信息中的个人特征信息，则可以对具体特定的同意在解释时允许有一定弹性，事前将利用信息的对象加以类型化，使得当事人可以知悉并预估，一方面兼顾信息自主权，另一方面也可免去反复征得信息主体同意的程序，例如，某慈善团体为相关低保人群联系不同企业进行不同的援助，需要低保人群提供个人信息，即可以通过类型化的方式取得当事人同意，而无须对不同企业的援助，逐次征求当事人的同意。

针对与人格尊严没有直接关系的个人信息，理想的方式是采用选择退出的方式，在刑法中信息主体的同意方式可以采取意思方向说，即不需要表现于外部，以一种默示形式同意即为有效。但是，由于网络的发展，人们对网络的依赖增加，此类一般个人信息的社会属性较强等一系列原因。现实生活中对一般个人信息的利用和收集，如个人联络信息、个人网络足迹等，即使采取选择退出的模式仍然具有很大的困难。不可否认，对于这些一般个人信息，信息主体仍具有控制权益，只不过这类一般个人信息与人格尊严没有直接关系，此类个人信息的控制权只是为了防范与人格尊严直接相关的信息权利受侵害的危险，因此在某种程度上可以弱化保护。[①] 对此种一般个人信息可以尝试利用刑法中的推定同意。[②] 通说认为推定同意，是指为了被害人的利益或第三者利益牺牲被害人一部分利益，被害人知道真相后将会同意。推定的同意具有补充性，只有在无法询问信息主体的意见并取得信息主体的同意或者取得同意要付出极不合理的代价时，才有适用推定同意的可能性。这在某处程度上为个人信息的保护划定了底线，即只有在不可能获得信息主体的同意或者获得信息主体的同意的代价极不合理才可以考虑适用推定同意。在满足此前提下，需要考虑是否有其他利益可以与信息主体的控制权以及行动自由相衡量。

正如上述，一般个人信息与人格尊严没有直接关系，但却可能影响人的自

---

① 参见杨芳："个人信息自决权理论及其检讨"，载《比较法研究》2015 年第 6 期。

② 这里可能可能存在争议到底是适用推定的同意还是假定的同意，因为两者的区别在于假定的同意是可以很容易地得到对方的意见，而推定的同意是以必须无法取得或者只有通过极不合理的方式取得为前提。为了对平衡个人信息的保护与流动利用，应该说推定的同意理论是合适的。

由，如手机号码、电子邮箱等个人联络信息被收集后滥用会损害当事人不被打扰的消极自由（生活安宁），使用不涉及人的尊严的个人线下生活足迹和个人在线网络数字足迹信息等个人信息可能会影响人的积极自由。[①] 可以发现，这类个人信息被收集之后绝大多数都被用于广告营销。以当今最具代表性的线上网络足迹为例分析，随着互联网、电子商务的发展，个人数字网络足迹已经成为数字数据洪流的重要组成部分，源源不断地产生于我们日常生活，通过日益剧增的网络传感器而被收集、存储、处理。从经济利益角度观察，可以发现信息主体这些个人信息相当于是对当前互联网免费服务的对价，互联网服务的提供者正是凭借收集这些个人信息来吸引广告获取利润，再将一部分利润作为免费提供互联网服务的成本。可以说，互联网免费软件和服务很大程度上就是依靠互联网广告的支撑。因此从经济利益视角，基于理性人假设，可以推定大多数信息主体会同意付出自己与人格尊严没有直接关系的个人信息作为免费使用网络软件和服务的代价。当然针对一些谨慎独特的有个性的客户可以采用学者的建议，在网络信息服务领域实施“普遍免费 + 个别付费”的模式，[②] 针对那些对一般个人信息保护有独特需求的信息主体使用网络软件及服务收费的模式。

除了上述经济利益视角外，也需要基于网络信息服务者的言论自由视角考虑。当然首先要回应的是个人信息的流通是否属于商业言论？有学者给出肯定回答，其指出实际上所有发生于次级市场的个人信息转移、散布或分享，其目的多半是为将来推销商品给该个人信息所涉及的主体，故应属于商业言论。[③] 对于一般性个人信息流通，美国诸多法院都将其视为商业言论，[④] 我国台湾地区“大法官”释字第 414 号解释认为，言论自由，在于保障意见之自由流通，使人民有取得充分信息及自我实现之机会，包括政治、学术、宗教及商业言论。在商业交易或其他经济活动中，商业言论除保护商业言论表达者积极表意或消极不表意之自由外，消费者（信息提供者）取得充分信息之“知的权利”或“接收沟通的相对应权利”亦在宪法保障范围之内，以利于有意义的“告知后同意”之决策。可以认为，网络信息服务者对个人信息的收集是商业言论自由的一种形式，商业言论既属于言论自由的一种，受宪法保障，纵使其保障程度低于宪法所保障的其

① 参见刘金瑞：《个人信息与权利配置——个人信息自决权的反思和出路》，法律出版社 2018 年版，第 229 页。

② 参见张新宝：“普遍免费 + 个别付费：个人信息保护的一个新思维”，载《比较法研究》2018 年第 5 期。

③ See Vera Bergelson, It's Personal, But Is It Mine? Towards Property Rights in Personal Information, U. C. Davis Law Review, Vol. 37, Issue 2 (2003), pp. 379 – 400.

④ 参见翁清坤：“商业言论自由与个人资料保护之冲突”，载《台大法学论丛》2018 年第 46 卷第 3 期。

他言论或表现自由，在与其他利益衡量时，也应对其进行考虑。为此可借鉴美国 Central Hudson Gas and Electric Corp. v. Public Service Commission of New York 案中评估管制商业言论之合宪性的利益衡量模式，即（1）是否属于受宪法增修条文第 1 条保护之言论，如属不法活动或误导性之商业言论则不受保护；（2）对于管制该商业言论是否具有实质重要利益（substantial interest）；（3）该管制是否能直接提升（directly advance）利益；（4）该管制是否过当、超过提升该利益所必要的范围。① 因此，就网络服务商收集一般个人信息投放精准广告而言，首先须不属于不法活动或误导性言论，若不符合则不需进行下一步判断；之后再判断管制商业言论、限制个人信息的流动是否具有实质重要利益，而对一般个人信息而言，由于与人格尊严并没有直接关系，故不应属于可以和言论自由相抗衡的实质重要利益。申言之，就言论自由限制而言，对个人信息的收集、流通、利用予以限制，则必须证明欲限制之个人信息的流通，将对于当事人造成特定及实质重要的损害（如令人困窘、恐吓、造成财产人身危险）。当我们知道一般个人信息在世界流动时，虽然我们也可能感到不舒服，但我们乃生活在信息可以自由流通的一个开放社会。对他人可以轻易地接触到涉及我们的一般个人信息时，感到一般性程度的不舒服，并不是能与言论自由抗衡的实质重要利益。② 因此也就没有必要进行余下步骤衡量。因此，可以认为，信息主体为了获取免费服务，以及为保障自身对信息获取的能力以便作出对自己最有利的决策，同时兼顾他人的商业言论自由，会同意对其个人在线网络足迹等一般个人信息的获取、利用。

（3）同意或放弃服务二选一之同意任意性考量。当今网络时代，网络软件和服务基本都是免费模式，以收集、利用个人信息作为对价，绝大多数服务都是采取同意收集、利用个人信息或放弃服务二选一的模式，此时信息主体往往没有选择权，正如上述依据德国联邦最高法院的观点，此种情况难免对信息主体同意的任意性有所疑虑。就侵犯公民个人信息罪而言，若是信息主体的同意不具有任意性，则其同意自然无效，不可成为不法阻却事由。那么任意性标准如何确定？倘若当事人只能面对既成的事实或没有机会为真正的选择，则其同意的效力将会被质疑。例如，现实生活对于受雇人而言，真正的选择即可以拒绝同意而不会遭逢任何的伤害（如丧失工作）或可以事后改变心意而撤销同意。然而，在层级化的依赖关系中，受雇人（当事人）处于雇用人（资料收集者）的影响支配之下，对于其个人资料的收集、利用、分享或移转，假如受雇人拒绝或保留同意，

① See Central Hudson Gas & Electric Corp. v. Public Service Commission of New York, 447 U. S. at 557, 561 – 562 (1980).

② 参见翁清坤：“商业言论自由与个人资料保护之冲突”，载《台大法学论丛》2018 年第46 卷第 3 期。

可能将受到或多或少的损害。据此，就雇用人与受雇人之间具有从属的关系，谈判力量具有不对性，故当事人的同意是否出于自由意志，实有探讨空间。[①] 在网络世界，此种双方地位不对称的现象更为常见。对此学者 Margaret Jane Radin 提出“契约即为同意”（contract-as-consent）与“契约即为产品”（contract-as-product）两种模式。“契约即为同意”模式，指传统上两个人心灵的交会乃出于自由意愿，当事人知悉且明了彼此所为为何，而且要求相关契约条件应处于可被理解的状态或者是否有其他项目可供选择。相反地，“契约即为产品”模式下，交易条件本身即为产品的一部分，故消费者若急需该服务，对于所开出交易条件就只能“接受或离开”（take-it-or-leave-it），别无其他选择。[②]

在现行商业交易中，尤其网络虚拟世界的网站经营者，将“契约即为产品”模式作为营运的基础，完全未赋予消费者（信息主体）选择的余地。此种地位不对等的二选一模式是否具有任意性？任意性与否是当事人的一种主观感受，自然不能直接得出，为此欧盟《一般数据保护条例》第7条第4项规定，当评估同意是否自愿作出时，应尽最大可能地考虑合同履行包括服务的提供是否以基于不必要的同意个人数据处理为条件。《加拿大个人数据保护法》第6条也规定，数据收集者不得要求当事人同意个人资料为原始交易目的以外的使用为其提供产品或服务的前提要件。德国学者进一步提出，若是民生所必须之基础服务的提供是以当事人同意对其个人信息的收集、处理、利用为条件，则应推定该同意不符合当事人自由意志而无效。[③] 可以发现，欧盟已经采用一种偏客观的评价标准，即以服务目的以及服务内容为标准判断当事人是否出于任意性而同意。此种方式值得借鉴，但是仍有必要根据不同类型个人信息进行分梯度保护。对个人敏感信息，特别是亲密性与私密性个人信息，收集处理此类信息的目的必须明确清晰，即使不是民生所必需的基础服务，只要以信息收集为提供服务的前提，则有理由认为信息主体的同意不具有任意性，这某种程度上是国家家长主义的体现，对与人格尊严有关的个人信息给予适度的规范干涉。然而，对于一般个人信息收集后之使用目的可具有一定的弹性，以应对大数据时代的变革。且只有是以民生所必须之基础服务为前提胁迫信息主体时，当事人的同意才不具有任意性，因为一般个人信息本身具有一定的社会属性，是个人在社会共同体生活所必须提供的对价，若个人出于自身原因不愿付出此种对价，法律规范也不反对，但是其必须以

---

① 参见翁清坤：“告知后同意与消费者个人资料之保护”，载《台北大学法学论丛》2012年第3期。

② See Margaret Jane Radin, Humans, Computers, and Binding Commitment, Indiana Law Journal, Vol. 75, Issue 4 (2000), pp. 1125 – 1126.

③ 参见林玫君：“论个人资料保护法制当事人同意”，载《东海大学法学研究》2017年第4期。

放弃非生存所必需的其他利益，若其接受这种非民生所必需的服务，则表明其已经同意交付其一般个人信息为对价，当然此种交付只在原本目的的范围内有效。

## 五、结语

在大数据时代，平衡个人信息的保护与流通、利用绝非易事，个人信息的保护往往涉及公法、私法等多部法律，在我国未制定《个人信息保护法》的前提下，侵犯公民个人信息罪作为目前刑法对个人信息收集处理最主要的规制罪名，有必要注意其他部门法的相关理论变化和争论，适时地吸收其中有益的成果。告知同意原则对平衡个人信息的保护与流通处理具有不可替代的作用，基于大数据时代的特征，根据个人信息所蕴含的利益对个人信息进行类型化分类，据此再对信息主体之同意有效与否进行类型化判定，应可以解决个人信息告知同意原则的绝大多数问题。当然，不可否认的是，告知同意原则不是万能的，对个人信息的收集、利用是否合法，还需要注意其他合法性依据的存在，如欧盟《一般数据保护条例》第 6 条规定的其他几个合法性原则。就侵犯公民个人信息罪而言，在判定信息主体同意是否有效时，也应坚持个人信息类型化区分保护，根据个人信息所蕴含的利益采取有梯度的保护，区分情况界定信息主体同意有效性与否，同时也应提升对其他合法利用个人信息合法性事由的解释能力，实现对个人信息的保护与利用的平衡。

# 大数据时代金融消费者信息权保护的困境、理路与对策

关　佳*

**摘　要**：大数据时代，金融消费者信息保护的困境在于一系列特殊风险对信息保护的冲击、利益衡量下现有法律制度对信息保护的不完备、金融信息业者对信息保护的不足、政府规制主体对信息保护的乏力。针对该困境，我国应因循追求相对安全与加强技术治理的并重理路、利益平衡与设权赋能的并进理路、多元主体合作规制的并治理路，从制度安排和实现机制上讲，应从确立民法框架内个人信息权的基础性法律制度、赋予金融消费者和金融信息业者相应的信息权权能、完善隐私政策并加重金融信息业者的保护义务和责任、加强政府规制以及推进合作规制等切实可行的对策着手，以实现对金融消费者信息权的充分保护。

**关键词**：大数据时代；金融消费者；信息权保护

## 引言

大数据是指数据储量超过具有收集、存储、管理和分析数据功能的传统数据库软件的数据集合。① 通常而言，大数据具有 5V 的特征，数据体量大（Volume）、数据价值大（Value）、数据快速流动和数据动态体系（Velocity）、数据种类多（Variety）以及数据精确分析（Veracity）。② 大数

---

* 关佳，重庆大学法学院 2017 级博士研究生。本文是 2018 年重庆大学中央高校基本科研业务费跨学科项目“关于绿色金融监管法律制度的研究”（项目编号：KYCX201833）的阶段性研究成果、国家社会科学基金重大项目“开放经济条件下我国虚拟经济运行安全法律保障研究”（14ZDB148）的阶段性成果。

① 丁春燕：“大数据时代法学研究的新趋势”，载《政法学刊》2015 年第 6 期。

② 王国成：“从 3V 到 5V：大数据助推经济行为的深化研究”，载《天津社会科学》2017 年第 2 期。[美] 桑尼尔·索雷斯：《大数据治理》，匡斌译，清华大学出版社 2014 年版，第 4 页。

据时代，数据与信息①已然成为推动经济增长的最基本的生产资料和关键要素，具有不可估量的经济价值和社会价值，而以数据集合为载体呈现的个人信息②是数字经济时代最重要的资源与财富。在金融科技领域，金融信息业者能够借助大数据技术对金融数据③进行规模化整合、分析，从而可以降低金融服务业务门槛，优化金融服务业务流程，拓展业务边界实现长尾收益，④ 与此同时，也给金融消费者⑤的个人信息带来潜在的风险。金融消费者个人信息的保护，是个人信息保护领域的一个重点内容，在学界集中关注个人信息保护制度构建的当下，亦应研究金融消费者个人信息如何保护这一现实课题。基于此，本文在梳理大数据时代金融消费者信息保护困境的基础上，提出信息保护所应遵循的道路，并就此尝试提出一些切实可行的信息保护对策，以期在对金融消费者信息进行有效保护的同时，亦补益于个人信息保护这一场域的制度建设。

## 一、大数据时代金融消费者信息保护的困境

### （一）一系列特殊风险对信息保护的冲击

大数据时代，金融消费者信息保护面临着一系列特殊风险表现的冲击，如新型技术开发利用所带来的信息安全风险、信息分析风险、信息市场秩序风险。

---

① 数据限于在计算机网络上流通的在二进制的基础上以0和1的组合而表现出来的比特形式；信息通过数据形式生成、传输和储存。二者的区分在于，信息的外延大于数据，数据只是信息表达方式之一；数据兼具信息本体和信息媒介的双重属性；互联网技术系统具有通过数据产生信息的功能；在形式上，数据不具有直接的人格属性；在价值上，数据基于规模效应产生商业价值。参见梅夏英："数据的法律属性及其民法定位"，载《中国社会科学》2016年第9期；孙南翔："论作为消费者的数据主体及其数据保护机制"，载《政治与法律》2018年第7期。

② 一般认为，个人信息是指与一个身份已经被识别或可以被识别的自然人相关的任何信息。

③ 为准确表述，本文将能够识别金融消费者的身份信息和交易数据统称为"金融信息"，而将金融信息业者或政府部门掌握的需要经过金融消费者知情同意才能使用、使用的海量的金融数据或信息统称为"金融数据"。

④ 参见乔海曙、杨彦宁："金融科技驱动下的金融智能化发展研究"，载《求索》2017年第9期。

⑤ 对于金融消费者的定义，学界多有探讨，虽界定不一，但基本形成了一定共识。类型思维下金融消费者的语词意义为：相对于金融产品、服务提供者，因被迫负担或受引诱负担双重风险（金融合同特定风险和信用风险），而需要法律倾斜性保护的群体，其典型形象为购买会计核算中未计入负债表/负债类账户金融产品、服务的自然人，且该类主体不具有专业能力，并在合理时间内未进行二次交易。在时空间离、信用授受和人性需求概念结构下，金融消费者是指超越传统消费者法保护需要专门金融消费法保护的，以微观金融行为为基，为实现金融需求而购买金融产品和享有金融服务的社会主体。其中，非出于贸易、商业或职业目的的投资者都可纳入金融消费者范畴。参见王美舒："类型思维下的金融消费者：从语词认识到裁判逻辑"，载《法律科学》（西北政法大学学报）2019年第2期；林越坚："金融消费者：制度本源与法律取向"，载《政法论坛》2015年第1期；杨东："论金融消费者概念界定"，载《法学家》2014年第5期；于春敏："金融消费者的法律界定"，载《上海财经大学学报》2010年第4期，等等。

第一，信息安全风险。其一，在大数据强有力的反向识别和预测性挖掘等技术下，诸如数据信息最小化利用、匿名化、脱敏性处理等原则失去了应有的价值,① 不能起到保护金融消费信息的作用。其二，金融信息业者操作性风险所引起的信息泄露、误删等信息安全风险。② 其三，大数据时代，金融消费者信息多储存于虚拟网络，在信息技术无法满足现实需要、信息技术本身存在漏洞或者“防火墙”技术能力不过关等情形下，极易受到网络黑客的攻击，从而引起金融信息被窃取、泄露和被非法利用的风险。

第二，信息分析风险。信息分析风险一方面表现为信息分析不足的风险，另一方面表现为信息分析过度的风险。对于前者而言，由于大数据时代金融信息多通过信息网络传输、采集、分析和使用，而相对于金融信息的指数型爆炸，稍显滞后的大数据技术和云计算技术往往会造成数据、信息的非充分利用和难以对其进行科学分析，从而无法及时分析、发现这些金融信息中潜藏的金融风险。对于后者而言，大数据技术的数据挖掘分析技术已经比较成熟，诸多金融信息业者一般都会在经济利益驱使下对金融消费者信息进行挖掘、分析、定位。例如，金融信息业者会利用数据画像这一新型技术对金融消费者信息进行收集、分析，以有针对性地、分层次地对金融消费者进行精准营销，该技术的不当使用会对金融消费者的隐私权、知情同意权、财产安全权等造成严重侵害。③

第三，信息市场秩序风险。其一，信息市场垄断风险。在大数据全面应用于金融领域的时代，金融信息业者需要付出相当的经济成本才能实现对金融消费者信息收集、开发、利用目的的实现。在企业发展过程中，大型金融科技付出了大量经济成本，才得以积累大量、长期、特定金融消费者的信息，基于维护自身市场地位的需要，往往将这些信息独占使用，从而形成金融信息市场中的信息垄断风险。其二，信息市场不正当竞争风险。在脉脉诉微博这一大数据引发的不正当竞争案中可以窥探，金融消费者在某金融机构、金融科技企业的个人信息亦存在被有竞争关系的经营者不正当授权抓取的可能，从而引发信息不正当竞争风险。其三，金融消费者更容易自陷风险。有限理性下的金融消费者普遍存在着金融素养不足的现象，在大数据技术全面应用到金融领域的情景下，金融消费者在面对众多设计复杂、新型的金融产品、服务时，更加难以充分地将个人金融信息保护这一因素纳入消费行为中进行考量，而出于对一些免费、低价金融服务的获取

① 参见徐明：“大数据时代的隐私危机及其侵权法应对”，载《中国法学》2017 年第 1 期。

② 操作性风险是指，由不当和失败的程序、人员和系统或外部事件所造成的损失风险。参见 BritishBankers’ Association，ISDA，RMA，PricewaterhouseCoopers（1999），OperationalRisk，thenextfrontier，RMA，Philadelphia，1999，pp. 29 – 38.

③ 参见李玉辉、张华、张宝中：“数据画像领域个人金融信息保护问题及其对策研究”，载《西南金融》2019 年第 2 期。

（如相互保、水滴筹等类互联网保险）或者出于快速获得某项金融服务的考量，往往不重视或者放弃对“知情同意”规则的运用，从而将其置于自陷风险的境地。

（二）利益衡量下现有法律制度对信息保护的不完备

由于大数据技术的突破性发展，数据、信息的价值被再次发现和大力发掘，相较以往，个人信息在数字经济社会中所附着的利益更加丰富。一般而言，个人信息具有人格尊严和自由价值、商业价值和公共管理价值，[①] 相应地，个人信息保护中的利益关涉到个人信息本身所附着的信息主体的个人利益，以及与个人信息处理紧密结合的信息使用者的利益和公共利益。[②] 由于对大数据共享开发利用的倡导，个人信息中的公共利益逐渐进入学界的研究视域，但鉴于金融消费者信息保护更多关涉金融信息业者与金融消费者二元主体之间的利益，在此不就其中的公共利益进行探讨。

在大数据时代，金融消费者信息中的个人利益既关乎人格尊严与自由，又关乎商业利用与获益。对于前者，金融消费者希望其个人信息上附着的人格权、名誉权等人格权权益能够得到法律保护。然而，大数据时代，我国对个人信息保护的隐私权这一人格权基础受到挑战。一般而言，隐私权是指自然人享有的对其个人的，与公共利益无关的个人信息、私人活动和私人领域进行支配的具体人格权。[③] 首先，大数据时代，侵害金融消费者信息权的行为贯穿于信息收集、分析、传播、使用等各个阶段，然而在我国司法实践中，大量的、可能发生在信息收集、加工阶段以及通过网络侵犯他人事务的行为，均未被纳入侵权行为范围。[④] 其次，金融消费者信息权遭到侵害后，主张获得侵权救济的门槛较高，由于数据信息的海量性和流动频繁性，认定明确的侵权主体变得异常困难，明确实质性损害后果亦成为新的考验。最后，由于我国民事诉讼中实行“谁主张谁举证”的一般举证原则，[⑤] 在大数据时代下，拥有先进技术支撑的金融信息业者与相对弱势的金融消费者之间的信息不对称效应更为明显，这导致金融消费者寻求救济的成本较高，在集体行动困境下，出于成本收益的经济理性之考量，金融消

---

① 参见张新宝：“从隐私到个人信息：利益再衡量的理论与制度安排”，载《互联网金融法律评论》2015 年第 2 期。

② 参见高富平：“个人信息使用的合法性基础——数据上利益分析视角”，载《比较法研究》2019 年第 2 期。

③ 参见梁慧星、廖新仲：“隐私的本质与隐私权的概念”，载《人民司法》2003 年第 4 期。

④ 参见胡文涛：“我国个人信息隐私权保护法律存在的问题及思考——以与互联网企业利益平衡为视角”，载《云南师范大学学报》（哲学社会科学版）2016 年第 6 期。

⑤ 参见刘迎霜：“我国金融消费者权益保护路径探析——兼论对美国金融监管改革中金融消费者保护的借鉴”，载《现代法学》2011 年第 3 期。

费者往往被迫放弃追偿的权利。对于后者，金融消费者希望其个人信息上附着的财产性利益能够得到法律保护。目前，作为金融信息源泉的个人利益主体并未在大数据行业中获得真正的经济利益，在法律不完备的情形下，由于缺乏使用金融消费者金融信息的成本担忧和制度制裁，金融信息业者将有持续免费使用个人金融信息的动机，根本不会对金融消费者支付开发、利用其信息的对价。此外，金融消费者合法合理处置其个人金融信息的自由权是其天赋之权利，然而国家或政府出于金融安全、信息共享等社会公共管理方面的考量，对该财产权采取了漠视态度或实行了不合理的钳制措施，金融消费者的信息财产利益诉求未得到相关机关和部门的充分重视和保护。再者，我国对个人信息的保护主要采取以单一人格权模式，一般将个人信息所附着的财产性利益纳入人格权制度体系中进行保护。司法实践中，金融消费者个人信息遭受侵害后，受侵害主体往往以隐私权、名誉权或一般人格权受到侵犯为由提起诉讼，法院在该框架内进行裁判的结果也一般是注重审查收集、使用个人信息的行为是否侵犯了某一具体人格权或一般人格权，并不认可个人对其个人信息享有财产支配权和财产利益权。总之，由于现有法律制度个人信息权制度基础事实上的缺失，导致目前以传统隐私权对个人信息上附着的人格利益保护的不足和对个人信息上附着的财产利益保护的不能。

在大数据时代，信息数据技术和精准营销商业模式带来了独特的个人信息商品化现象，[①] 由于传统产业信息化和专门信息服务业的出现，信息业者成为新的独立利益主体。[②] 对于信息业者而言，个人信息是其商业创新和效益增长的核心资源，是其参与市场竞争的核心资产。由此，对于那些合法合理收集、分析、开发的个人信息，其具有通过将其合法利用、流通、转让、使用等方式以追求商业创新和效益增长等利益诉求。在大数据时代，数据从业者合理开展数据经营、实现数据资产化、创造数据财富和应用价值，正是数据经济的意义所在。[③] 美国在 hiQLabs，Inc. v. LinkedIn Corporation 案中肯定了网络平台手机公民已公开数据的合法性；[④] 奥地利在《2018 年数据保护修正法案》（DSG2018）中将“企业数据”纳入“个人数据”的保护范围，在法律上确立了经营性数据信息亦应得到法律保障的地位；欧洲议会颁布的《一般数据保护方案》（GDPR）中则规定了

---

① 参见洪玮铭、姜战军：“数据信息、商品化与个人信息财产权保护”，载《改革》2019 年第 3 期。

② 参见张新宝：“从隐私到个人信息：利益再衡量的理论与制度安排”，载《中国法学》2015 年第 3 期。

③ 参见龙卫球：“数据新型财产权构建及其体系研究”，载《政法论坛》2017 年第 4 期。

④ See No. 3：17 – cv – 03301（N. D. Cal. 2017）.

“数据控制者或第三方可以基于合法利益之诉求，使用自己掌握的公民信息”。[①]在我国司法实践中，2012年的《关于审理使用信息网络侵害人身权益民事纠纷案件适用法律若干规定》的司法解释第12条，[②]在相当意义上重塑了用户个人信息保护关系，破除了个人信息人格权保护的绝对格局，赋予了数据经济从业者一定的收集、加工和使用个人数据的空间。[③]由此可见，金融信息业者可以基于合法途径和正当使用利益之需求，使用已经掌握的金融消费者信息来实现其商业利益之目的。然而，现有法律制度对金融信息业者这一利益诉求并未有更多的促进与保护，其主要原因在于个人信息权这一前提性法律制度的缺失，从而难以在个人信息权制度的中端或末端对金融信息业者赋予相应的信息财产权权利和权能，在这种没有制度激励和制度惩戒的情形下，金融信息业者难以履行对金融消费者信息进行保护的义务。

（三）金融信息业者对信息保护的不足

大数据时代，由于金融信息业者（尤其是金融科技企业）往往通过提供免费服务以扩大用户规模，从而获得市场竞争优势，该种大数据限制非价格竞争的效应意味着对金融消费者个人信息保护并不能直接带来经济效益，从而导致金融科技企业没有动力提高产品的质量或者提供更为严密的针对金融消费者信息保护的措施。[④]对于传统金融信息业者而言，其对“信息金库”的重视程度远不及“现金金库”，相较于对后者的全流程保护之严密，传统金融信息业者对金融消费者信息保护所投入的资源、资金还很不充分。[⑤]具体来看，金融信息业者对信息保护的不足体现在信息收集阶段隐私政策的虚置以及信息开发利用阶段侵害行为的多发与保护缺位。

第一，信息收集阶段，隐私政策的虚置。众所周知，在事前，主要通过信息业者的隐私政策对个人信息进行保护。借助格式合同性质的隐私政策，金融信息业者往往通过剥夺金融消费者的议价资格、削减己方作为或不作为的责任、减少金融消费者的法律救济手段等行为，直接或间接赋予其自身合理收集、使用金融

① 张玉洁、胡振吉：“我国大数据法律定位的学说论争、司法立场与立法规范”，载《政治与法律》2018年第10期。

② 该司法解释第12条规定：使用信息网络侵害个人隐私和个人信息，其是否构成侵权，应当看是否符合“使用网络公开个人隐私和个人信息的行为”和“造成损害”的特殊要求。

③ 参见龙卫球：“数据新型财产权构建及其体系研究”，载《政法论坛》2017年第4期。

④ 参见陈永伟：“数字经济时代数据性质、产权和竞争”，载《财经问题研究》2018年第2期。

⑤ 参见王锐：“云时代的消费者金融信息安全监管模式探讨——美国个人金融信息隐私权保护机制借鉴”，载《金融与经济》2012年第6期。

消费者信息的权益,[①] 这导致金融信息业者不当收集、使用金融消费者信息的行为越加肆无忌惮。一般而言，以格式合同形式设置的隐私保护政策或条款存在以下几个层面的不足。其一，金融信息业者往往通过不做显著标识、变相隐藏一些条款或设置霸王条款（如“若不同意该隐私政策、条款，则不能使用该产品”）的形式将隐私政策设置得晦涩难懂、冗长复杂，误导金融消费者确认同意相关隐私政策，以更便利地将其所掌握的金融消费者信息进行开发、共享或进行其他不当使用行为。金融信息业者往往违反隐私政策中的承诺，使用技术软件非法收集用户个人信息、将用户个人信息非法售卖、甚至破产时将用户个人信息出售以抵债。[②] 其二，由于隐私政策中金融术语的专业化和不易理解，对于金融专业知识匮乏的金融消费者而言，即使面对这些充分的政策信息、金融信息，也难以做到全面、确切的理解。其三，由于平台企业自身建设的不充分和技术发展的迅猛，隐私政策很难全面地、预见性地设置保护金融消费者个人信息收集、使用、处理的条款。其四，由于格式条款的不完备性和单方面性，平台企业往往在未事先告知用户同意的情形下作出单方面修改隐私条款的行为。

第二，信息开发、利用阶段，侵害行为多发，保护缺位。金融信息业者往往具备专业的互联网技术，在大数据技术存在潜在漏洞的情形下，相当多的金融信息业者会利使用数据发掘技术对金融消费者信息进行收集、分析，从而构建出其完整的人格图像，并将这些发掘结果应用于其求职、教育、信用评级等领域，极易造成金融消费者遭受不公平和歧视待遇的现象。[③] 亦即，在信息开发、利用阶段，金融信息业者并没有运用相关的技术基础设施或通过加强身责任的规范机制对个人信息进行全流程保护。而由于数据信息财产权制度的缺失，更遑论在信息流通、转让使用过程对信息的完善保护了。

### （四）政府规制主体对信息保护的乏力

大数据时代，金融消费者保护中政府规制失灵的根本原因在于主体规制知识的不足、主体的单一性。

第一，主体规制知识的不足。政府的经济规制行为必须依赖特定的知识来完成，规制知识决定着政府决策的生成，也会影响到规制的过程性行为。[④] 在基于

---

① 参见孙南翔：“论作为消费者的数据主体及其数据保护机制”，载《政治与法律》2018 年第 7 期。

② See J. R. Reidenbergetal. , Disagreeable Privacy Policies：Mismatches Between Meaning and User’s Understanding，30 Berkeley Technology Law Journal，39 （2015）.

③ See Max N. Helveston，Consumer Protection in the Age of Big Date，Washington University Law Review，Vol. 93 （2016），p. 863.

④ 参见靳文辉：“法权理论视角下的金融科技及风险防范”，载《厦门大学学报》（哲学社会科学版）2019 年第 2 期。

大数据技术所型构的金融科技时代这一专业、多变和复杂的规制空间中，对金融消费者信息的保护关涉到规制事实知识的获取、规制价值知识的制度化、规制技术知识的运用,[①] 为了实现特定的规制目标，政府规制主体采取相应的规制行动必须以掌握充分的、精致的规制知识为前提。以规制事实知识的获取为例，大数据时代背景下，金融消费者信息的保护具有技术性、金融专业性等各方面因素交织的复杂性、多变性，这客观上给政府规制主体造成了一系列的知识盲点。此外，由于大数据技术并不能完全避免信息流动中的失真，即使大数据技术能够以极强的规模整合能力将数据、信息进行深入分析，但受数据噪音的影响，数据、信息体量越大，其所构成的负面效应也会相应地提高。[②] 政府规制主体即使充分运用大数据技术，依然无法消除数据、信息之间的选择性覆盖，数据、信息之间的关联性依然会存在一定的阻隔效应，亦即政府利用大数据技术获得的金融消费者信息进行政策制定或决策，并不当然符合金融消费者信息需要保护、需要怎样保护的事实基础。以规制价值知识的制度化为例，政府规制主体在复杂多变的新形势下，由于自身规制知识的匮乏，并未就金融消费者的信息保护适时地给出相对完善的制度化方案。以规制技术知识的运用为例，在数据经济时代，政府的数字管理技术一般明显落后于金融信息者的数字管理技术，从而导致政府规制决策者在数字技术缺乏或不完备的情形下，作出某项“差强人意”的规制决策选择。[③]

第二，主体的单一性。其一，单一依靠政府主体进行规制，会面临不同政府部门规制目标不一致、规制行动模式冲突、政策工具相互矛盾造成的规制效率低下之困境。如金融消费者权益保护部门更为强调金融消费者基本权益的维护，但征信管理部门更为注重对金融消费者信息的收集整理以促进全民征信体系的发展，此二者规制目标的不同甚至冲突，会造成金融消费者信息保护绩效的相对低下。其二，单一依靠政府主体进行规制，会变相加剧规制主体对原有规制方法、规制工具等方面的路径依赖，在政府规制主体“政治人”和“权力人”的属性牵制下，往往会出现“以不变应万变”的惰政、怠政现象和不合时宜、不切实际的规制政策。若政府规制主体不对大数据时代金融消费者信息侵害行为的特殊性风险表现进行充分考察、研究，往往会依循老方法制定仅能解决“老问题”的“新规则”。其三，单一依靠政府主体进行规制，无法实施覆盖所有涉及金融

---

① 参见靳文辉：“公共规制的知识基础”，载《法学家》2014 年第 2 期。

② 参见靳玉红：“大数据环境下金融信息安全防范与保障体系研究”，载《情报科学》2018 年第 12 期。

③ 参见［美］兰迪·T. 西蒙斯：《政府为什么会失败》，张媛译，新华出版社 2017 年版，第 50 页。

消费者信息保护的规制，若政府规制主体忽视多元市场主体发挥主观能动性进行自我规制的效用，不能充分调动、协调金融信息业者、行业协会、第三方机构等多元市场主体的智识来应对大数据时代金融消费者金融信息保护的风险困境，将进一步凸显政府规制的局限性。

## 二、大数据时代金融消费者信息保护的道路

### （一）追求相对安全与加强技术治理的并重进路

金融科技在促进金融市场发展、现代经济体系建构中具有显著的规模效应，与此同时，金融科技“破坏性创新”的属性往往会对现有规制体系形成冲击、对金融市场竞争秩序、金融消费者保护等方面产生不利影响，并具有不利于系统性经济安全与稳定的潜在风险。前文已述，在大数据充分运用于金融科技场域的当下，金融消费者信息保护面临一些特殊风险的冲击。针对该风险的防范，应该遵循追求相对安全与加强技术治理的并重理路。

对于金融消费者信息保护中所遭受到一系列特殊风险的冲击，需要进行必要的风险防范。风险防范体现了人们对安全价值的追求，对于任何金融活动，尤其是金融创新活动，它们的风险需要予以特别的重视和防范，对此，一个显著的事实是，防范某项金融活动风险的过程中也会导致成本过高、防范失当等其他风险。① 为此，我们不应将第五次全国金融工作会议所强调的“安全第一”异化为“安全唯一”，以追求金融科技领域的绝对安全。对于该风险的防范，应确立相对安全的理念。② 该理念既内含了防范风险、追求安全的首要地位，又内含了促进发展、鼓励创新、注重市场机制的基本要求，亦符合金融法效率、安全、公平等价值的追求。③ 纵使大数据技术对金融消费者的信息造成信息不安全的风险，亦不应当为了对安全价值的追求而忽视该技术创新在促进金融市场发展的显著作用。总之，一味强调安全，只会导致停滞，最终还会导致衰败。④ 故而，在注重对金融消费者个人金融信息进行保护以规避风险的同时，不能一味地追求杜绝风险以达至绝对安全的境地，必须在追求相对安全的理念下，给予金融信息业者发展创新的促进空间，毕竟，任何以放弃发展机会为代价来规避风险、实现安全的

---

① 参见邢会强：“相对安全理念下规范互联网金融的法律模式与路径”，载《法学》2017 年第 12 期。

② 理念，也就是理性观念，是经过理性思考形成的观念。理念一旦形成，相对稳定，即使监管政策不断调整，但都受一定的理念指导。

③ 参见邢会强：“金融危机治乱循环与金融法的改进路径——金融法中‘三足定理’的提出”，载《法学评论》2010 年第 5 期。

④ 参见［美］博登海默：《法理学——法哲学及其方法》，邓正来、姬武译，华夏出版社 1987 年版，第 293 页。

行为都是愚蠢的。[①]

为此，针对金融消费者信息保护中所遭受到的大数据技术造成的一系列特殊技术风险的冲击，可以考虑以加强技术治理的方式予以应对，因为技术既是造成风险的来源因素，又是促进对风险进行规制的激励因素。虽说技术治理的方式并非是法学关注的重点议题，但是科技发展和法律规范形成之间的互动却值得关注，或许这种互动会为构建个人信息保护的实体性规范作出贡献。[②] 其中，监管科技的应用越来越成为学界关注的重点。监管科技的概念最早由英国市场行为监管局（FCA）提出，[③] 意指“将新技术应用到现有监管过程中，以促进达成更有效的风险识别、风险衡量、监管要求以及数据分析等活动”。[④] 监管科技内含的技术驱动型监管对于金融消费者信息保护的有效治理体现在以下几个方面。第一，提升监管主体的技术治理能力，从而能够迅速、有效地甄别、发现、规避金融消费者信息所可能遭受的信息安全、信息分析风险。第二，能够促进实时、动态、全流程监管的实现和监管效率的提高，这能够对金融消费者信息在收集、分析、使用、流通以及转让使用等环节的全流程保护提供有效帮助。第三，有助于推进金融信息业者自我监管能力的提升，促进其合规运营。监管科技不仅可帮助金融信息业者无缝对接系统嵌套监管政策，而且能及时自测与核查其经营行为是否符合监管要求，以提前预测并识别风险。[⑤] 在监管科技所带来的合规性压力下，金融消费者信息保护中所招致的信息市场秩序风险会被金融信息业者主动规避，从而免受金融监管部门的合规性处罚。鉴于该部分所涉内容在学界探讨众多，下文将不对监管科技这一技术治理方式的应用进行论述。

### （二）利益平衡与设权赋能的并进理路

所谓平衡，是一种张力状态，各利益主体的核心利益在得到保护和实现的前

① 参见［英］罗伯特·席勒：《新金融秩序——如何应对不确定金融风险》，束宇译，中信出版社 2014 年版，第 36 页。

② See Helen Nissenbaum, Privacy in Context: Technology, Policy and the Integrity of Social Life, Stanford Law Books, 2009, PP. 158 – 159; Keneeth A. Bamberger, Deirdre K. Mulligan, Privacy on the Ground: Driving Corporate Behavior in the United States and Europe, The MIT Press, 2015, pp. 24 – 25.

③ 参见 FCA（2016 – 02 – 23），“RegTech”，innovate. fca. org. uk，Financial Conduct Authority，最后访问日期：2019 年 1 月 9 日。

④ 该定义可参见金融科技督导小组报告（Report of the Steering Group on Financial Technologies），p. 5，http：//www. fstb. gov. hk/fsb/ppr/report/doc/Fintech_ Report _ for% 20publication _ e. pdf，最后访问日期：2019 年 1 月 9 日。

⑤ 参见许多奇：“金融科技的‘破坏性创新’本质与监管科技新思路”，载《东方法学》2018 年第 2 期。

提下，应让渡非核心利益作为他方实现其核心利益的条件和基础。① 法律所具有的利益分配机制和契约执行机制，决定了对于金融信息业者的规范发展和金融消费者信息保护需求至关重要，而立法是认识利益、表达利益的有效手段，② 为此，需要通过进一步完善立法的形式以回应利益衡量视角下金融消费者信息与金融信息业者的利益诉求。然而，对于个人信息保护是置于公法、私法还是公私统合法视域下立法，学界有着不同意见。有学者认为普通民事权利已经无法同步于科学技术的发展，应在宪法中予以明确和涵盖以进行同步保护；③ 有学者认为个人信息横跨“公私两域”，主张公私法整合保护模式，如通过“消费者法”重新激发个人信息私法保护的活力，同时采取公法框架进行风险规制以保护个人信息；④ 有学者主张应以私权保护为中心，加强对个人数据以及个人信息人格属性和财产价值的融合保护，⑤ 并建议制定一部个人信息保护法将个人信息权涵摄于具体人格权中予以保护；⑥ 有学者认为大数据技术下个人信息具有公共物品的性质，私法保护模式不利于个人信息的自由共享，主张用公法和行政监管的方式对其进行保护；⑦ 有学者主张通过重构侵权规则，扩大通过隐私权对个人信息进行保护的可能；⑧ 有学者单纯从隐私权下位概念——金融隐私权角度分析，探讨如何加强对金融领域消费者个人信息的保护，⑨ 等等。

一般而言，行政立法的保护手段更能迅速见效并能够给将来立法提供适用性经验，刑事立法的保护手段能够对相关社会危害行为产生足够威慑力，但

---

① 参见张新宝：“从隐私到个人信息：利益再衡量的理论与制度安排”，载《中国法学》2015年第3期。

② 参见郭道晖：“论立法中的利益分配与调节”，载《湘江法律评论》（第二卷），湖南出版社1997年版，第10页。

③ 参见周汉华：“个人信息的保护：公民的一项基本权利”，载《人民法院报》2005年3月21日。

④ 参见王雪晖、赵薪：“隐私权之公私法整合保护探索——以‘大数据时代’个人信息隐私为分析视点”，载《河北法学》2015年第5期；丁晓东：“个人信息司法保护的困境与出路”，载《法学研究》2018年第6期。

⑤ 参见王鹏鹏：“论个人数据的静态与动态融合的私法保护”，载《四川师范大学学报》（社会科学版）2019年第5期。

⑥ 参见王利明：“论个人信息权的法律保护——以个人信息权与隐私权的界分为中心”，载《现代法学》2013年第4期。

⑦ 参见吴伟光：“大数据技术下个人数据信息私权保护论批判”，载《政治与法律》2016年第7期。

⑧ 参见徐明：“大数据时代的隐私危机及其侵权法应对”，载《中国法学》2017年第1期。

⑨ 参见钱源、姜昕：“论金融隐私权在我国的构建”，载《河北大学学报》（哲学社会科学版）2009年第6期；吴寒青：“金融隐私权保护制度探析”，载《西南民族大学学报》（人文社科版）2006年第12期。

是，行政法和刑法主要解决的是不平等主体之间的矛盾，并不能够对平等主体之间私益冲突的解决予以额外帮助。易言之，进行公法性质的立法，难以实现信息业利益主体与个人利益主体之间的利益平衡。一方面，其会严重限制个人信息在收集、流通、转让、共享等环节商业价值的发挥，亦即主要限制了信息业利益主体对个人信息的合法开发、控制、使用权，这将对其商业创新产生不利影响。另一方面，亦不利于个人利益主体对其个人信息所享有的人格权进行人格尊严的维护、不利于其对个人信息所享有的财产权合理授权使用以获益，不利于其对个人信息受到侵害后进行恰当的民事救济。金融消费者信息保护中的利益主体主要是私法性质下的金融信息业者与金融消费者，通过加强民事立法的制度供给更为符合金融消费者个人信息保护的规制逻辑。事实上，《中华人民共和国民法典》（以下简称《民法典》）第 111 条在一定程度上确立了个人信息权，既是宣示性规定，也是确权性规定。① 然而，我国应当在未来确立个人信息保护的法律制度，以实现其从应然权利到实然权利的立法突破。②

在此立论基础下，需要在未来的民事立法中对相关利益主体进行设权赋能，以切实保障其合法的利益诉求。王泽鉴教授有言，当某种法益在现实生活中具有相当程度的重要性时，“或直接经由立法，或间接经由判例学说被赋予法律效力，使其成为权利”。③ 简要而言，对于大数据时代金融消费者的信息保护，应在民法框架内确立个人信息权制度的基础下，赋予金融消费者和金融信息业者相应的信息权权能，从而在利益平衡的制度安排下遵从制度激励与制度规训，以实现恰如其分的信息保护。

### （三）多元主体合作规制的并治理路

大数据时代，对于金融消费者信息保护的实现，单单依靠企业自我规制或政府部门政府规制都是难以为继的。对于企业自我规制而言，企业社会责任的精神激励导向和法律规范体系尚不完善，金融信息业者难以凭借企业家精神或企业社会责任承担起相应的保护义务；基于经济利益的追求，企业自我规制往往具有逃遁政府规制和规避保护义务以减轻经营成本负担的行为表现。对于政府规制而言，主体知识不足、主体单一性是其显著缺陷。除此之外，在全新的信息社会规制空间场景中，政府规制措施不一定比市场更有效，甚至因为政府的规制而引发

---

① 参见陈甦主编，谢鸿飞、朱广新副主编：《民法总则评注》（下册），法律出版社 2017 年版，第 785 页。

② 参见薛丽：“GDPR 生效背景下我国被一网清确立研究”，载《法学论坛》2019 年第 2 期。

③ 王泽鉴：《民法总则》，中国政法大学出版社 2001 年版，第 121 页。

其他经济部门交易成本的增加或者错误分配，从而可能超过了规制的效益收益。① 在当今社会，规制资源呈碎片化分布的样态，规制主体也在扩容并形成多元主体规制的趋势。斯科特教授认为，应在充分整合规制资源和充分关注不同规制主体的相互依存关系下，来制定标准、实施监督与规制执法。② 在金融消费者信息保护领域，主要存在市场、政府、社会三方面的规制主体，为了更好地发挥三方规制主体在规制活动中的互动以及合作，合作规制成为应然的选择。

合作规制是指在规制空间视域下，主要以政府主体、私法主体为参与主体，对相关规制活动所进行的一系列合作，以达至对市场有效规制的规制形态。合作规制强调的是在规制活动中应突破传统的政府规制单一模式，扩大多元规制主体的参与，加强政府与其他主体的互动、合作。例如，欧盟《一般数据保护条例》即采用了行业主导、政府适度干预的理念，政府在宏观层面条款和制定个人信息保护的基本框架及原则，而市场则从微观层面发挥自我管理之基础性功能。③ 合作规制具有规制主体多元化、规范结构原则化、规制方式多样化等特点。④ 对于规制主体多元化，在金融消费者金融信息保护中，可以有企业的自我规制、相关政府部门的政府规制，还可以充分发挥行业协会如消费者行业协会、互联网平台、金融科技企业等行业协会的自律规制以及认证机构的第三方规制等。如通过充分发挥行业协会自律组织的自我规范作用，能够更好地实现市场有序化，并能够有效地降低国家管制成本；⑤ 由个人信息保护组织或机构展开的个人隐私保护认证便能有助于提升用户对企业个人信息运作的信任。⑥ 对于规范结构原则化，合作规制结构下法律规范一般采用框架立法、原则立法的模式，法律规范将以原则性条款对规制目标、各方权限和责任、程序等加以规定，同时赋予行政执法部门进一步细化法律法规和自由裁量的权力。⑦ 在该规范结构下，政府、企业、行业协会、第三方机构等主体均具有弹性规制权力，由此形成的软性和弹性拘束力，能够充分平衡金融消费者信息保护领域企业自由创新与消费者安全保护之间

① 参见［英］安东尼·奥格斯：《规制——法律形式与经济学理论》，骆梅英译，中国人民大学出版社2008年版，第30页。

② See Colin Scott，Analysing Regulatory Space：Fragmented Resources and Institutional Design，Public Law，329－350（2001）.

③ 参见张继红：“大数据时代个人信息保护行业自律的困境与出路”，载《财经法学》2018年第6期。

④ 参见谭冰霖：“论第三代环境规制”，载《现代法学》2018年第1期。

⑤ 参见鲁篱：《行业协会经济自治权研究》，法律出版社2003年版，第190－193页。

⑥ See XinguanSheng，Lorrie Faith Cranor，An Evaluation of the Effect of US Financial Privacy Legislation Through the Analysis of Privacy Policies，2I/S：A Journal of Law and Policy for the Information Society，943（2006）.

⑦ 参见高秦伟：“个人信息保护中的企业隐私政策及政府规制”，载《法商研究》2019年第2期。

的冲突。对于规制方式的多样化，其中诸如建议、和解、约谈、协商、推荐性标准、第三方规制等均得到广泛应用，且与私人规制和传统规制工具相互融合，使得规制既有针对性又有实效性。[①] 在金融消费者信息保护领域，规制方式的多样化有助于金融消费者采取多样化的手段寻求信息纠纷的救济和解决。

## 三、大数据时代金融消费者信息保护的对策

### （一）确立民法框架内个人信息权的基础性法律制度

迄今为止，我国已经出台近100部对个人信息作出规定的法律、行政法规、部门规章以及规范性文件，应当说，这些法律制度对个人信息的保护具有重要价值，在充分利用这些本土化制度资源的同时，亦可考虑对境外制度资源做一个简要考察和应有的借鉴。关于个人信息保护立法，是从特殊领域试点再上升到《个人信息保护法》，还是先有一部通用的《个人信息保护法》，再具体到各领域有其特有的制度规范，学界意见不一，对此，可以考虑从境外制度建设经验吸收养分。欧盟及欧洲大部分国家采取统一个人信息保护立法，保护范围具体全面，数据保护标准明确；美国则通过分散立法和行业立法将金融信息保护统一到各个行业的隐私权保护之中。[②] 对于我国而言，由于已经构建了包括隐私权、肖像权、姓名权与名誉权并行的概念与制度体系，[③] 美国式的将个人信息分别立法并统合到隐私权中进行保护的模式并不适合我国。整体来看，各国立法中对于个人信息保护主要采取统一立法或者分别立法模式，[④] 但大部分国家尤其是欧洲大陆法系国家对于个人信息保护的立法轨迹基本因循“基本法权利保护—民法框架保护—专门法律保护—分领域具体权利保护”的基本路径。有鉴于此，从个人信息保护的一般原理出发，我国可以采用“民法框架下个人信息权保护的一般性规定（明确个人信息的法律概念与属性、设立个人信息权、确立个人信息人格权和财产权的二元保护体系、明确个人信息权主体、权利及其权能、明确信息使用者的责任义务、强化信息保护民事责任体系的建设等）——具体领域（如金融、互联网医疗、网络电商等）个人信息权保护具体规则”的保护路径。[⑤]

---

① See William McGeveran, Friending the Privacy Regulators, 58 Arizona Law Review, 959 (2016).

② 参见高琦、杨志宏：“金融信息保护困境”，载《中国金融》2018年第14期。

③ 参见齐爱民、李仪：“论利益平衡视野下的个人信息权制度——在人格利益与信息自由之间”，载《法学评论》2011年第3期。

④ 参见王利明：“论个人信息权的法律保护——以个人信息权与隐私权的界分为中心”，载《现代法学》2013年第4期。

⑤ 参见张继红：“论我国金融消费者信息权保护的立法完善——基于大数据时代金融消费者信息流动的负面风险分析”，载《法学论坛》2016年第6期。

囿于笔力与篇幅所限，对于个人信息权保护的一般性规定，仅就以下几点作出说明。第一，个人信息的概念与类型划分。一般认为，个人信息是指与一个身份已经被识别或可以被识别的自然人相关的任何信息。对于个人信息的定义，学界的困境在于局限于个人信息与非个人信息二分法，实质上，个人信息的确切定义和精准界定并非重点，对于个人信息在特定场景中“被如何使用”以及是否符合用户在相关场景中的合理期待才是关注的焦点，故而，有学者建议应弱化个人信息与非个人信息在前端收集阶段的区分，而应着重关注个人信息的使用环节，评估其在不同场景及用途中引发的风险，由此确定机构相应的义务。① 第二，个人信息的类型划分。有学者将个人信息分为人格紧密型个人信息和人格疏远型个人信息；② 国外立法例和我国国内法规在信息主体同意层面都将个人信息区分为敏感信息和一般信息。③ 无论何种类型划分，涉及人格尊严及隐私的，要做到严格保护，以保护其人格权；只是对于事关经济利益的一般性个人信息，则要考虑到社会交易的发展，④ 以促进其商业开发利用。第三，明确信息权主体及其权利。个人信息来源主体，以自然人为主，针对个人信息享有人格权和财产权。个人信息收集、使用主体，以信息业者为主，针对匿名化的信息集合（人格疏远型信息/一般信息）享有信息财产权，具体表现为信息使用权、处分权、收益权。个人信息继受主体：其权利来源于信息收集、使用主体，其可在许可使用合同约定的范围内享有相应的权利。⑤

### （二）赋予金融消费者和金融信息业者相应的信息权权能

在民法框架内确立个人信息权的基本法律制度后，金融消费者信息权和金融信息业者信息权作为下位概念才得以成立。对于个人信息，金融消费者享有

---

① 参见张新宝：“《民法总则》个人信息保护条文研究”，载《中外法学》2019 年第 1 期；张新宝：“从隐私到个人信息：利益再衡量的理论与制度安排”，载《中国法学》2015 年第 3 期；范为：“大数据时代个人信息保护的路径重构”，载《环球法律评论》2016 年第 5 期；刘定基：“个人信息的定义、保护原则与个人信息保护法适用的例外——以监控录像为例（上）”，载《月旦法学教室》2012 年第 115 期，等等。

② 参见项定宜、申建平：“个人信息商业使用同意要件研究——以个人信息类型化为视角”，载《北方法学》2017 年第 5 期。

③ 英国将个人信息划分为敏感信息和琐碎信息；德国在《德国联邦个人数据保护法》中将个人信息划分为敏感信息与非敏感信息；我国在《信息安全技术公共及商用服务信息系统个人信息保护指南》中将个人信息区分为个人一般信息和个人敏感信息。参见齐爱民：《拯救信息社会中的人格》，北京大学出版社 2009 年版，第 48 页、第 84－85 页；姚蕾蕾：“论个人信息使用中同意要件的规范重塑”，载《图书馆》2018 年第 12 期。

④ See Hatta M. Usage Differences of Open Data between Countries：Comparison among Japan，US and UK [J] . Transactions of the Academic Association for Organizational Science，2015（4）：pp. 176－181.

⑤ 参见肖建华、柴芳墨：“论数据权利与交易规制”，载《中国高校社会科学》2019 年第 1 期。

完整的占有、使用、收益及处分四项权能。在个人金融信息收集、分析、使用、处理等全流程之中，金融消费者应当享有从始至终的控制、处理权利，如对自身信息的处分享有同意权、对自身信息的授权使用具有目的限制权、对自身信息的处分享有收益权、对于金融信息业者超出特定目的或授权范围的使用行为享有拒绝权、对于信息的流动享有删除权和被遗忘权、对于个人信息遭受侵害享有诉讼权，等等。在确立金融消费者对金融信息享有天然的正当权利的同时，[①] 亦应同时赋予金融信息业者使用金融消费者金融信息的正当权利。对于金融信息业者而言，其只能在获得金融消费者授权的情形下，享有使用、收益的信息权权能。

以个人信息类型化为视点，具体展开。对于金融消费而言，金融消费者个人金融信息中人格紧密型信息（敏感信息）应得到人格权严格的保护，人格疏远型信息（一般信息）应得到财产权和相应权能的保护。对于金融消费者的人格紧密型个人信息，在没有金融消费者的明确授权同意情况下，任何组织和个人不得进行使用、处理，除非是法律授权、为消费者根本利益、非营利机构、数据信息已被公开化等特殊情况。[②] 当人格紧密型个人金融信息被金融信息业者不当使用造成人格权或财产权损害的，其可分别依据《中华人民共和国侵权责任法》（以下简称《侵权责任法》）第22条保护人格权和《侵权责任法》第20条保护财产权。对于金融消费者人格疏远型个人信息，若被金融信息业者不当使用，如使用者被信息主体拒绝后继续使用、超出特定目的使用、没有对信息主体履行法定补偿义务等，造成金融消费者财产权损害的，其亦可通过《侵权责任法》第20条主张独立的财产权损害赔偿。[③] 对于金融信息业者而言，无论对金融消费者人格紧密型还是人格疏远型个人信息的使用，均应获得金融消费者的知情同意下的授权，一旦超过初次使用的目的而进行二次使用，则需要获得金融消费者的再次授权。值得注意的是，基于该授权而进行的信息整合和创新应用，可作为金融信息业者独立的信息财产权，其具有相应的占有、使用、收益和处分的权能。基于公共利益或公共管理的需要，金融信息业者可以不经金融消费者的授权进行合理使用，但应当事前告知金融消费者公益目的和公益项目的情形，而事关国家金融安全和金融秘密的情形除外。

---

① 参见辜明安、王彦：“大数据时代金融机构的安全保障义务与金融数据的资源配置”，载《社会科学研究》2016年第3期。

② 参见颜苏：“金融控股公司框架下数据共享的法律规制”，载《法学杂志》2019年第2期。

③ 参见项定宜：“论个人信息财产权的独立性”，载《重庆大学学报》（社会科学版）2018年第6期。

### （三）完善隐私政策，加重金融信息业者信息保护义务和责任

1. 完善金融信息业者的隐私政策

对于隐私政策的完善，一方面主要是侧重于隐私政策本身的改进；另一方面是通过技术方案的设计完善隐私政策。①

对于前者，首先，对于金融信息业者以格式合同条款设置的免除或者限制其责任的隐私政策条款，在合同订立时采用足以引起对方注意的文字、符号、字体等特别表示，② 提供格式条款一方对已尽合理提示及说明义务承担举证责任。其次，建议扩充免责条款无效的适用情形，③ 可在立法中规定提供格式条款一方违反公平原则免除其责任、加重对方责任、排除对方主要权利的，该条款无效。对于其他显失公平的条款可变更或可撤销。④ 亦即在合同法中，金融信息业者属于提供格式合同条款的一方，根据相关规定，金融信息业者通过格式条款免除和加重合同相对方责任的应属无效条款，被侵权者有权追责。最后，隐私政策说明书设置是加强金融消费者对隐私政策具体内容理解把握的有效方式，也是金融信息业者确保自身免责的有利说明。隐私政策说明书的模式可分为三类：简短型、摘要型和完整型。⑤ 但无论哪个种类都应尽量简洁化避免冗长、清晰化便于理解、标准化避免杂乱。

对于后者，基于技术的解决方案，可制定更容易操作的同意规范、实践以及标准，⑥ 以实现隐私政策不仅在程序上亦在实体上能够对消费者的个人信息进行全流程保护。目前，“隐私增强技术”和“通过设计保护隐私”是两种代表性的技术解决方案，金融信息业者应当充分发挥技术优势，完善技术基础设施建设，

---

① 基于技术的解决方案强调关注用户对个人信息和隐私安全的期望，并超越企业隐私政策本身而关注网站、软件和设备的整体结构与设计，制定更容易操作的同意规范、实践以及标准。See Ira S. Rubinstein, Regulating Privacy by Design, 26, Berkeley Technology Law Journal, 1409 (2011).

② 最高人民法院《关于适用〈中华人民共和国合同法〉若干问题的解释（二）》第6条对在格式合同中如何履行提示及说明义务规定了具体的细节：提供格式条款的一方对格式条款中内容，在合同订立时采用足以引起对方注意的文字、符号、字体等特别表示，并按照对方的要求对该格式条款予以说明，人民法院应当认定符合《中华人民共和国合同法》（以下简称《合同法》）第39条所称“采取合理的方式”。

③ 我国免责条款的无效目前仅限于涉及人身伤害和因故意或者重大过失造成对方财产损失的情形。参见《合同法》第53条。

④ 参见张可法：“个人金融信息私法保护的困境与出路”，载《西北民族大学学报》（哲学社会科学版）2019年第2期。

⑤ See, EU Article 29 Data Protection Working Party , Opinion on More Harmonised Information Provision, 11987/04/EN/WP 100, Nov2004, pp. 6 - 9.

⑥ See Ira S. Rubinstein, Regulating Privacy by Design, 26, Berkeley Technology Law Journal, 1409 (2011).

以实现隐私政策从头到尾的有效。

2. 加重金融信息业者后合同义务与责任承担力度

第一，加重后合同义务。后合同义务要求金融机构在合同执行之后，应根据金融产品的风险变化和走势，向金融消费者提供金融产品的注意义务、告知义务、说明义务等附随性义务。[①] 在金融消费者信息保护领域，金融信息业者后合同义务的履行要求其在获得金融消费者信息使用授权后，在使用、转让使用等过程中亦应当履行与在收集阶段同等或类似的信息保护义务，如增加金融信息业者的隐私风险评估管理义务、要求金融信息业者采取与隐私风险相关的保护措施、强调金融信息业者对保障金融消费者个人金融信息控制性、透明性和矫正路径的作用。[②] 第二，加重责任承担力度。人们在日常生活中作出"是否要守法"的决定，其实是一个基于成本、收益或代价以及概率的衡量。当违法的成本小，收益高，被处罚的概率低的时候，人类没有动机去遵守法律划定的边界。但如果违法成本高、收益小，被处罚的概率还大的时候，人类的动机自然是要遵纪守法。目前，我国对侵害个人金融信息行为的惩罚力度不高，而违法成本的过低将会助长侵害行为的滋生。此外，在数据经济时代，金融信息业者在对个人金融信息集合的开发、创新、应用过程中获得了巨大的经济价值，而这些经济实惠却基本被金融信息业者获取，广大的金融消费者并未得到应有的经济实惠，而且，金融消费者信息遭受侵害后维权成本过高，具有显著的相对劣势地位。基于此，对于金融信息业者侵害个人金融信息的行为可以考虑引入惩罚性赔偿制度，以对金融信息业者规范运营、切实保护、遏制侵害起到威慑作用。

### （四）加强政府规制，推进合作规制

个人金融信息天然具有社会公共属性，其公共属性成为当前信息产业的基础和支撑。[③] 现代国家之所以强化对个人信息的保护力度，原因在于两方面，其一，由于金融消费者受个人认知水平程度参差不齐的限制以及金融信息风险复杂多变等原因，金融消费者难以对自身金融信息权进行准确辨识和有效保护。换言之，金融消费者难以对个人金融信息流通中的风险进行有效管理，而在公民个体不足以对信息风险进行客观和有效判断的情况下，国家有责任为公民提供信息安

---

① 参见齐萌："台湾'金融消费者保护法'的反思与借鉴"，载《亚太经济》2012 年第 3 期。

② 参见张继红："论我国金融消费者信息权保护的立法完善——基于大数据时代金融消费者信息流动的负面风险分析"，载《法学论坛》2016 年第 6 期。

③ See Joshua A. Fairfield &Christoph Engel, Privacy as a Public Good, 65 Duke Law Journal, 385 (2015); See Hirsch, Privacy, Public Good, and the Traged of the Trust Commons: A Response to Professors Fairfield and Engel, 65 Duke Law Journal Online, 67 (2016); Priscilla M. Regan, Response to Privacy as a Public Good, 65 Duke Law Journal Online, 51 (2016).

全这一公共产品。[①] 其二，金融信息业者对金融消费者信息权的保护，亦即企业的自我规制存在有效性不足的情形，如企业的隐私政策难以对企业自身产生有效拘束、外部惩戒性措施不足、自我规制执行不力等，从而致使企业对个人信息的收集、处理和使用的失范更为严重，因此，政府有必要对企业的自我规制进行再规制。对此，政府规制的意义在于确保金融信息者隐私政策能够被切实地遵守、履行，在于弥补金融消费者个体维权举证的不足、在于公权威慑下对金融信息者违法行为的纠正和处罚，等等。[②] 从规制经济学的视角出发，亦可明晰政府规制的意义所在。一般认为，金融服务供应商与金融消费者之间利益关系的平衡难以由交易双方通过市场来完成，因此政府有必要承担其金融消费者保护的义务。[③] 总之，国家为了保护个人的基本权利不受他人侵害，具有采取积极措施的义务。[④] 为此，对于金融信息业者对金融消费者信息的收集与使用，可以借鉴和采用 GDPR 所规定的数据控制者与使用者应具备与风险相称的技术与组织措施、数据控制者在处理数据前应进行风险评估等条款或措施，[⑤] 建立与我国国情相适应的风险评估与风险预防制度，以实现对该领域相关风险的有效管理。同时，需要注意的是，在加强政府规制过程中，政府规制主体应注重自身规制知识的学习，以提高规制能力。可以通过充分考察、调研的方式加强对规制事实知识的了解和掌握；可以通过专家论证、公众参与等方式以提升对规制价值知识的制度化方案设计能力；可以通过专业性、技术性人才的培训和引进，以强化对规制技术知识的应用。

在以往，市场和企业自我规制是规制理论的重要内容，而在现代规制理论中，企业和政府间的合作规制日益成为规制理论的焦点。为此，在推进合作规制中应注意：首先，政府应当充分使用激励机制鼓励企业自我规制的有效开展，随着信息科技快速迅猛的发展，个人信息保护领域需要金融信息者践行更多的合作行动、履行更多的社会责任。[⑥] 其次，合作规制应注重多元主体的充分协商与参与，政府应充分发挥行业协会、企业、第三方机构等组织的专业知识和技能。例如，应调动互联网金融协会的自主性、积极性，鼓励其制定互联网金融行业内的

---

① 参见丁晓东："个人信息司法保护的困境与出路"，载《法学研究》2018 年第 6 期。

② 参见高秦伟："个人信息保护中的企业隐私政策及政府规制"，载《法商研究》2019 年第 2 期。

③ 参见郑博、黄昌利、李易："金融消费者保护的国际比较研究"，载《宏观经济研究》2018 年第 3 期。

④ 参见［日］山本敬三："基本权利的保护与私法的作用"，刘涛译，载《交大法学》2010 年第 1 期。

⑤ 参见欧洲议会《一般数据保护条例》（GDPR）第 32 条、第 35 条。

⑥ 参见张青波："自我规制的规制——应对科技风险的法理与法制"，载《华东政法大学学报》2018 年第 1 期。

“金融消费者信息保护指引”之类的自律规范，以具体指导会员机构强化并完善个人信息保护的企业内控制度；为了应对金融消费者维权的集体行动困境，各级消费者权益保护委员会可以针对企业对个人信息的侵犯行为提起公益诉讼，检察机关也可对此开展公益诉讼的探索；[①] 为了对金融信息业者的隐私政策进行监督，可借鉴美国通过设立第三方网络隐私认证机构的方式加强对隐私政策的评估、审查。

最后，合作规制中应建立健全规范制定、责任分配、制裁方式、公众参与等方面的实体规范与程序机制，进而共同发挥政府、企业、行业协会、第三机构等多元主体各自的优势，以促进合作规制有效性的实现。

① 参见丁晓东：“个人信息司法保护的困境与出路”，载《法学研究》2018 年第 6 期。

# 网络空间中犯罪帮助行为的类型化

## ——来自司法判决的启发

邓矜婷*

**摘　要：**提供侵入、非法控制计算机信息系统的程序、工具罪和帮助信息网络犯罪活动罪公开的一审判决书显示，实践中对下游犯罪、“明知”的把握缺乏明确标准，并且对帮助行为本身较为关注。网络空间中犯罪帮助行为应依其危害性和独立性进行分类，确立不同的入罪标准。对下游犯罪实行行为的促进作用程度与网络帮助行为的危害性、独立性直接相关，据此可将网络帮助行为分为三类：对下游犯罪实行行为有极大促进作用类；对下游犯罪实行行为有部分促进作用类；帮助下游犯罪前后期类。第一类对应提供专门用于侵入、非法控制计算机信息系统的程序、工具犯罪，第二类对应明知他人实施侵入、非法控制计算机信息系统的违法犯罪行为而为其提供程序、工具犯罪，第三类对应帮助信息网络犯罪活动罪。对于第一类，可以独立评价帮助行为的危害性；对于第二类、第三类，仍要求对帮助下游犯罪应具备“明知”要素以及应查实下游犯罪的不法性。

**关键词：**网络帮助行为；提供侵入、非法控制计算机信息系统的程序、工具罪；帮助信息网络犯罪活动罪；明知

## 引言

2015年8月29日，全国人民代表大会常务委员会通过《刑法修正案（九）》，针对帮助他人实施信息网络犯罪活动的行为多发的情况，设立了帮助信息网络犯罪活动罪。这可以看作是在2009年《刑法修正案（七）》增设提供侵入、非法控制计算机信息系统的程序、工具罪（以下简称“提供程序、工具罪”）之后，立法对于网络空间中犯罪帮助行为（以下简称“网络帮助行为”）的整体性回应。① 在

---

* 邓矜婷，中国人民大学刑事法律科学研究中心、中国人民大学未来法治研究院研究员。本文得到“国家重点研究计划（2018YFC0830905）”资助。

① 参见于志刚：“网络空间中犯罪帮助行为的制裁体系与完善思路”，载《中国法学》2016年第2期。

此期间，司法机关出台了司法解释，使得特定领域的网络帮助行为在认定时适当突破了传统共犯理论。

针对这些立法和司法解释，理论界存在不同解读。对于为网络帮助行为设置独立的法定刑，学界主要存在网络帮助犯的相对正犯化、[①] 网络帮助犯独立性说、[②] 网络帮助犯的量刑规则[③]等三种观点。三种观点主要在以下两方面存在争议：（1）下游犯罪应否查实以及查实的程度；（2）帮助者对下游犯罪的主观状态，是否要求共同故意，还是单向明知即可。虽然三种观点均认为网络帮助行为因其特殊的危害性和独立性，从而不同于非网络帮助行为，但在如何准确评价不同网络帮助行为所可能具有的不同危害性和独立性，以及将上述评价与其认定相联系等方面，却缺少进一步的研究。

现有的研究讨论了网络帮助行为的分类，主要有以下几种：（1）中立和非中立的网络帮助行为。[④] 这是中立的帮助行为理论在网络犯罪领域的延伸。（2）分为网络内容提供者、网络接入服务商、网络平台商、网络存储服务者、网络缓存服务者等。这实际上是对网络行为分类的应用，有三分法、[⑤] 四分法、[⑥] 五分法[⑦]甚至六分法[⑧]等。（3）直接针对某类具有代表性的网络技术或服务进行研究，比如 P2P 软件、[⑨] 深度链接行为、[⑩] 网络搜索引擎[⑪]等。（4）作为和不作为的网络帮助行为。[⑫]

这些分类对于研究网络帮助行为有重要价值。不过，面对多种多样的网络帮

---

① 参见张明楷：“论帮助信息网络犯罪活动罪”，载《政治与法律》2016 年第 2 期；蔡桂生：“论帮助犯的要件及其归属”，载《北大法律评论》第 16 卷 2015 年第 2 辑，北京大学出版社 2016 年版，第 1 页。

② 参见张明楷：“论帮助信息网络犯罪活动罪”，载《政治与法律》2016 年第 2 期。

③ 参见张明楷：“论帮助信息网络犯罪活动罪”，载《政治与法律》2016 年第 2 期。

④ 参见陈洪兵：“中立的帮助行为论”，载《中外法学》2008 年第 6 期；孙万怀、郑梦凌：“中立的帮助行为”，载《法学》2016 年第 1 期。

⑤ 参见欧阳本祺、王倩：“《刑法修正案（九）》新增网络犯罪的法律适用”，载《江苏行政学院学报》2016 年第 4 期。

⑥ 参见王华伟：“网络服务提供者刑事责任的认定路径——兼评快播案的相关争议”，载《国家检察官学院学报》2017 年第 5 期。

⑦ 参见王莹：“网络信息犯罪归责模式研究”，载《中外法学》2018 年第 5 期。

⑧ 参见陈洪兵：“论中立帮助行为的处罚边界”，载《中国法学》2017 年第 1 期。

⑨ 参见杨彩霞：“P2P 软件和服务提供商著作权侵害刑事责任探究——以 P2P 技术架构为切入点”，载《政治与法律》2016 年第 3 期。

⑩ 参见欧阳本祺：“论网络环境下著作权侵权的刑事归责——以网络服务提供者的刑事责任为中心”，载《法学家》2018 年第 3 期。

⑪ 参见梁根林：“传统犯罪网络化：归责障碍、刑法应对与教义限缩”，载《法学》2017 年第 2 期。

⑫ 参见王莹：“网络信息犯罪归责模式研究”，载《中外法学》2018 年第 5 期。

助行为，这些分类要么过于笼统，不能将具有不同危害性的网络帮助行为区分开来；要么与网络帮助行为自身的危害性、独立性关联不够，从而可能出现同一类行为包括多个罪名的客观要件或者同一罪名包括多类行为等情况，未能起到合理分类的作用。

本文从司法判决入手，研究实务中对上述争议的把握及其问题，并基于从中得到的启发在理论层面提出另一种分类方法，即以对下游犯罪实行行为的促进作用程度为准，将网络帮助行为分为三类：对下游犯罪实行行为有极大促进作用类；对下游犯罪实行行为有部分促进作用类；帮助下游犯罪前后期类。这三类分别对应具有不同程度危害性、独立性的网络帮助行为。在与犯罪类型的对应关系上，第一类对应提供专门用于侵入、非法控制计算机信息系统的程序、工具犯罪（以下简称“提供专门程序、工具犯罪”），第二类对应明知他人实施侵入、非法控制计算机信息系统的违法犯罪行为而为其提供程序、工具犯罪（以下简称“明知而提供程序、工具犯罪”），第三类对应帮助信息网络犯罪活动罪。通过上述分类，可以规范对相关罪名的解释，使对相关罪名的理解更为统一，也更有层次、更加简单清晰。

## 一、司法判决中的发现

立法上对网络帮助行为的回应主要体现在提供程序、工具罪和帮助信息网络犯罪活动罪，所以笔者从“威科先行”① 下载这两个罪名项下截至 2018 年 9 月 17 日的所有裁判文书，共 104 份。其中提供程序、工具罪的裁判文书 83 份，帮助信息网络犯罪活动罪的裁判文书 21 份。所有裁判文书均为一审判决书。

针对主要争议点，本文在研究判决书时考虑：（1）法院在认定网络帮助行为是否成立犯罪时，是否要求存在下游犯罪或者查实下游犯罪，以及如何理解“犯罪”概念。（2）法院是否要求帮助者明知被帮助者会实施犯罪，法院对“明知”要素是如何把握的。以这些问题为线索，本文有如下发现。

### （一）下游犯罪认定的乱象

在帮助信息网络犯罪活动罪中，下游犯罪以诈骗类为主；在提供程序、工具罪中，下游犯罪以侵入、非法控制、破坏计算机信息系统、程序类犯罪为主，帮助行为主要表现为提供木马、病毒类程序、游戏外挂软件、身份证识别免刷软件。所有案件中，下游犯罪行为人明确的（包括已定罪、已到案、另案处理）共 27 件；未提及或不明确的有 77 件。在大多数案件中，法院并未对下游犯罪进

① “威科先行”是权威的法律数据库，检索能力较强。其中的裁判文书与中国裁判文书网保持一致，及时更新。

行认定，而只是说明帮助行为如何支持某类不法行为。

**表一　网络帮助行为下游犯罪分布情况**

| 可能的下游犯罪 | 侵入、非法控制、破坏计算机信息系统、程序类犯罪（包括翻墙、免刷软件） | 侵犯公民个人信息罪 | 盗窃罪 | 诈骗类犯罪 |
|---|---|---|---|---|
| 出现次数/次 | 63 | 26 | 17 | 27 |
| 占比（%） | 60.6 | 25 | 16.3 | 26 |

在下游犯罪可能为诈骗类犯罪的共 27 个案件中，有具体诈骗人的 15 件，有具体受骗人的 17 件（其中不少案件是仅有部分受骗人明确），有具体受骗/损害金额的 13 件，其余均是这些方面不明确或未提及的案件。案件中帮助者的获利在 0 至 30 万元，获利形式包括销售付费、租赁、提成利润、工资/劳务付费等。这些不同形式、程度的获利并没有在定罪量刑中有较准确地反映，量刑集中在缓刑和一年有期徒刑。帮助行为与受骗事实发生之间的因果关系，在大部分案件中是明确的，但也有个别案件并不明确。①针对诈骗类犯罪的网络帮助行为的表现形态有：制作用于诈骗的网站、广告推广、支付结算、服务器托管、网络接入、域名解析、呼叫转移、提供突破安防措施的程序、隐匿身份。

下游犯罪可能为侵入、非法控制、破坏计算机信息系统、程序类犯罪的 63 个案件中，帮助者提供了用于实施侵入等行为的程序、工具，判决书未提及下游犯罪实施情况的，有 14 件，占 22.2%。这说明法院认为无论下游犯罪是否使用所提供的程序、工具实施侵入等行为，只要帮助者在知道这些程序、工具的功能的情况下提供了程序、工具，就满足定罪标准。下游实施了侵入等行为的有 49 件，占 77.8%；下游实施的犯罪行为能够锁定到人的有 31 件，其中仅有 1 件写明另案处理，其他均未说明下游犯罪行为人的去向；下游实施了侵入等行为的，其行为是否获利，判决书均未说明。而影响侵入等行为严重性的因素，如侵入次数、侵入造成的损害等都没有在判决书中得到体现。帮助行为的表现形态即提供的程序、工具形态。这些程序、工具按功能可以分为：能否获取计算机信息系统数据；直接还是间接突破安防措施；突破部分还是全部安防措施等。在两个案件中帮助行为是无偿的，而大部分帮助行为是获利的，形式包括劳务报酬、销售付费、出租、提成等。同样，这些获利形式的区别没有体现在定罪量刑中。

由上述分析可知，在网络帮助行为的定罪量刑中，下游犯罪的认定是比较混乱的。首先，在不少案件中，下游犯罪的行为人是不明确的，甚至是不存在的；而且，即使有具体的行为人，也鲜有到案的，更别提定罪了。其次，对于存在下

① 参见福建省上杭县人民法院（2017）闽 0823 刑初 157 号刑事判决书。

游犯罪是明确的，但对下游犯罪严重性的把握并不明确。判断标准五花八门，把握尺度松紧不一。再次，下游犯罪所侵犯的法益及侵犯的严重程度，在不少案件中是不明确的。例如，在下游犯罪为诈骗类犯罪的案件中，有不少案件未提及受骗人或者受骗人不明确。即使在受骗人明确的案件中，法院把握的尺度也相差很大。又如，在下游的诈骗类犯罪中，诈骗金额为30万元的和诈骗金额为几百元的，上游的网络帮助行为的量刑却是相同的。最后，下游犯罪与网络帮助行为之间的因果关系，在很多案件中都没有被提及、讨论，在有些案件中这一因果关系明显难以成立。

### （二）“明知”认定的混乱

理论上关于网络帮助行为的“明知”要素存在很多争议。[①] 而且，“明知”的证明也是难点，其证明方法包括直接证明、推定和证明责任倒置等。在本文的样本中，所有案件都有帮助者的供述，但供述内容都未给出；判决书都没有写明其认定的“明知”是什么含义，也没有对“明知”为何成立的证明和解释。这使得了解法院如何把握“明知”变得十分困难。由于缺少直接途径，本文只能运用间接方法来推测法院对“明知”的把握。

如果“明知”是要求双向的意思联络，则被帮助者应当是具体的，且与帮助者有过联系。据此观察判决书，发现：没有具体的被帮助者，或者虽有具体的被帮助者但没有其与帮助者的联系记录的案件，有47件，占45.2%；有具体的被帮助者，并且有其与帮助者关于帮助行为内容及付费等的具体约定的案件，有41件，占39.4%；明确或者能够推定帮助者知道被帮助者将自己提供的帮助用于实施犯罪活动的案件，有16件，占15.4%。

由此可知，在有些案件中法院认为“明知”应是双向的意思联络，而在有些案件中法院认为构成“明知”不需要双向的意思联络。进一步观察，要求双向意思联络的案件，涉及的下游犯罪有诈骗类犯罪，侵入、非法控制、破坏计算机信息系统、程序类犯罪，盗窃罪，侵犯公民个人信息罪等；不要求双向意思联络的案件，涉及的下游犯罪也包括这些犯罪。可见，对“明知”的不同把握，并不是以下游犯罪的类型来区分的。而且，在同样要求双向意思联络的案件中，有些要求帮助者明确知道被帮助者会将其提供的帮助用于实施犯罪活动，而有些只要求帮助者大概知道被帮助者可能会将其提供的帮助用于实施犯罪活动。如有判决书明确写道：帮助者“明知可能”被用于实施犯罪活动。[②] 在仅要求“大概知道”的案件中，有些认为这种“大概知道”的程度应当比较高，如有鉴定意

① 参见吴扬传：“论中立帮助行为的司法认定”，载《法律适用·司法案例》2017年第12期。

② 参见浙江省绍兴市上虞区人民法院（2016）浙0604刑初1032号刑事判决书。

见或者专家证言来说明所提供的程序、工具用于犯罪的专门性程度；有些则没有讨论这一问题。即使在这些案件中提供的帮助是比较中立的，也没有发现法院运用了“专门用于实施犯罪”的标准。①

**表二　“明知”的认定情况**

| 序号 | 涉及罪名 | 双向意思联络 | | 帮助者单向明知 | |
|---|---|---|---|---|---|
| | | 有被帮助者，且帮助者与被帮助者有关于帮助行为内容之付费等的具体约定 | 明确或能够推定帮助者知道被帮助者将其提供的帮助用于实施犯罪活动 | 没有具体的被帮助者 | 虽有被帮助者，但没有帮助者与被帮助者之间的联系记录 |
| 1 | 帮助信息网络犯罪活动罪/次 | 10 | 8 | 2 | 1 |
| 2 | 提供程序、工具罪/次 | 31 | 8 | 11 | 33 |
| 共计/次 | | 41 | 16 | 13 | 34 |
| 占比（%） | | 39.4 | 15.4 | 12.5 | 32.7 |

对于“明知”的认定，帮助者是否牟利、牟利多少、牟利与提供帮助以及下游犯罪之间的关系等，也是重要因素。据此观察判决书，发现：在有些案件中，帮助者是否牟利并不明确；在有些案件中，帮助行为是无偿的；② 在有些案件中，法院没有关注牟利额度是否高得不正常；在有些案件中，法院则强调所得收益过高。在存在牟利情况的案件中，被认定为可推定存在“明知”的牟利形式包括：基于职务或雇佣关系提供帮助从而获得工资或佣金；销售、出租相应技术以获得费用；就被帮助者基于帮助行为而获得的利益予以提成等。理论上讲，工资与提成反映了不同程度的主观恶性，前者是被动接受，后者则是积极索取，在量刑时应有所区分。但在实际案件中，仅有较少的案件在涉及工资形式的牟利时，讨论了帮助者基于职务被动提供帮助和参与下游犯罪分赃所体现的不同程度的主观恶性。而大部分案件都没有对不同形式的牟利予以区分，只要帮助者从其提供的帮助中获利，就构成牟利，从而推定存在“明知”。在那些下游犯罪没有

① 有关判断中立帮助行为入罪的标准，参见陈洪兵：“论中立帮助行为的处罚边界”，载《中国法学》2017 年第 1 期。

② 参见浙江省景宁畲族自治县人民法院（2018）浙 1127 刑初 21 号刑事判决书；四川省冕宁县人民法院（2015）冕宁刑初字第 141 号刑事判决书。

查实，甚至不存在下游犯罪的案件中，“明知”都得到了认定，判决书并没有给出特别的解释。在一些案件中，即使帮助者的获利与下游犯罪并无明确联系，甚至不存在联系，也会被认定构成牟利，从而推定存在“明知”。

由上述分析可知，实务中在网络帮助行为的定罪量刑上，对“明知”的把握是比较混乱的。有些案件认为，成立“明知”应要求双向意思联络；有些案件则认为，只要帮助者单向明知即可；有些案件认为，成立“明知”，帮助者应当知道具体要实施的下游犯罪；有些案件则认为，帮助者大概知道要实施的下游行为是犯罪活动即可。关于“大概知道”的程度，有些案件认为，应达到专门性的程度；有些案件认为，只要帮助者知道其提供的帮助有可能被用于实施下游犯罪即可。关于牟利与认定“明知”的关系，有些案件认为，成立“明知”要求帮助者有牟利；有些案件则要求，牟利须明显不正常，才能成立“明知”；有些案件则认为，帮助者即便未牟利也可构成“明知”。

### （三）司法判决的启发：同类网络帮助行为的定罪标准较为一致

法院的上述做法无法用理论上关于网络帮助行为的争议来解释。在一个判决中，法院的意见往往是几种观点糅合在一起。如部分意见可以看作是遵循帮助犯正犯化理论，部分意见又是支持帮助犯独立性理论。而判决之间的异同，也很难用理论观点之间的异同来解释。虽然帮助犯正犯化说、帮助犯独立性说、量刑规则说在很多方面的具体观点是一致的，但仍有不小差别。如帮助犯正犯化说强调，网络帮助行为的危害性突出，足以被提升为正犯，所以被正犯化后的网络帮助行为成立犯罪，不以下游犯罪的成立为前提，故不需要查实下游犯罪；网络帮助犯罪有独立的主观要件，在认定“明知”时不要求帮助者与下游犯罪行为人有双向意思联络，甚至不要求具备单向的明知。① 据此观察判决书，在那些下游犯罪行为人和具体行为不明确或未被提及的案件中，有不少案件在认定“明知”时又强调帮助者与被帮助者之间有意思联络，② 有些则强调帮助者单向明知被帮助者的实行行为。③ 虽然在帮助犯正犯化之后，仍然可以成立对帮助者进行帮助的帮助犯，但在这些不关注下游犯罪的案件中，虽然事实上有发现对帮助者进行帮助的人，但没有一个案件对这些帮助帮助者的人采取刑事措施，也没有提及任何处理措施，更没有对其提起公诉。④ 而在强调或查实下游犯罪行为人和行为的

---

① 参见于志刚：“网络空间中犯罪帮助行为的制裁体系与完善思路”，载《中国法学》2016 年第 2 期。

② 参见福建省厦门市同安区人民法院（2018）闽 0212 刑初 204 号刑事判决书。

③ 参见浙江省景宁畲族自治县人民法院（2018）浙 1127 刑初 21 号刑事判决书。

④ 在许多案件中，帮助者提供的程序、工具或者技术都不是自己制作的，而是从他人那里获得的。参见广东省东莞市第一人民法院（2017）粤 1971 刑初 250 号刑事判决书等。

案件中，有些案件在认定“明知”时又不要求存在双向意思联络，仅要求具备单向明知或大概知道帮助行为的整体危害性即可。①

本文在发现上述难以用现有理论解释的乱象后，尝试理解司法实践的逻辑，寻找能够解释司法实践的统一理论维度。本文认为网络帮助行为本身的危害性、独立性是理解和解释司法实践中不同做法的关键。虽然样本反映的网络帮助行为形态多样，但基本可以分为三类：（1）提供以木马、病毒类程序、游戏外挂、免刷软件、钓鱼网站等为代表的程序、工具的帮助行为。通过这类程序、工具，可以在未被授权的情况下侵入计算机信息系统，进而修改或控制计算机信息系统的程序并对其进行维护。（2）提供以秒拨、② 验证码自动识别、租用微信等支付账号、呼叫转移等为代表的程序、工具和服务的帮助行为。通过这类程序、工具和服务，可以隐匿身份、间接突破计算机信息系统的安防措施。（3）提供广告推广、支付结算、服务器托管、网络接入、域名解析等服务的帮助行为。这三类帮助行为大致对应相关罪名。第一类大多被认定为提供程序、工具罪，第三类大多被认定为帮助信息网络犯罪活动罪。第二类被认定的罪名虽然是上述两种罪名皆有，但所占比例很小。如果以上述分类为视角进行观察，可以发现，法院对下游犯罪和“明知”等的认定标准是较为一致的。涉及木马、病毒类程序、游戏外挂、免刷软件、钓鱼网站的案件，大多没有关注是否存在下游犯罪；其他的网络帮助行为案件则更多地关注了下游犯罪的具体情况，对“明知”的认定也提出了更加具体的要求乃至要求须具备双向意思联络。

## 二、类型划分的依据

在上述实证研究发现的启发下，本文认为，网络帮助行为的定罪应关注提供帮助的行为本身，对其进行类型化应以网络帮助行为本身的危害性、独立性为重心。理由如下。

其一，面对多种多样、性质差别很大的网络帮助行为，很难脱离网络帮助行为本身来讨论其下游犯罪和“明知”要素。不同的网络帮助行为会有不同的危害性和独立性，不可一概而论。正是因为其特别的危害性和独立性，才使得在认定网络帮助行为成立犯罪时，可以突破传统共犯理论。而不同网络帮助行为在危害性和独立性上的不同，会影响到其能否突破传统共犯理论以及突破的程度，进而影响其定罪标准。

其二，由于网络技术快速更新，网络空间快速拓展，网络秩序难以稳定，网

① 参见浙江省绍兴市上虞区人民法院（2016）浙0604刑初1032号刑事判决书。

② 关于秒拨的技术原理、犯罪路径、性质分析等，参见《中国检察官》2018年第3期以“提供‘秒拨’动态IP服务的行为定性”为主题的系列论文。

络空间很多方面的利益分配机制尚未确定、具体的权利义务尚不明确，所以，被网络帮助行为直接侵犯的利益在立法上经常未得到确认。如以自动切换 IP 地址、自动识别验证码、自动发现网络安全漏洞等为代表的具有突破或躲避网络安防措施功能的技术，其直接侵害的诸如 IP 地址资源、安防程序代码或者算法规则等，并不是法律明确规定的公共利益或者私人权利。[①] 而且，这类网络资源因其本身的特性，也很难被认定为属于某一私人主体、公共主体或者中间组织。但是，这类技术可以突破或绕开全部或部分网络安防措施，且极易传播，用户可在这类技术的基础上使用和接续开发更多的功能。[②] 也就是说，这类技术可借由网络扩散，从而引发大面积、大规模的危害。此时，刑法的规制就变得迫切了，从而出现为人所诟病和引发担忧的“刑法先行”现象，[③] 也催生了“打早打小”的网络犯罪刑事政策。[④] 在这种情况下，由于其直接侵害的利益在立法上往往未得到确认，通过非网络帮助犯罪的刑法分则罪名独立探讨上述网络帮助行为的刑事可罚性就十分困难。所以，通过网络帮助行为可能间接侵害的、已得到刑法明确保护的法益，以单独的网络帮助行为类犯罪来评价其刑事可罚性，就成为目前相对审慎的方法。

其三，网络帮助行为的类型决定了下游犯罪、明知、帮助行为与下游犯罪之间的因果关系等要素需要查实的程度。样本研究已经表明，不同种类的网络帮助行为在定罪的主客观要件方面，其具体的把握标准是不一样的，而同种类网络帮助行为在这些方面则基本一致。本文认为这不是偶然的。网络帮助行为可能实现的不同功能对下游犯罪所产生的促进作用是不同的，这使得认定主客观要件成立的难度也会不同。木马、病毒、免刷软件、钓鱼网站等程序、工具具有使计算机信息系统或者程序的主要功能无法正常运行的破坏作用，从而使得下游犯罪实行行为的实施变得轻而易举。因此，这些程序、工具的提供者通常知道这些程序、工具会被用来干什么，从而容易推定“明知”的成立。同理，被帮助者在获得这些程序、工具后通常会将其用于实施犯罪，而且往往在安装之后这些程序、工具会自动运行，所以很容易证明下游犯罪的存在。而根据所提供的程序、工具的数量和运行时长，能够大致推算下游犯罪的严重程度。如果这些程序、工具是有偿提供的，认定相关要素的依据就更加充分了。相比之下，提供服务器托管、网

① 程序代码或设计可能会受到知识产权的保护，但这种保护是针对复制、抄袭等行为的，而不针对攻击、突破等行为。

② 参见门美子：“提供动态 IP 服务的行为定性”，载《中国检察官》2018 年第 3 期；邓矜婷：“‘秒拨’动态 IP 切换技术的性质评析”，载《中国检察官》2018 年第 3 期。

③ 关于个人信息保护领域内的“刑法先行”现象，参见石亚淙：“网络时代的刑法面孔——‘网络犯罪的刑事立法与刑事司法前沿问题’学术研讨会综述”，载《人民检察》2016 年第 15 期。

④ 参见喻海松：《网络犯罪二十讲》，法律出版社 2018 年版，第 9 页。

络接入、域名解析、呼叫转移、微信等支付账户、广告推广等服务，则不像提供前述程序、工具那样，仅能用于使计算机信息系统或者程序丧失主要功能。因此，不能仅凭提供了这些服务，就推定提供者具备“明知”要素并推论下游犯罪的存在和严重程度。要作出这些推定和推论，需要更多的证据。

其四，网络帮助行为的刑事立法、司法活动及其演变，也体现了对网络帮助行为类型区分的关注。立法上，网络帮助行为不是作为一个整体来入罪的，而是迫于不同种类网络犯罪的发展形势而逐步、分类进行犯罪化的。司法上，一方面，为顺应立法变化，更好地实现立法目的、更准确地理解立法原意，司法机关出台了一系列司法解释和规范性文件。① 另一方面，对于特定领域内几类关键性的网络帮助行为，司法机关出台了有针对性的规范性文件，引入了片面共犯、共犯正犯化等原理。② 总之，刑事立法、司法活动对网络帮助行为没有采取“一揽子”的入罪化处理，而是根据网络犯罪的发展形势，应急性地“因技而变”，采取分别入罪、降低入罪门槛等方法，对不同种类的网络帮助行为作区别对待。③

其五，对网络帮助行为按照该行为自身的危害性、独立性进行分类，可实现行为类型的合理区分，实现违法性、有责性的合理匹配，并防止刑罚圈过分扩张。由于网络技术的快速更迭，刑事立法和司法都出现了应接不暇的情况，而法律的稳定性、刑法的谦抑性也是重要的法治价值，此时就出现了如下的两难局面：既担心刑事治理不及时，又害怕刑事治理不当、处罚过度。而对于网络帮助行为这一极具技术色彩的刑事规制领域，法律与技术既要保持一定的距离，又不能过于脱离技术，因此，一种介于两端之间的中间性概念或许有助于化解上述两难局面。而网络技术本身所蕴含的危险性以及相对的独立性，既能充分反映技术本身的特性，并能随着技术的发展而变化，又不会因为技术的某些微小变化而改变，从而是具有一定稳定性的中间性概念，同时这一概念又与刑法所关注的法益侵害性（社会危害性）直接相关，也可与行为的有责性相匹配。因此，以此为

---

① 例如，2004年《最高人民法院关于审理破坏公用电信设施刑事案件具体应用法律若干问题的解释》，2011年《最高人民法院、最高人民检察院关于办理危害计算机信息系统安全刑事案件应用法律若干问题的解释》，2014年《最高人民法院、最高人民检察院、公安部、国家安全部关于依法办理非法生产销售使用“伪基站”设备案件的意见》，2017年《最高人民法院、最高人民检察院关于办理侵犯公民个人信息刑事案件适用法律若干问题的解释》，2017年《最高人民法院、最高人民检察院关于办理扰乱无线电通讯管理秩序等刑事案件适用法律若干问题的解释》。

② 参见2010年《最高人民法院、最高人民检察院关于办理利用互联网、移动通讯终端、声讯台制作、复制、出版、贩卖、传播淫秽电子信息刑事案件具体应用法律若干问题的解释（二）》，2010年《最高人民法院、最高人民检察院、公安部关于办理网络赌博犯罪案件适用法律若干问题的意见》，2016年《最高人民法院、最高人民检察院、公安部关于办理电信网络诈骗等刑事案件适用法律若干问题的意见》。

③ 参见喻海松：《网络犯罪二十讲》，法律出版社2018年版，第6页以下。

标准来划分网络帮助行为的类型，可以实现网络技术快速更迭与法律稳定性的对接，使法律可以更好地因应网络技术的发展。

## 三、具体的类型

### （一）应以网络帮助行为所能实现的全部功能来划分网络帮助行为的类型

无论是以程序、工具的形式还是服务的形式体现的网络帮助行为，都可能具有多项功能。这些在提供帮助时就可能具有的功能，应一并作为评价标准来评价网络帮助行为的刑法意义。而经过升级或加工之后才具有的功能，则不应被包括在网络帮助行为危害性的评价中，因为这些功能不是出自帮助者提供帮助的行为。但是，通过对所提供的程序、工具稍加修改就能实现的功能，应当被包括在相应评价标准里。这是因为，程序功能往往都需要经过环境参数修改、设定路径等调试，才能在新的计算机信息系统中运行。如有些木马程序需要经过一些路径、环境参数等的设定、修改，才能被用来攻击具体的计算机信息系统，但不会因此就认为这些木马程序不具有攻击性。而如果这些木马程序本来不具有获取数据的功能，但经过修改具有了获取数据的功能，则此时不能认为原木马程序具有破坏性。

在进行功能评价时，不应以下游犯罪已使用的功能为限，也不应以可能被用于实施犯罪的功能为限。如果作出上述限制，则相当于要求查实下游犯罪。另外，如果以下游犯罪实际使用的功能为限，会导致对同样的网络帮助行为作出不同的危害性评价。而且，与下游犯罪的联系可以在网络帮助行为的危害性、独立性与犯罪主客观要件的联系中体现，帮助行为的危害性、独立性包括但不限于所提供的帮助被用于实施犯罪的可能性，还包括所实施的犯罪行为的性质、恶劣程度等，因此，以可能被用于实施下游犯罪的功能为限，过于片面。

### （二）网络帮助行为的具体类型

#### 1. 网络帮助行为的全部或部分具有可极大促进下游犯罪实行行为的功能

由于网络帮助行为本质上仍是犯罪帮助行为，其危害性主要源于其帮助的犯罪行为的危害性，而被帮助的犯罪行为的危害性集中体现在该犯罪的实行行为上，所以，以帮助行为对下游犯罪实行行为的促进作用程度为标准划分网络帮助行为的类型，可以与网络帮助行为本身的危害性直接关联。这是因为网络帮助行为多呈现出一对多、迅速广泛传播等特点，故在评价网络帮助行为的危害性时，多以其单次帮助的危害性乘以帮助的量（比如提供帮助的次数，提供的程序、工具、服务的数量）为准，而单次帮助的危害性主要体现在对下游犯罪实行行为的促进作用程度。因此，网络帮助行为对下游犯罪实行行为的促进作用程度，会显著影响网络帮助行为的危害性，从而使具有不同危害性的网络帮助行为相互区别开来。

本类网络帮助行为是指能在极大程度上促进下游犯罪实行行为的网络帮助行为。能在极大程度上促进下游犯罪的实行行为，是指在获得这类帮助后，下游犯罪的实施就只差很简单、很小的一部分，就好像只需按一下键、点一下鼠标、安装一下软件等，就能实现犯罪目的。如果以量来打比方，可以认为这类帮助行为已经促成下游犯罪80%的进度，实行行为只是完成剩余的20%。由于同样的程序、工具可以被不同的帮助者以不同的程度来促进下游犯罪的实行行为，所以应以当前社会情势下客观的一般人或者网络技术标准来判断该程序、工具能否被用于极大地促进某类或某几类下游犯罪的实行行为。

这类网络帮助行为不仅在网络空间有较强的破坏性，其还可以通过对下游犯罪实行行为的高度促进作用，在物理空间造成直接危害，而且这一危害会因为网络技术易迅速广泛扩散的特点而成倍增长，所以在认定成立犯罪时，对于主观方面和查实下游犯罪，就应当在各类网络帮助行为中作最低要求。也就是说，由于此类帮助行为使下游犯罪实行行为的实施变得非常简单，帮助者通过此类帮助行为一般就会知晓下游犯罪所可能造成的危害，进而认识到此类帮助行为本身的危害，所以，不需要查实下游犯罪即可独立评价此类帮助行为的危害性。另外，由于此类帮助行为能够在极大程度上促进某类或某几类下游犯罪的实行行为，所以，只要帮助者知道此类帮助行为具有何种功能，一般就会知晓该帮助行为对下游犯罪实行行为的高度促进作用，因此原则上不需要具备双向的意思联络。

综上，在认定本类网络帮助行为是否成立犯罪时，只需对本类帮助行为作独立评价。尤其是主观要素上，只要帮助者知道所提供的帮助能在极大程度上促进下游犯罪的实行行为即可。在危害程度的评价上，只要考虑所帮助的下游犯罪的严重程度，帮助的人数，提供帮助的次数，提供的程序、工具等的数量，提供帮助获利的情况等因素即可。

2. 排除第一类帮助行为所具有的功能，网络帮助行为的全部或部分具有可部分促进下游犯罪实行行为的功能

本类是除去第一类帮助行为之后进行的再分类。这类网络帮助行为只能部分促进下游犯罪的实行行为，下游犯罪的主要部分仍需要由下游犯罪的实行行为来完成。如果以量来打比方，可以认为本类帮助行为已经促成下游犯罪30% – 80%的进度，下游犯罪的实行行为仍然要完成剩余的20% – 70%。此类帮助行为的典型，是提供以自动切换IP地址、自动识别验证码为代表的突破部分或全部网络安防措施的程序、工具的行为。[①] 通过这类程序、工具，可以不侵入计算

① 参见门美子："提供动态IP服务的行为定性"，载《中国检察官》2018年第3期。

机信息系统而间接获取数据，这是网络犯罪产业链化的一种表现。因为不能直接促成侵入、非法控制计算机信息系统等犯罪活动，这类帮助行为的危害性应被认为小于第一类帮助行为，所以，在定罪时对于主观方面和查实下游犯罪，相较于第一类帮助行为，应有更高的要求。

这类帮助行为在实践和理论上存在很多争议。以自动切换 IP 地址为例，相关研究就持有各种不同的观点。① 在把握本文的这一分类时，应当尤为注意以下两点。

首先，应以帮助行为所具有的全部、整体功能为对象，在确定不具有第一类帮助行为所具有的功能之后再考虑是否属于本类帮助行为。如在有的案件中，帮助者不只是提供自动切换 IP 的技术，还打包提供了其他程序，或实施了“撞库”，即同时完成了侵入计算机信息系统和获取数据的行为，最终提供的是公民个人信息等。② 像这样的帮助行为就属于第一类帮助行为。

其次，由于本类帮助行为只能部分促进下游犯罪的实行行为，所以在实施了本类帮助行为后，被帮助者不一定就实施了下游犯罪，也可能利用该帮助实施了其他并非违法犯罪的行为。因此，还不能认定帮助者在提供帮助时就明知被帮助者要实施下游犯罪，也不能只根据提供的帮助就认定帮助者部分地促进了下游犯罪的实行行为、造成了较大的社会危害。因而在评价本类帮助行为的危害性时，不能只看帮助行为本身，还需要考虑其与下游犯罪的关联程度以及下游犯罪的实施情况。具体而言，在主观要素上，帮助者应明知被帮助者要利用自己所提供的帮助实施下游犯罪；在客观方面，应查实被帮助者是否利用帮助者所提供的帮助实施了下游犯罪；在评价危害程度时，应考虑被帮助者利用帮助者提供的帮助所实施的下游犯罪的严重程度、提供帮助的次数、帮助的人次、提供帮助获利的情况等因素。

3. 排除第一、二类帮助行为所具有的功能，网络帮助行为的全部或部分具有帮助下游犯罪前后期的功能

第一、二类网络帮助行为对下游犯罪实行行为都具有较大程度的促进作用，而本类帮助行为出现在下游犯罪实施的前期或者后期，其对下游犯罪实行行为的促进作用是很小的。如果以量来打比方，可以认为本类帮助行为使下游犯罪进行到 30% 以下的进度。下游犯罪实施的前期，一般认为是犯罪实行前的宣传、推广、网络接入等阶段，而后期一般认为是犯罪实行终了后的支付结算、转移赃款等阶段。不过，前后期是相对于下游犯罪实行行为而言的，不能认为这些具体阶

---

① 参见《中国检察官》2018 年第 3 期以“提供‘秒拨’动态 IP 服务的行为定性”为主题的系列论文。

② 参见门美子：“提供动态 IP 服务的行为定性”，载《中国检察官》2018 年第 3 期。

段永远是前期或者后期，也不能认为这些阶段所涉及的技术、程序、工具永远不会涉及第一、第二类帮助行为。如对于虚假广告罪、洗钱罪等犯罪，所谓前后期阶段的行为就会被认定为虚假广告罪、洗钱罪。此时，这些所谓的前后期行为在这些犯罪中就成了实行行为。

由于本类帮助行为是在下游犯罪的前后期阶段实施帮助，对下游犯罪实行行为的促进作用甚小，相比第二类帮助行为，本类帮助行为距离下游犯罪的完成更远，也更有可能被用于开展并非违法犯罪的正当行为，所以，帮助者在提供帮助时更加不一定知晓被帮助者会利用自己所提供的帮助来实施下游犯罪，帮助行为的危害性评价也更加依赖对被帮助的下游犯罪的查实。具体而言，在主观要素上，帮助者应明知被帮助者要利用自己所提供的帮助实施下游犯罪。对于客观方面，应查实被帮助者是否利用帮助者所提供的帮助来实施下游犯罪。在评价危害程度时，应考虑被帮助者利用帮助者提供的帮助所实施的下游犯罪的严重程度、提供帮助的次数、帮助的人次、提供帮助获利的情况等因素。相比于第二类帮助行为，本类帮助行为对下游犯罪的促进作用甚小，就同样的下游犯罪而言单次帮助的危害也更小，所以，对于本类帮助行为，应当达到更大的帮助量才宜定罪处罚。

## 四、与犯罪类型的对应关系

前文在对司法判决进行归纳后，得出了以网络帮助行为对下游犯罪实行行为的促进作用程度为标准进行划分所得到的网络帮助行为类型。这一分类必须被涵摄进刑法规定的相应犯罪类型才具有法律规范意义，下面就讨论前述分类与提供程序、工具罪和帮助信息网络犯罪活动罪的对应关系。

### （一）第一类网络帮助行为对应提供程序、工具罪的次类型提供专门程序、工具犯罪

刑法关于此类犯罪所规定的“专门用于”，应当被解释为该程序、工具可以极大地促进下游犯罪（即侵入、非法控制计算机信息系统罪）的实行行为。而且，与第一类帮助行为相同，构成此类犯罪，在主观要件上，不要求帮助者对被帮助者利用自己所提供的帮助实施下游犯罪有明知。客观方面则明确规定提供“专门用于”侵入、非法控制计算机信息系统的程序、工具，① 相关司法解释为确定是否属于“专门用于”，给出了具体的界定和确定的程序。②

---

① 参见喻海松：《网络犯罪二十讲》，法律出版社2018年版，第41页。

② 参见2011年《最高人民法院、最高人民检察院关于办理危害计算机信息系统安全刑事案件应用法律若干问题的解释》第2条、第10条。

“专门用于”不是指相关程序、工具仅具有侵入、非法控制计算机信息系统的功能，而是指该功能在众多功能中最为突出、明显，以至于成为该程序、工具最显著的特征。换句话说，该程序、工具使得下游犯罪的实施变得极为容易，以至于被认为是“专门用于”实施该犯罪的。目前相关司法解释给出的界定标准是，“避开或者突破计算机信息系统安全保护措施”。① 这实际上就是将“专门用于”解释为使得侵入、非法控制计算机信息系统等犯罪的实施变得极为容易，只要安装并运行该程序、工具即可。而且，由于避开或者突破安防措施只是其中的一种方法，还有通过网络抓包获取密码、通过扫漏软件发现没有安装杀毒软件的系统并进行攻击等方法，② 所以相关司法解释特意设置了兜底条款。③

由于此类犯罪的危害性在于其能够极大地促进侵入、非法控制计算机信息系统等犯罪的实施，所以成立此类犯罪不要求帮助者对被帮助者利用自己所提供的程序、工具实施下游犯罪有明知，因此也不需要查实下游犯罪。

值得注意的是，在目前的立法下，第一类网络帮助行为与此类犯罪实为包含关系。这是因为，此类犯罪仅针对提供专门程序、工具的行为，而第一类网络帮助行为能够极大促进的下游犯罪多种多样，并不限于侵入、非法控制计算机信息系统罪。如利用程序直接抓取传输中的数据包或信号从而获得公民个人信息，就不需要侵入或者非法控制计算机信息系统。④ 所以，针对第一类网络帮助行为，还有进一步严密刑事法网的需要。

### （二）第二类网络帮助行为对应提供程序、工具罪的次类型明知而提供程序、工具犯罪

此类犯罪的要件是，明知他人实施侵入、非法控制计算机信息系统的违法犯罪行为而为其提供程序、工具，所以该程序、工具不是一般的仅具有正常功能的程序、工具。与第一类网络帮助行为一致，提供此类程序、工具对侵入、非法控制计算机信息系统等犯罪的实施有实质促进作用。本类犯罪与提供专门程序、工具犯罪被规定在同一条文中，适用同一罪名，只是没有“专门用于”的限定，在促进下游犯罪实行行为的作用程度上也有不同。因此，本类犯罪应被解释为对下游犯罪（即侵入、非法控制计算机信息系统罪）的实行行为有部分促进，从

---

① 参见2011年《最高人民法院、最高人民检察院关于办理危害计算机信息系统安全刑事案件应用法律若干问题的解释》第2条第1项、第2项。

② 有关威胁网络安全的可能方法，参见［美］William Stalling：《网络安全基础：应用与标准》，白国强，等译，清华大学出版社2014年版，第1章。

③ 参见2011年《最高人民法院、最高人民检察院关于办理危害计算机信息系统安全刑事案件应用法律若干问题的解释》第2条第3项。

④ 参见［美］William Stalling：《网络安全基础：应用与标准》，白国强，等译，清华大学出版社2014年版，第1章。

而与第二类网络帮助行为相对应。在主观要素方面，成立明知而提供程序、工具犯罪，要求帮助者明知被帮助者实施下游犯罪。在评价危害性时，由于只是部分促进下游犯罪的实施，距离下游犯罪的完成不像提供专门程序、工具犯罪那么近，所以，无法单纯从提供帮助行为本身来确定危害性的大小，还需要结合下游犯罪的情况进行评价。具体而言，应查实被帮助者是否利用帮助者所提供的程序、工具实施了下游犯罪。

同样，明知而提供程序、工具犯罪也仅针对侵入、非法控制计算机信息系统罪，而实际能够为这些程序、工具所促进的下游犯罪肯定不止这一种，所以第二类网络帮助行为与明知而提供程序、工具犯罪也是包含关系。因此，前述严密刑事法网的建议在此也适用。

（三）第三类网络帮助行为对应帮助信息网络犯罪活动罪

立法设立此罪引发了很大的争议。有学者认为，此罪是将网络帮助行为正犯化，鉴于网络帮助行为所具有的巨大的量，应对其进行独立评价，实行“积量构罪”。[①] 另有学者认为，此罪仍然是在传统共犯理论的基础上对网络帮助行为进行评价，但其涵盖的范围太广，把很多中立帮助行为也包括了进来，必须对其进行限缩解释。[②] 还有很多研究所持的观点处于两者之间。[③] 本文认为，产生争议的关键点是，争论各方所针对的网络帮助行为是不同的。当学者认为应将网络帮助行为正犯化时，所考虑的是具有很高危害性的网络帮助行为；而当学者认为应在共犯理论的框架下对网络帮助行为作限缩解释时，所考虑的是更多具有中立帮助行为色彩的网络帮助行为。本罪针对的是利用信息网络实施犯罪的情形，学者们从相关刑法条文的字面都能解读出支持自己观点的意思，因此，要解决争议，还是要厘清此罪所指的到底是怎样的网络帮助行为。

本罪的法定刑设置轻于提供程序、工具罪，故本罪对应于危害性低于第一、二类网络帮助行为的网络帮助行为。而且，从刑法条文列举的互联网接入、服务器托管、支付结算等行为方式看，本罪也只是参与了下游犯罪实施的前后期阶段。关于本罪的主观要素，根据刑法的规定，帮助者须明知自己在帮助他人利用信息网络实施犯罪。所以，本罪与第三类网络帮助行为相对应。

由于第三类网络帮助行为具有更低的危害性，所以对帮助信息网络犯罪活动

---

① 参见皮勇：“论新型网络犯罪立法及其适用”，载《中国社会科学》2018 年第 10 期；刘仁文、杨学文：“帮助行为正犯化的网络语境——兼及对犯罪参与理论的省思”，载《法律科学》2017 年第 3 期。

② 参见张婷：“中德网络帮助犯规制体系之评介反思”，载《重庆邮电大学学报》（社会科学版）2017 年第 1 期。

③ 参见阎二鹏：“法教义学视角下帮助行为正犯化的省思”，载《社会科学辑刊》2016 年第 4 期。

罪应适用更高的认定标准，即要求更确切的明知和查实下游犯罪。这样也能合理限制处罚范围。由于将此罪限定在下游犯罪实施的前后期，对于具有更高危害性、独立性的能够极大或部分促进下游犯罪实行行为的网络帮助行为，就可以提供程序、工具罪来定罪量刑。将帮助信息网络犯罪活动罪中对帮助行为方式的具体列举，解释为对下游犯罪前后期阶段的列举，既符合这些帮助行为方式的共同特点，又使得将来对帮助行为方式进行立法扩充时有相应的依据，从而不会无限扩充。而且，正如前文所述，互联网接入、支付结算等行为不会永远只是下游犯罪的前后期，它们也可能被单独入罪。如果出现了专门帮助洗钱的网络技术，提供这种技术的行为就应当按提供专门程序、工具犯罪进行评价。

（四）帮助信息网络犯罪活动罪与明知而提供程序、工具犯罪中下游犯罪的查实程度

在网络帮助行为中有这样一类行为，它们为多个下游违法行为提供帮助，但这些下游违法行为都没有达到成立相应犯罪的严重危害程度，从而无法构成违法意义上的犯罪。[①] 但是，这些网络帮助行为能够为很多下游违法行为提供帮助，被认为具有特别的社会危害性。对于这类帮助行为，是否应当入罪、应当如何入罪，学界存在较大争议。有的学者认为，不应当全面入罪。[②] 这就好像在物理世界中分别帮助 10 个小偷偷自行车，每个小偷只偷了 1 辆价值不足 1000 元的自行车，由于每个小偷的行为都不构成犯罪，所以帮助者的行为也无法入罪。[③] 有的学者则认为，应当入罪。因为在网络帮助行为的情形下，帮助的不是 10 个小偷，而是上万、上百万甚至上千万的小偷，虽然单次帮助或者单个帮助行为的危害性较小，但多次帮助或者多个帮助行为的整体危害性就会由量变发生质变，即所谓“积量构罪”。[④] 据此，即使被帮助的下游违法行为都不构成相应犯罪，但只要网络帮助行为帮助了足够多的下游违法行为，累积起来对社会的危害就足够大，帮助行为就能够入罪。

本文认为，这类网络帮助行为不属于第一类网络帮助行为，因为此类帮助行为不可能极大地促进下游犯罪的实行行为，但此类帮助行为可以构成第二、三类网络帮助行为，从而成立明知而提供程序、工具犯罪或帮助信息网络犯罪活动罪，因此不应仅以相应犯罪的帮助犯来加以评价。当网络帮助行为仅部分促进下游犯罪的实行行为时，提供了帮助后仍然存在被帮助者未实施下游犯罪的可能

---

① 参见付立庆：“违法意义上犯罪概念的实践展开”，载《清华法学》2017 年第 5 期。

② 参见刘艳红：“网络犯罪帮助行为正犯化之批判”，载《法商研究》2016 年第 3 期。

③ 参见最高人民法院刑事审判第一、二、三、四、五庭主办：《刑事审判参考》（总第 104 集），法律出版社 2016 年版，第 91 页。

④ 参见皮勇：“论新型网络犯罪立法及其适用”，载《中国社会科学》2018 年第 10 期。

性，或者只实施了部分行为从而不构成相应犯罪，如此一来，相应的网络帮助行为就只是帮助了多个不构成犯罪但违法的行为。对于这种网络帮助行为，因其是部分促进下游犯罪的实行行为而不是帮助下游犯罪的前后期，故存在以第二类网络帮助行为所对应的犯罪类型来评价的可能性。如果帮助的下游违法行为是侵入、非法控制计算机信息系统类的犯罪行为，则应以明知而提供程序、工具犯罪来评价。

上述网络帮助行为所提供的帮助的量可能非常大，所以虽然单次帮助不会对法益构成严重危害，但是乘以其帮助量，可能会对网络管理秩序构成危害，因而可能需要刑法予以规范。① 事实上，学界对于此类网络帮助行为应适当入罪不存在争议，普遍认同对网络帮助行为的刑法评价应反映其一对多、迅速传播等特点。② 只是，可以“积量构罪”不表示此类网络帮助行为就一定能够脱离下游犯罪作独立评价。虽然此类网络帮助行为因其自身特点可以突破对单个罪质的要求，但“积量构罪”的前提仍是要有足够多的单个非法在量上的积累，没有被帮助的违法行为，就不会有帮助行为的社会危害性。

不过，既然肯定此类网络帮助行为因其帮助量大对网络管理秩序造成足以应当以刑罚干预的严重危害，那么主要关注的就应当是危害性整体的量有多少，而与某次帮助或者某个帮助行为所帮助的违法行为的具体情况无甚关联。所以，只要能够确定某次帮助或者某个帮助行为所帮助的是违法行为，即可将其计入危害性整体的量的评价，从而最终确定网络帮助行为的危害性。如此，既可使此类网络帮助行为在达到整体上巨量不法的情况下能够定罪，又不会完全脱离被帮助行为对网络帮助行为作单独评价。这也意味着，在设定“积量构罪”应达到的量的标准时，这个标准应当是很高的，需要达到能够危害网络管理秩序的程度。但是，如果能够确定被帮助的行为是违法有责行为，即构成违法有责意义上的犯罪，则入罪所需的帮助的量的标准应远低于“积量构罪”所要求的标准，因为在这两种情形下网络帮助行为所侵犯的法益不同，是网络管理秩序和财产权的差别，所以危害性严重与否的判断标准应有所不同。因此，在帮助信息网络犯罪活动罪和明知而提供程序、工具犯罪中，设定情节严重的标准时应当为“积量构罪”的情形设置单独的量的要求。

综上可知，在提供专门程序、工具犯罪的场合，可以对网络帮助行为作独立评价，即所谓帮助犯正犯化。在明知而提供程序、工具犯罪和帮助信息网络犯罪

① 参见皮勇：“论新型网络犯罪立法及其适用”，载《中国社会科学》2018 年第 10 期。

② 即使是批判以正犯化方式处理网络帮助行为的学者，也肯定网络帮助行为的社会危害性高于一般的帮助行为。参见刘艳红：“网络犯罪帮助行为正犯化之批判”，载《法商研究》2016 年第 3 期；张明楷：“论帮助信息网络犯罪活动罪”，载《政治与法律》2016 年第 2 期。

活动罪的场合，主观上应要求帮助者须对下游犯罪有明知，但不要求具备共同故意；客观上应要求对下游犯罪有一定程度的查实，所以这是对传统共犯理论的有限突破，但不属于帮助犯正犯化。

## 五、对应关系的验证

### （一）统计方法说明

前文从司法判决中总结了网络帮助行为场合下“明知”要素和下游犯罪等情况的分布，并引发了后续的理论思考，最终构建了以网络帮助行为对下游犯罪实行行为的促进作用程度为依据的网络帮助行为类型，并论述了这些网络帮助行为类型与犯罪类型之间的对应关系。那么，这种对应关系能否得到司法判决中实际情况的验证？对此进行验证，有两种思路：一是看在认定为某种犯罪类型的案件中，有多少属于该犯罪类型所对应的网络帮助行为类型，又有多少不属于。二是看在属于某类网络帮助行为的案件中，有多少被认定为该类网络帮助行为所对应的犯罪类型。由于本文提出的网络帮助行为类型涵盖的罪名超出了提供程序、工具罪和帮助信息网络犯罪活动罪，所以，若采取第二种思路，需要补充考察其他相关罪名案件的情况，才能掌握整体上网络帮助行为类型与犯罪类型的对应情况。为与前文的发现相对应，本文选择第一种思路，仅统计提供程序、工具罪和帮助信息网络犯罪活动罪案件的情况，统计样本是2018年9月17日之前公布的两罪案件一审判决书。

由于提供专门程序、工具犯罪和明知而提供程序、工具犯罪被规定在刑法中同一条同一款，从条文上不易区分，所以本文在确定案件的具体犯罪类型时，原则上看判决书的裁判部分是否写明“提供专门用于……的程序、工具”或者“明知……提供”；在语句表述不清时，则结合判决书对“明知”和下游犯罪查实程度的要求来确定。在确定犯罪类型后，对于某一被认定为提供专门程序、工具犯罪的案件，如果被定罪的网络帮助行为属于第一类网络帮助行为，则认为该案件的定罪符合网络帮助行为的类型划分；如果不属于第一类网络帮助行为，则认为不符合。据此统计提供专门程序、工具犯罪项下的所有案件中有多少符合、有多少不符合，并计算符合率。明知而提供程序、工具犯罪和帮助信息网络犯罪活动罪等场合的统计，与此同理。统计得出的情况见表三。

### （二）统计数据的意义

首先，总体上看，犯罪类型与网络帮助行为类型的对应关系很强，在提供程序、工具罪和帮助信息网络犯罪活动罪的案件中，犯罪类型与网络帮助行为类型的符合率达到了89.4%。也就是说，在大部分案件中，被认定为提供专门程序、工具犯罪的网络帮助行为属于第一类网络帮助行为，被认定为明知而提供程序、工具犯罪的网络帮助行为属于第二类网络帮助行为，而被认定为帮助信息网络犯罪活动罪的网络帮助行为属于第三类网络帮助行为，具体的符合率分别是95.9%、66.7%、76.2%。虽然明知而提供程序、工具犯罪案件的符合率较低，但不符合的案件只有3个，而且提供程序、工具罪案件整体上的符合率也达到了92.8%。

其次，统计数据说明司法实践中的犯罪类型认定需要网络帮助行为类型的指导。在提供程序、工具罪案件中，与网络帮助行为类型不对应的6个案件中，有3个案件的帮助者提供的是通过自动切换IP地址来避开部分安保措施的帮助（即所谓秒拨类案件），这3个案件全部被认定为提供专门程序、工具犯罪。在提供程序、工具罪的全部83个案件中，共有7个是秒拨类案件，其中4个被认定为明知而提供程序、工具犯罪，3个被认定为提供专门程序、工具犯罪。

**表三　网络帮助行为类型与犯罪类型的对应情况**

<table>
<tr><th colspan="2">法院认定的犯罪类型</th><th>案件总数/件</th><th>符合数/件</th><th>符合率（%）</th></tr>
<tr><td rowspan="3">提供程序、工具罪</td><td>提供专门程序、工具犯罪</td><td>74</td><td>71</td><td>95.9%</td></tr>
<tr><td>明知而提供程序、工具犯罪</td><td>9</td><td>6</td><td>66.7%</td></tr>
<tr><td>合计</td><td>83</td><td>77</td><td>92.8%</td></tr>
<tr><td colspan="2">帮助信息网络犯罪活动罪</td><td>21</td><td>16</td><td>76.2%</td></tr>
<tr><td colspan="2">整体情况</td><td>104</td><td>93</td><td>89.4%</td></tr>
</table>

由此可见秒拨类案件的犯罪类型认定在司法实践中有较大分歧。如果将“专门用于”解读为仅具有侵入、非法控制计算机信息系统的功能，而不具有其他正当功能，就容易将秒拨类案件中只是部分帮助实现侵入、非法控制计算机信息系统的功能的行为，按照提供木马程序等极大地帮助实现侵入、非法控制计算机信息系统的功能的行为同等对待。实践中，一部分法官看到，秒拨类帮助行为具有绕开监管的作用，使得安保措施部分失效，而这些功能都不是正当的，所以会认为秒拨类帮助行为具有专门性，从而认定案件为提供专门程序、工具犯罪。另一部分法官则看到，秒拨类帮助行为与提供木马程序不同，不会侵入或非法控制某个计算机信息系统，所以秒拨类帮助行为不是提供专门的程序、工具。

从对所帮助的下游犯罪实行行为的促进程度看，秒拨类帮助行为只是部分实现侵入、非法控制计算机信息系统的功能。一般而言，要侵入、非法控制计算机信息系统，需要避开安保措施，然后进入计算机信息系统获取数据或控制该系统。而秒拨类帮助行为只是实现了避开部分安保措施的目的，在该部分安保措施、防火墙限制等未被当作某一罪名的保护对象之前，秒拨类帮助行为并未极大地促进任何犯罪的实行行为，故不能被归入第一类网络帮助行为，而应当被归为第二类网络帮助行为。

再次，样本案件反映出司法实践关于“积量构罪”的尝试。虽然在 3 个案件中法官将秒拨类帮助行为界定为提供专门程序、工具犯罪，在定罪时既没有认定意思联络也没有查实下游犯罪，甚至没有去确定被帮助者是否实施了下游犯罪，但在这几个案件中，法官都考虑了如下因素：秒拨类帮助行为提供的帮助量（以人次为计算单位）非常大，涉及的案件金额也很大；秒拨类帮助行为不具有其他正当功能，为大量躲避监管的不法行为提供了帮助。这体现了司法实践中“积量构罪”的尝试，即当帮助行为的量较大时，秒拨类帮助行为就可能构成对网络管理秩序的破坏。

不过，这种尝试缺乏理论指导，还显得有些盲目和粗糙，存在不少问题。如在一个案件中，行为人提供的是绕开淘宝网站的某些安保措施实现自动抢拍的软件。① 行为人的行为被认定为提供专门程序、工具犯罪，判决中给出的理由是行为人将该软件提供给很多用户，扰乱了淘宝网站正常的抢拍秩序。但有疑问的是，这种秩序是否属于刑法要保护的网络管理秩序。又如，在一个案件中，行为人提供的是可以绕开防火墙限制浏览境外网站的软件。② 行为人的行为被认定为提供专门程序、工具犯罪，理由是这种帮助行为可以让很多人绕开防火墙，妨碍国家的网络监管秩序。同样有疑问的是，这种防火墙限制是否属于刑法要保护的网络管理秩序。这些问题都有待进一步研究。

最后，样本案件显示帮助信息网络犯罪活动罪有被宽泛解释的情况，应当根据第三类网络帮助行为的标准，明确该罪所指帮助行为的界限和帮助行为在量上的要求。考察帮助信息网络犯罪活动罪案件中与网络帮助行为类型不对应的 5 个案件发现，其中 4 个案件中的帮助行为是建设用于诈骗的虚假彩票、虚假经营网站或游戏。这些帮助行为应属第二类网络帮助行为，而不应认定为与第三类网络帮助行为相对应的帮助信息网络犯罪活动罪。仔细阅读判决书可以发现，这 4 个案件之所以会被认定为帮助信息网络犯罪活动罪，而不是明知而提供程序、工具犯罪，很可能是因为在这 4 个案件中提供的帮助都不是帮助实现侵入、非法控制计算机信息系统，故无法认定为明知而提供程序、工具犯罪，而帮助信息网络犯罪活动罪可以被解释得很宽泛，把第一、二类网络帮助行为也包括进来。然而，长此以往，会把本来应当被归为第一、二类网络帮助行为，其独立性、危害性均

① 参见河南省郑州市金水区人民法院（2017）豫 0105 刑初 1616 号刑事判决书。

② 参见广东省东莞市第一人民法院（2017）粤 1971 刑初 250 号刑事判决书。

大于第三类网络帮助行为的网络帮助行为以帮助信息网络犯罪活动罪来定罪；同时也会将帮助信息网络犯罪活动罪对帮助的量的要求降低，从而使得那些属于第三类网络帮助行为，只是在下游犯罪实施的前后期阶段提供帮助，所具有的独立性、危害性均小于第一、二类网络帮助行为的网络帮助行为，按照与以帮助信息网络犯罪活动罪定罪的第一、二类网络帮助行为相同的帮助的量的标准来定罪，而这并不符合罪责刑相适应原则的基本要求。比如在一个案件中，提供帮助者仅提供1人次的微信支付帮助，仅获利3400元，就被认定构成帮助信息网络犯罪活动罪。[①] 这再次表明，亟须明确成立帮助信息网络犯罪活动罪对帮助的量的要求。

## 六、结论

本文从现有理论的争议点出发（如对“明知”要素和下游犯罪查实程度的不同要求），将其形式化为具体表现（如是否有意思联络、被帮助者是否明确等），并根据这些差异总结、归纳司法判决，以判断司法实践的现实状况是否符合理论设想、符合怎样的理论设想，从而对理论进行验证。在现有理论无法解释司法实践状况时，立足于司法判决，以不同犯罪类型项下判决所具有的不同类特征来启发关于不同犯罪类型之间联系与区别的理论讨论，并提出自己的理论方案。

从司法判决中发现不同犯罪类型项下判决所具有的类特征，需要不断往返于不同犯罪类型项下的不同判决，发现同一犯罪类型项下判决之间的相同点，并且这种相同点是其他犯罪类型项下判决通常不具有的；然后，将这些相同点进行量上的比较，最终发现同一犯罪类型项下判决通常具有而其他犯罪类型项下判决通常不具有的类特征，从而能够较好地将该犯罪类型项下判决与其他犯罪类型项下判决区分开来。

对于这种类特征，还需要确定其是否具有稳定的区分作用，而不是偶然的发现。经过本文的理论抽象发现，网络帮助行为对下游犯罪实行行为的促进作用程度是具有稳定区分作用的类特征，而且该特征与网络帮助行为的危害性、独立性直接相关。

但是，上述分类仍然是一种事实性分类，只有将这种分类涵摄进刑法规定的相应犯罪类型，这种分类才具有法律规范意义。所以，应当考察这种分类与刑法规定的犯罪类型之间是否存在对应关系，以及这种对应关系能否得到刑法解释和罪责刑相适应原则的支持。对事实性分类的法律规范意义的讨论，可以启发对刑

---

① 参见江苏省徐州市云龙区人民法院（2017）苏0303刑初369号刑事判决书。

法相关规定的理论讨论，帮助发现其他潜在的合理解释路径。

本文的研究方法不同于以往刑法学界的相关研究。之前多数学者运用刑法学的相关理论、学说，通过理论阐释和逻辑推理来研讨、解决相关问题。本文则是在理论阐释、逻辑推理不足以厘清纷争、解决难题的情况下，采用对司法判决进行归纳、总结的方法，最终建立起具有法律规范意义的理论分类。如此提出的分类方案既能较好地解释司法实践状况，又能从理论层面论证分类的正当性和稳定性，从而实现司法实践与理论的对话与互动。

# 网络安全国际治理研究

卓　丽*

**摘　要**：网络活动的复杂性使各国难以确保其管辖范围内的网络活动不会损害到他国，在网络安全国际治理领域，网络空间国际法规则的适用问题至关重要，包括国家责任及审慎义务的内容。近年来，联合国政府专家组在审查各国信息通信技术中面临的网络安全威胁之后，建议各国在防止有害信息和通信技术行为方面进行合作，加强信息交流和彼此援助，不应故意允许其领土被用于通过信息和通信技术实施的国际不法行为。遵守国际法，特别是《联合国宪章》下的义务，是各国使用信息通信技术活动的基本框架，各国应促进开放、安全、稳定、便利、和平的网络发展环境。在网络安全多中心治理模式之下，多方利益相关者积极参与，共同构建网络安全规范，有助于应对网络安全风险、促进全球网络和平发展。

**关键词**：网络安全；国家责任；审慎义务；国际治理

## 一、国际法在网络空间中的适用

在互联网时代，密集的数字跨境流动对现行法律规则的适用带来了挑战，由于互联网通信的跨国界性质，法律措施同样需要采取跨境方案。对于现行国际法规则同样能够适用于互联网这一问题已经达成共识，联合国政府专家组（the Group of Governmental Experts，GGE）在2013年的报告中确立了这一原则，① 且随后在其他政策决定中重申了该原则，例如，在人权领域，联合国大会和联合国人权理事会的决议坚定地确立了一项原则，即人们在线下享有的人权在线上也必

* 卓丽，北京外国语大学国际法律与区域治理博士研究生。

① United Nations, General Assembly, Report of the Group of Governmental Experts on Developments in the Field of Information and Telecommunications in the Context of International Security, A/68/98 (24 June 2013, reissued for technical reasons on 30 July 2013).

须受到同样保护。① 对于国际法是否能够适用于互联网的问题已有了肯定答案，目前的主要问题是如何执行现有规则，其中，一个主要的挑战是如何在互联网环境下对包含国际因素的案件予以法律救济。个人和公司可以依赖国际私法规则，各国政府可以采用国际公法机制，虽然这两种方法都有着悠久的传统，但最初是在一个跨境交流不那么频繁的时代发展起来的，未来需要被再次检验，并在必要时进一步发展，以便在互联网问题上为世界范围内的机构和个人提供切实可行的司法救济途径。②

联合国政府专家组2015年发布了《关于从国际安全角度看信息和电信领域发展的政府专家组报告》（Report of the Group of Governmental Experts on Developments in the Field of Information and Telecommunications in the Context of International Security，简称2015年报告），在前几次专家组工作的基础上，本次专家组在相关领域取得了重要进展。在报告中政府专家组审查了各国在使用信息通信技术过程中现存的网络安全威胁，并提出了解决这些威胁的措施，包括原则、规则及信任建立措施，专家组还审查了国际法如何适用于各国的信息通信技术领域。

本次报告扩充了对于规范部分的讨论，专家组建议各国在防止有害信息和通信技术行为方面进行合作，不应故意允许其领土被用于通过信息和通信技术实施的国际不法行为。例如，专家组呼吁加强信息交流和援助，以便对使用信息通信技术手段的恐怖分子进行起诉，惩治犯罪。在此过程中，专家组同时强调各国应充分尊重和保障人权，包括隐私和言论自由。

本次报告中一项重要的建议是一国不应开展或故意支持有意损害或以其他方式损害关键基础设施使用和运行的信息通信技术活动，各国还应采取适当措施保护其关键基础设施，以免遭受信息和通信技术的威胁。一国不应损害他国经授权的应急小组的信息系统，也不应利用这些小组从事恶意的国际活动。各国应鼓励对信息和通信技术的易攻击性进行负责任的报告，并采取合理措施确保供应链的完整性，防止恶意信息通信工具、技术或有害隐藏功

---

① General Assembly resolution 70/125, Outcome document of the high-level meeting of the General Assembly on the overall review of the implementation of the outcomes of the World Summit on the Information Society, A/70/125 (13 December 2015); General Assembly resolution 69/166, The right to privacy in the digital age, A/RES/69/166 (18 December2014); United Nations, General Assembly, The promotion, protection and enjoyment of human rights on the Internet, A/HRC/20/L. 13.

② Jovan Kurbalija, State Responsibility in Digital Space, the Swiss Review of European and International Law, Vol. 26, No. 2, 2016, pp. 307 – 326.

能的扩散。①

报告指出，遵守国际法，特别是《联合国宪章》下的义务，是各国使用信息通信技术活动的基本框架，各国应促进实现开放、安全、稳定、便利、和平的信息通信技术环境，这些义务是审查各国在信息通信技术领域适用国际法的核心。② 在考虑将国际法应用于国家信息和通信技术领域时，专家组认为，各国对《联合国宪章》及其他国际法原则的承诺至关重要，具体包括：主权平等，以和平方式解决国际争端，避免危及国际和平、安全及正义；在其国际关系中，不使用威胁或武力，或以与联合国宗旨不符的其他方式损害任何国家的领土完整或政治独立；尊重人权和基本自由；不干涉他国内政。③

在前几次专家组工作基础上以及联合国大会第68/243号决议的指导下，专家组就各国如何在信息和通信技术领域适用国际法提出了以下观点。（1）各国对其领土内的信息和通信技术基础设施拥有管辖权。（2）各国在使用信息和通信技术时，除遵守国际法的其他原则外，还必须遵守国家主权、主权平等、以和平方式解决争端及不干涉他国内政的原则。国际法规定的现有义务适用于国家信息和通信技术领域，各国必须履行国际法规定的尊重和保障人权及基本自由的义务。(3）专家组强调国际社会对和平利用信息通信技术造福人类的愿望，通过回顾《联合国宪章》作为整体的适用情况，专家组认为各国有权采取符合国际法和《联合国宪章》所承认的措施，且有必要对这一问题进行进一步研究。(4）专家组指出可以适用的已有国际法律原则包括人道主义原则、必要性原则、比例原则和区别原则。(5）各国不得通过代理人利用信息通信技术实施国际不法行为，并应当设法确保其领土不被非国家行为体用于实施此类行为。（6）根据国际法，各国必须履行国际义务，承担国际不法行为的责任。其中，信息和通信技术活动已经开始实施于或以其他方式来源于一国领土之内或该国的信息和通信技术基础设施，可能不足以将该行为归责于该国，专家组认为对一国组织实施针对他国不

① UN. Secretary-General, Report of the Group of Governmental Experts on Developments in the Field of Information and Telecommunications in the Context of International Security, UN General Assembly, A/70/174 (July 22, 2015), p. 2.

② UN. Secretary-General, Report of the Group of Governmental Experts on Developments in the Field of Information and Telecommunications in the Context of International Security, UN General Assembly, A/70/174 (July 22, 2015), p. 25.

③ UN. Secretary-General, Report of the Group of Governmental Experts on Developments in the Field of Information and Telecommunications in the Context of International Security, UN General Assembly, A/70/174 (July 22, 2015), p. 26.

法行为的指控应当得到证实。[①] 专家组还指出，各国对于国际法如何适用于国家信息通信技术领域的共识对于促进开放、安全、稳定、便利、和平的信息通信技术环境非常重要。[②]

## 二、国家责任

历史上，各国对非国家行为体的行为不负责任，国家只对其本身采取的行动和国家“代理人”的行为承担责任。[③] 评估国家责任的标准被称为“有效控制测试”，在国际法院（the International Court of Justice，ICJ）审理的 Nicaragua v. the United States 案中确立。在该案中，尽管美国为尼加拉瓜的武装反抗政府组织提供了资助、组织、训练和装备，但国际法院没有判决美国对该反政府武装行动负责。相反，法院认为，虽然美国确实向反政府组织提供了决定性支持，但一个国家不可能对非国家行为体的行为承担法律责任，除非该国在所指控的违法行为发生过程中有效控制了军事或准军事行动。[④]

自 1999 年以来，用于确定国家对非国家行为体的行为承担责任的标准发生了转变，国际法委员会通过了《国家对国际不法行为的责任条款草案》（Draft Articles on Responsibility of States for Internationally Wrongful Acts），联合国大会也承认了该文件。[⑤] 该条款草案反映出一种新的共识，即一国如果违反对其他国家的国际义务，无论是以条约或习惯法的形式，都将导致国际责任，这种违反既可能是实施特定国家行为的结果，也可能是不作为的情况。[⑥] 评估一个国家是否违反防止网络攻击的职责，为跨境从事此类攻击的非国家行为体提供庇护，要取决于具体事实，在进行评估时，受害国必须至少审查庇护国应对网络攻击的刑法

---

① UN. Secretary-General, Report of the Group of Governmental Experts on Developments in the Field of Information and Telecommunications in the Context of International Security, UN General Assembly, A/70/174 (July 22, 2015), p. 28.

② UN. Secretary-General, Report of the Group of Governmental Experts on Developments in the Field of Information and Telecommunications in the Context of International Security, UN General Assembly, A/70/174 (July 22, 2015), p. 29.

③ Vincent-Joël Proulx, Babysitting Terrorists: Should States Be Strictly Liable for Failing To Prevent Transborder Attacks?, Berkeley Journal of International Law, Vol. 23, No. 3, 2005, pp. 616 – 623.

④ Nicaragua case, Military and Paramilitary Activities In and Against Nicaragua (Nicar. v. U. S.), 1984 I. C. J. Rep. 392.

⑤ International Law Commission, Draft Articles on Responsibility of States for Internationally Wrongful Acts (2001).

⑥ Vincent-Joël Proulx, Babysitting Terrorists: Should States Be Strictly Liable for Failing To Prevent Transborder Attacks?, Berkeley Journal of International Law, Vol. 23, No. 3, 2005, pp. 616 – 623.

规范及执法情况，与受害国在对跨境网络犯罪进行调查和起诉方面的合作记录证明。[①] 如果一国对来自于其境内持续发起的网络攻击持漠视态度，未能调查、起诉责任人，以及拒绝与受害国合作去阻止此类攻击行为，容易使其受到对这些行为负有责任的指控。

《国家对国际不法行为的责任条款草案》对于处理损害和赔偿问题确定了三种救济方式。第一，第35条表明恢复原状作为一种救济方式，可以通过重建，恢复到实施不法行为以前的状况，但需要在可能的情况下使用这种方式，并且恢复应当是成比例的。在网络案例中，只有当网络攻击造成有形损坏（这在数字领域并不常见）时，才能使用恢复原状的方式。第二，如果不能恢复原状，第36条将补偿方式规定为弥补包括利润损失在内的经济上可以评估的任何损害。在网络案例中，最有可能的情况是受害国对网络攻击造成的损害寻求补偿，要求补偿的确切水平应取决于网络攻击与其造成损害之间的因果关系。第三，第37条规定抵偿方式包括承认不法行为、表示遗憾、正式道歉，或采取其他适当方式。在网络案件中，同样可以采用抵偿作为救济途径。总之，网络案件中的救济方式取决于网络攻击造成的损害类型，恢复原状可能很少被采用，通常会选择补偿或抵偿机制。考虑到网络在现代生活中的重要作用，网络活动造成的损害和损失后果非常多样化，从对被攻击对象的直接影响（如对电网的损害）到对更为广泛的群体造成健康和福祉的损害，在请求国家承担责任时，必须证明造成的损害和损失，这也将构成损害赔偿的基础。[②] 网络领域的国家责任概念尚处于早期阶段，可能会随着国家实践、国际法院的判决以及联合国政府专家组的政策进程而推进。国家责任是跨境网络案件的法律救济途径之一，在现代数字导向的社会中，国家责任与国际刑法处理网络犯罪的机制、国际私法处理合同和侵权以及其他争端解决机制可有助于解决相关问题。[③]

### 三、审慎义务

虽然各国不能对其领土内的个人和非国家实体的每一项行为负责，但基于“不损害原则”，可以采取审慎措施，以防止将其领土用于损害其他国家及其实体或个人的活动。在人权领域，审慎义务测试被用来评估各国是否应对其管辖范

---

① Matthew J. Sklerov, Solving the Dilemma of State Responses to Cyberattacks: A Justification for the Use of Defenses against States Which Neglect Their Duty to Prevent, Military Law Review, Vol. 201, fall, 2009, pp. 1 – 85.

② Jovan Kurbalija, State Responsibility in Digital Space, the Swiss Review of European and International Law, Vol. 26, No. 2, 2016, pp. 307 – 326.

③ Jovan Kurbalija, State Responsibility in Digital Space, the Swiss Review of European and International Law, Vol. 26, No. 2, 2016, pp. 307 – 326.

围内的私人实体违反人权规定的行为负有责任。例如，在 Velásquez Rodríguez v. Honduras 案中，美洲人权法院裁定，如果一个国家未能尽到审慎义务来预防和应对这些违法行为，那么该国就可能对私人行为者的违法行为负责。法院指出国家必须采取合理措施防止侵犯人权的行为发生，并使用可支配的手段对其管辖范围内的违法行为进行严格调查，查明责任人，进行适当处罚，并确保受害人获得足够的赔偿。①

国际法院关于国家审慎义务的第一个相关案件是 Corfu Channel 案②，法官在该判决中认为，一个国家的领土不应被"用于非法侵害其他国家的行为"。③ 当适用于网络案件时（与其案件起源截然不同），涉及对一国领土内非法网络活动的终止义务，以及对他国告知本国网络安全漏洞可能被恶意行为人利用，并用于侵害他国活动的警告义务。④ 告知义务已经被 2015 年的二十国集团（G20）发展报告所涵盖，报告呼吁成员国有义务去协助受害国，默示承认成员国对他国即将发生的网络攻击有告知义务。⑤ 然而，考虑到一国网络中存在大量安全漏洞，可能只有其中一部分网络活动在国家直接控制范围之内，例如美国超过 85% 的关键基础设施都在私人手中，这就导致国家主体在实践中难以履行告知义务。⑥ 此外，云服务的广泛使用可能会产生复杂的管辖权问题。⑦

在 Trail Smelter Arbitration 案⑧的裁决中，特设国际法庭对国家审慎义务的内容进行了讨论。该裁决的核心是美加边境的污染对健康和环境产生的不利影响，该裁决关注到威斯特伐利亚地区的主权性质，以及现代主权概念是否应仅以领土为基础，一个国家是否应因其对另一个国家造成的损害后果承担责任。⑨ 最终，该裁决认为任何国家都无权使用或允许其领土被用于对他国造成气体损害的活动，如果危害后果严重，并且通过明确、有说服力的证据确定了损害，国家应当

---

① Velasquez Rodriguez Case, Judgment of July 29, 1988, Inter-Am. Ct. H. R. (Ser. C) No. 4 (1988).

② Corfu Channel, U. K. v. Albania, Judgment, 1949 I. C. J. 4 (Apr. 9).

③ Corfu Channel, United Kingdom v. Albania, Judgment, Merits, ICJ GL No 1, [1949] ICJ Rep 4, ICGJ 199 (ICJ 1949), 9th April 1949, International Court of Justice [ICJ].

④ Eneken Tikk, Ten Rules of behavior for Cyber security, 53 Survival 119, 126 (2011).

⑤ G20 Leaders' Communiqué Antalya Summit (Nov. 15 – 16, 2015), https://www.consilium.europa.eu/media/23729/g20 – antalya-leaders-summit-communique.pdf.

⑥ Stephen Flynn, The Edge of Disaster: Rebuilding a Resilient Nation, Random House 139 (2007).

⑦ Cloudy Jurisdiction: Addressing the thirst for Cloud Data in Domestic Legal Processes, Electronic Frontier Foundation (Internet Governance Forum-Baku 2012), https://www.eff.org/document/cloudy-jurisdiction-addressing-thirst-cloud-data-domestic-legal-processes.

⑧ Trail Smelter Arbitration (U. S. v. Can.), 3 Rep. Int'l Arb Awards (R. I. A. A.) 1905 (1941).

⑨ Sigrun Skogly, Beyond National Borders: States' Human Rights Obligations in International Cooperation, Intersentia, 50 (2006).

承担相应责任。尽管该判决针对的是气体排放问题，但该案已成为广义无害原则的代表，要求各国在其管辖或控制范围内开展活动时应当考虑其他国家的环境问题。[①] 这种无害原则虽然指向环境，但无论是环境危害还是数字危害，鉴于这一判决涉及大量的跨境危害问题，可以借鉴其与网络空间中网络安全问题的相似之处，例如，对于判决中提及的“严重后果”问题，可以建议对网络活动进行分级，不允许其超过某一阈值，及时履行审慎义务，禁止可能会引起严重国际后果的国内活动。[②]

审慎义务来源于主权原则，根据联合国政府专家组 2015 年发布的报告，专家组认为国家主权和源于主权的国际法原则和规范均适用于各国进行的与信息和通信技术相关的活动以及其领土管辖权范围内的信息和通信技术基础设施。[③] 专家组主张各国不应故意允许其领土被用于利用信息通信技术的国际不法行为，[④] 各国同样不得通过代理人利用信息通信技术实施国际不法行为，并应当设法确保其领土不被非国家行为体用于实施此类行为，专家组敦促各国应当（should）做到审慎。[⑤]

网络活动的复杂性使各国难以确保其管辖范围内的网络活动不会损害到境外实体或个人，审慎义务的要求确定了一个解决方案，即要求各国采取一切战略和法律方面的合理措施以防止针对其他国家的网络攻击，其中包括制定打击网络犯罪的法律、起诉网络攻击行为人、参与国际合作等方式。[⑥] 一国应采取审慎态度，不得允许其领土，或处于其政府控制下的领土，或网络基础设施被用于实施影响他国权力行使或对他国产生严重不利后果的网络行动。有学者指出履行审慎义务包括以下步骤：制定严厉的刑事法律，打击在本国境内进行的国际网络攻击行为；对网络攻击进行有意义的详尽调查；起诉参与网络袭击的人；配合受害国

---

① Ralph Bodle, Climate Law and Geo-engineering, in Climate Change and the Law, Ius Gentium: Comparative Perspectives on Law and Justice 447, 457 - 458 (Erkki Hollo et al. eds., 2012).

② Scott J. Shackelford, the Law of Cyber Peace, 18 Chicago Journal of International Law. 1, 47 (2017).

③ UN. Secretary-General, Report of the Group of Governmental Experts on Developments in the Field of Information and Telecommunications in the Context of International Security, UN General Assembly, A/70/174 (July 22, 2015), Paras. 27.

④ 2015 report, Paras. 13 (c): States should not knowingly allow their territory to be used for internationally wrongful acts using ICTs.

⑤ 2015 report, Paras. 28 (e): States must not use proxies to commit internationally wrongful acts using ICTs, and should seek to ensure that their territory is not used by non-State actors to commit such acts.

⑥ Jovan Kurbalija, State Responsibility in Digital Space, the Swiss Review of European and International Law, Vol. 26, No. 2, 2016, pp. 307 - 326.

对行为人的调查和起诉活动。① 审慎义务的灵活性足以适应新技术的发展和互联网的使用方式，其标准和机制会通过国家处理网络案件的实践不断发展。

总之，网络安全的审慎义务问题还远未得到解决，国家实践和私营部门的经验教训都可以，而且应该被认为有助于促进国际网络和平，随着国家实践的澄清，国家网络安全战略的各个方面都可能具体化为国际习惯法。② 同样，鉴于网络安全最佳实践在公法与私法之间存在广泛的交叉，私营部门为加强网络安全作出的努力是有益的，它们在很大程度上影响了国家政策的制定，例如，2014 年美国国家标准与技术研究所（the National Institute of Standards and Technology，NIST）建立的网络安全框架。③ 2015 年初，美国银行宣布使用 NIST 网络安全框架，并要求其供应商使用该框架，全球最大的电视与网络百货零售商公司 QVC（Quality 质量、Value 价值、Convenience 便利）也宣布其在风险管理中使用该网络安全框架。④

## 四、网络安全威胁防控的多中心治理模式

### （一）网络空间多中心治理模式

越来越多的领导人及学者，例如，爱沙尼亚前总统托马斯·亨德里克·伊尔韦斯（Toomas Hendrik Ilves）、互联网名称与数字地址分配机构（The Internet Corporation for Assigned Names and Number，ICANN）第六任总裁法迪·切哈德（Fadi Chehade）、诺贝尔经济学奖得主埃莉诺·奥斯特罗姆（Elinor Ostrom）教授，将多中心治理作为解决全球集体行动问题的最佳途径，如气候变化和网络攻击问题。⑤ 国家、地区和双边机构以及企业等私营部门的网络安全最佳实践均是

① Graham，David E.，Cyber Threats and the Law of War，Journal of National Security Law & Policy，Vol. 4，No. 1，2010，pp. 87 – 102.

② Jean-Marie Henckaerts and Louise Doswald-Beck，Assessment of Customary International Law，Customary International Humanitarian Law，International Committee of the Red Cross，Cambridge University Press（2005）.

③ The National Institute of Standards and Technology，Update on the Cybersecurity Framework，https：//www. nist. gov/cyberframework.

④ The White House Office of the Press Secretary，Fact Sheet：White House Summit on Cybersecurity and Consumer Protection，https：//obamawhitehouse. archives. gov/the-press-office/2015/02/13/fact-sheet-white-house-summit-cybersecurity-and-consumer-protection.

⑤ Nancy Scola，ICANN Chief "The Whole World is Watching" the U. S.'s Net Neutrality Debate，WASH. POST（Oct. 7，2014），https：//www. washingtonpost. com/news/the-switch/wp/2014/10/07/internet-operations-chief-snowden-disclosures-make-my-job-easier/.

全球网络安全多中心治理模式的组成部分。[①] 这种由埃莉诺·奥斯特罗姆教授和文森特·奥斯特罗姆（Vincent A. Ostrom）教授等学者倡导的多层次、多目的、多功能、多部门的模式挑战了传统理念，具有“多尺度”的网络规则，[②] 在某些情况下可以与公共管理共存，其优势可以从自组织（Self Organization）的互联网工程任务组（负责互联网治理通信方面的机构）的成功中看到。[③] 该领域学者认为，由于多极世界中存在搭便车者，单一政府部门往往无法管理全球集体行动问题，如应对网络攻击。[④] 而在多中心模式之下，多个层面工作的不同组织可以制定出不同类型的政策，从而提高合作和合规水平，增强“应对问题的灵活性和随时间变化的适应性”。[⑤] 换言之，这种方法既认识到公共和私营部门利益攸关方共同且有区别的责任，也认识到最佳实践有可能被加以确定和统一传播，产生积极的网络效应，最终朝着积极的网络和平方向发展。[⑥]

联合国专门从事信息和通信技术的机构，国际电信联盟（The International Telecommunication Union，ITU），率先在这一领域开展了一些早期工作，将“网络和平”部分定义为建立在“宁静、有序、无干扰、无暴力状态”基础上的“网络空间普遍秩序”。[⑦] 这是一个多层级的网络制度构建过程，需要通过明确国家和企业的规则来促进全球的、合理的、可持续的网络安全，以帮助减少网络冲突、网络犯罪、间谍活动，或应对其他对国家、商业安全带来威胁的网络风险。[⑧] 为了实现这一目标，需要一种新的网络安全方法，从公共和私营部门寻求最佳实践，以加强网络安全尽职调查。通过多中心伙伴关系，促进利益相关者的合作来加强治理机制，为网络和平奠定基础，降低网络安全风险。

---

① Michael D. McGinnis, An Introduction to IAD and the Language of the Ostrom Workshop: A Simple Guide to a Complex Framework, 39 Pol'y Stud. J. 169, 171 (2011).

② Elinor Ostrom, Poycentric Systems as One Approach for Solving Collective-Action Problems 1 (Ind. Univ. Workshop in Political Theory and Policy Analysis, Working Paper Series No. 08 - 6, Sept. 2008).

③ Katie Hafner and Matthew Lyon, Where Wizards Stay Up Late: The Origins of the Internet, Simon & Schuster (1998).

④ Elinor Ostrom, A Polycentric Approach for Coping with Climate Change 35 (World Bank, Policy Research Working Paper No. 5095, 2009).

⑤ Julia Black, Constructing and Contesting Legitimacy and Accountability in Polycentric Regulatory Regimes, 2 Regulation & Governance 137, 164 (2008).

⑥ Martha Finnemore and Kathryn Sikkink, International Norm Dynamics and Political Change, 52 INT'L ORG. 887, 895 - 98 (1998).

⑦ Dr Hamadoun I. Touré, Secretary-General of the International Telecommunication Union and the Permanent Monitoring Panel on Information Security World Federation of Scientists, The Quest For Cyber Peace, International Telecommunication Union & World Federation of Scientists (2011), p. 78.

⑧ Johan Galtung, Peace, Positive and Negative, in the Encyclopedia of Peace Psychology 1, 758, 762 (Daniel J. Christie ed., 2011).

### （二）多中心治理与单一中心模式的比较

多中心治理与单一中心模式相比，后者是一种政治体系，在这种体系中，规则执行权被置于一种单一的决策框架之中，且这一框架对强制力具有最终垄断权，而多中心治理则与法律规制相关，其核心是从法律的重要概念，权力以及多个决策中心出发。迈克尔·波兰尼（Michael Polanyi）教授为多中心治理领域的发展和进步做了大量工作，在许多方面，他的方法都是独创的，他首先认识到社会组织在科学发现过程中的重要性，而非严格遵照科学方法。他认为多中心结构对科学发现至关重要，因为寻找抽象的最终目标的过程应当是自由的，客观真理只有在没有过度干预、控制的条件下才可能出现，无论对于艺术、宗教还是法律而言，其驱动力均应是理想（包括美、真理和正义）。①

奥斯特罗姆教授从多中心治理领域的工作中吸取了一系列具体的经验，将其总结为机构分析与设计框架（Institutional Analysis and Design Framework，IADF），这是一个最佳实践的治理框架，从数十年的公共问题实地研究中收集而来，并应用于包括大气治理在内的全球公共问题。② 这与网络安全尽职调查存在相似之处，包括需要进行有效的成本效益分析；进行供应链监控，以发现硬件和软件漏洞；制订管理战略，且在采用经验证的最佳实践的同时仍应保持足够的创新空间。③ 多中心结构结合了许多媒介的网络并不断调整自身的行为以适应外界的决定，而单一中心模式是由中心化的指挥和控制机构所组织的自上而下的决策机制。在多中心体系中，国家和私营部门的做法虽不相同，却都旨在促进网络和平，公平和正义的理念可以通过逐步的试错实验得以明确。

### （三）多中心治理的规范建构意义

在全球层面上，多中心治理方法强调了对网络空间规范构建的支持，在许多论坛中已经看到了这一点，包括中美两国集团（G2）、西方七国首脑会议（G7）和二十国集团（G20）。例如，G2 制定的《网络安全行为准则》要求在网络经济间谍活动中相互约束，尤其是在商业机密窃取方面。④ 同样，G7 在 2016 年继续推进网络安全工作，具体包括主张“任何国家都不应实施或故意支持利用信息

---

① Paul D. Aligica and Vlad Tarko, Polycentricity: From Polanyi to Ostrom, and Beyond, Governance: An International Journal of Policy, Administration and Institutions, Vol. 25, No. 2, 2012, pp. 237 - 262.

② Elinor Ostrom, Polycentric Systems: Multilevel Governance Involving a Diversity of Organizations, In Global Environmental Commons: Analytical and Political Challenges in Building Governance Mechanisms, Oxford University Press ( E. Brousseau et al. , eds. , 2012), pp. 105 – 117.

③ Gregory J. Touhill and Joseph C. Touhill, Cybersecurity for Executives: A Practical Guide 31 (2014).

④ Scott J. Shackelford, the Law of Cyber Peace, 18 Chicago Journal of International Law. 1, 47 (2017).

及通信技术来盗取知识产权"，所有 G7 成员国都应努力"保护互联网的全球性"，包括信息自由流动，对"全球网络共享"的网络空间概念达成共识。[①] 2015 年的 G20 是推动互联网发展最为活跃的论坛，尤其是在促进网络和平发展方面，例如其 2015 年公报中声明：包括《联合国宪章》在内的国际法适用于国家在网络空间的行为；任何国家都不应实施或支持基于网络的知识产权盗取行为。[②] 美国提出三个和平时期的准则，这些准则已被接受并纳入 2015 年联合国政府专家组会议报告，其中包括保护关键基础设施、确保计算机安全事件响应小组的工作以及进行网络犯罪调查合作。事实证明，这些论坛对于小范围的规范建构而言是无价的，能够促进国家实践具体化。

多中心治理模式类似于联合国工商业与人权秘书长特别代表、哈佛大学肯尼迪政府学院人权与国际事务约翰·杰拉德·鲁格（John Gerard Ruggie）教授在其所著的《正义商业：跨国企业的全球化经营与人权》之中提出的框架方法，该方法鼓励更多利益相关者的参与，而不是采用自上而下的方法来推进商业活动中的人权。[③] 该方法还可以帮助企业建立规范，引导企业和政府共同努力，网络安全最佳实践能够被内化，形成规范效应，并最终在国内法和国际法层面被遵循。国际公法和国际私法都为和平时期应对网络威胁提供了法律框架，公共部门和私营部门正在率先建立网络安全尽职调查和网络风险保险体系，这些系统有助于减轻不同组织规模的网络风险活动，最终各国需要"在简单与复杂之间找到适当的平衡"，以更好地利用多中心治理的力量来促进网络和平。[④]

---

① Scott J. Shackelford, the Law of Cyber Peace, 18 Chicago Journal of International Law. 1, 47 (2017).

② G20 Leaders' Communiqué Antalya Summit (Nov. 15 - 16, 2015), https: //www. consilium. europa. eu/media/23729/g20 - antalya-leaders-summit-communique. pdf.

③ John G. Ruggie, Just Business: Multinational Corporations and Human Rights 78 (2013).

④ Michael D. McGinnis and Elinor Ostrom: Politics as Problem-Solving in Polycentic Settings, in Elinor Ostrom and the Bloomington School of Political Economy 281, 285 (Daniel H. Cole & Michael D. McGinnis eds., 2014).

# 网络直播犯罪之治理

## ——以犯罪学基本理论为视角

郭泽强　谢昊轩*

**摘　要：** 网络直播产业蓬勃发展而直播违法犯罪屡见不鲜已成为当下的突出态势。以犯罪学社会失范理论与标签理论等为视角分析发现，网络直播犯罪的原因在于：平台"泛娱乐"标签化、平台布局存在诱罪因素、网络直播缺乏有效监管以及网络直播的商业化本质。对此，可以通过平台去标签化、布局科学化、监管地位和监管权力的精确化、价值目标高端化等手段进行治理。此外，结合当前网络用户低龄化趋势，网络直播犯罪治理要更多关照未成年人的网络保护。

**关键词：** 网络直播犯罪；社会失范理论；标签理论；犯罪原因；治理

## 一、问题的提出

近年来，斗鱼、虎牙、火猫等网络直播平台迅速崛起，在丰富广大网民的网络生活的同时，也在一定程度上辐射了游戏、旅游、餐饮等行业，促进了社会的经济发展。据统计，截至 2018 年年底，我国网络直播用户规模达 3.97 亿，用户使用率为 47.9%。[①] 同时，中娱智库 2018 年发布的《2017 中国网络表演（直播）发展报告》显示，2017 年我国网络表演（直播）市场整体营收规模达到 304.5 亿元，比 2016 年的 218.5 亿元增长 39%。但是，目前直播平台野蛮生长而直播乱象频出已是不争的事实。例如，某平台主播在直播中侮辱国歌被行拘，另一主播在直播中进行色情表演成立制作、传播淫秽物品牟利罪被判处 4 年有期徒刑，2018 年 7 月，浙江松阳警方捣毁 4 个涉黄涉赌直播平台。由此可见，在目前的网络直播中，违法犯罪现象并不少见，而且犯罪主体既有平台主播，也包括平台自身。因此，为规范网络直播行为，净化网络环境，促进我国网络直播行业

---

* 郭泽强，中南财经政法大学刑事司法学院教授。谢昊轩，中南财经政法大学法治发展与司法改革研究中心研究人员。

① 参见"第 43 次中国互联网络发展状况统计报告"，http://www.cnnic.net.cn/hlwfzyj/hlwxzbg/hlwtjbg/201902/t20190228_70645.htm，最后访问日期：2019 年 9 月 20 日。

的健康发展，需要对网络直播犯罪进行有效防控与治理。

问题在于，防控与治理犯罪重点在于国家政策、法规的投放与施行，而若要使相关政策、法规落地有效，相关部门与社会公众的紧密配合固然重要，但更为关键的在于相关政策、法规必须能够切中网络直播犯罪防控的要害，在正确认识与分析网络直播犯罪成因的基础上科学立法，才能做到“药到病除”。申言之，目前网络直播犯罪防控所面临的问题在于如何正确认识网络直播犯罪的形成原因，并在此基础上寻求有效的防控措施。

## 二、网络直播所涉犯罪原因之考察

目前，很多对于网络直播犯罪原因的研究是通过分析监管部门、直播平台、主播及观众等利益相关方进行的。最终得出的结论是：网络直播犯罪的原因在于“网络直播准入门槛低，主播素质良莠不齐”“观众不良的使用心理催化相关犯罪”[①]“网络直播平台盈利模式的推动”“监管部门监管缺位”[②] 等。以上结论更多的是在描述一种现象，并未深入剖析各种因素导致犯罪的运行机理。因此，利用相关犯罪学理论，能够一定程度地模拟网络直播犯罪现象的产生，并分析犯罪原因。

### （一）网络直播的商业化本质

“平台作为市场的参与者，与其他市场主体一样，首先是一家企业。根据经济学的定义，企业就是以营利为目的，运用各种生产要素，向市场提供商品或服务，实行自主经营、自负盈亏、独立核算的法人”。[③] 在平台经济下，“网络直播平台的获利模式主要表现为：平台专用摄像头自产自销、广告付费投放、观众打赏平台分成和其他有些平台转播版权收费。而主播收入主要来自平台或工会发放的底薪和打赏分成”。[④] 直播平台的企业本质与平台和主播的获利模式反映出当下网络直播行业的主要价值目标，即赚取利润。在这一价值目标的指引下，直播平台和主播会通过各种可能的手段来使自己获得财富。但是，毕竟一定时期内的直播市场规模是相对稳定的。这意味着在每家直播平台或者每个主播都在尽力争取市场份额的过程中，必然有部分平台和主播由于存在劣势因素而难以实现盈利

---

① 参见隗辉、严语、白玉洁：“网络直播泛娱乐化乱象解读与有序治理”，载《湖北社会科学》2018 年第 2 期。

② 参见梁国鹏：“网络直播治安监管浅析”，载《净月学刊》2018 年第 2 期。

③ 中国信息通信研究院：“互联网平台治理研究报告（2019）”，http://www.caict.ac.cn/kxyj/qwfb/bps/201903/t20190301_195339.htm，最后访问日期：2019 年 9 月 20 日。

④ Jhony Choon Yeong Ng、于畅、谭清美：“网络直播运作模式和参与者动机研究”，载《西部学刊》2018 年第 6 期。

目标。这时，一些处于劣势的直播平台和主播为了获得收入，就会实施犯罪行为，这种现象就体现为犯罪学中的“社会失范”。

美国社会学家默顿提出的“社会失范理论”的基本内容是：在社会中，成员达到社会共同价值目标的机会（合法手段）因地位和阶层的不同而有差别。当下层成员难以通过公平竞争（合法手段）实现价值目标时，他们就会产生一种紧张情绪，并且该情绪可能会促使他们通过非法甚至犯罪手段以实现价值目标。① 对于网络直播而言，由于其行业范围已经形成了“盈利”的价值目标，所以很多平台和主播试图通过各种手段“赚钱”，而不考虑该手段是否为规则所允许。如常见的“主播为高薪违约跳槽”“平台为抢占市场不正当竞争”等。此外，由于网络直播的技术依赖性强，一些规模较小的直播平台因为在技术上处于劣势，所以很难通过提供高技术含量的直播来获得市场。但是，为了与大平台竞争，这些平台往往会利用含有色情、暴力等元素的直播吸引观众，并以此攫取利益。可见，网络直播平台的商业本质引发的以“盈利”为核心的一元化价值目标与其盈利模式之间的矛盾，成为网络直播犯罪的一个重要原因。

### （二）平台的“泛娱乐”标签化

所谓泛娱乐化，尼尔·波兹曼对其有精辟的描述：“一切公众话语都日渐以娱乐的方式出现，并成为一种文化精神。我们的政治、宗教、新闻、体育、教育和商业都心甘情愿地成为娱乐的附庸，毫无怨言，甚至无声无息，其结果是我们成了一个娱乐至死的物种。”② 在泛娱乐化的背景下，人们的社会活动方式逐渐丧失理性，癫狂的嬉笑怒骂成为常态，社会目的也从财富创造转向娱乐至上。“最终，原本的社会价值瓦解，价值功利化、价值碎片化、真实幻象化引发众多道德失范、违法犯罪现象”③。当前，网络直播正平台是资本与技术结合下泛娱乐化最为严重的互联网场域。网络直播平台设计各类娱乐版块吸引用户下载使用其平台软件。主播则通过丰富的娱乐表演获取关注度。无论是平台还是主播，他们都在尽力地将自己的娱乐属性发挥到极致。例如，有的直播平台将自己明确定位为“泛娱乐直播平台”并大力宣传。有的主播将直播间名称改为“娱乐直播间”。久而久之，直播平台和主播就被贴上了泛娱乐的标签。而这种标签则成为一些犯罪的部分原生力。

在犯罪学的标签理论中，“犯罪和各种违法行为都是社会创造的，是在社会

---

① 参见张远煌、吴宗宪主编：《犯罪学通论》，北京师范大学出版社 2017 年版，第 115－118 页。

② ［美］尼尔·波兹曼：《娱乐至死》，章艳译，中信出版社 2015 年版，第 4 页。

③ 邢国忠：“泛娱乐主义对青年价值观的影响研究”，载《中国特色社会主义研究》2018 年第 6 期。

的相互作用过程中被社会自身创制和规定的"[①]。根据标签理论，"'标签'是犯罪最为重要的元素，'贴标签'的行为是犯罪发生的肇始"[②]。因此，它所描述的犯罪机制应当是：贴标签——行为人对标签的认同——犯罪。虽然标签理论经常被用于解释犯罪人再次犯罪的原因，但是该理论的逻辑体系依然可以涵盖首次犯罪。以网络直播平台犯罪为例，首先，在"贴标签"阶段，直播平台和主播的标签一方面来自社会及其自身设定的"泛娱乐"标签，另一方面来自司法活动给其贴上的涉黄、涉赌、涉暴等犯罪标签。在"泛娱乐"标签下，直播平台和主播瞄准自身定位，为了娱乐观众可能无所不用其极，甚至不惜违法犯罪。因此，平台及主播的"泛娱乐"标签可能成为他们初次犯罪的起点。其次，在"行为人对标签的认同"阶段，对于"泛娱乐"标签，平台及主播甚至自己给自己贴上此标签，可见对此标签的认同感极高。对于犯罪标签，则不同于"泛娱乐"标签。由于一旦被贴上犯罪标签则可能影响收入甚至被迫退出直播行业，因此，多数平台和主播并不认同此标签。这也可以说明网络直播平台犯罪的再犯率不高，以及平台、主播泛娱乐化下，犯罪仅是个别现象的原因。最后，在"犯罪"阶段，一旦平台和主播被贴上并认同"泛娱乐"或者犯罪标签，那么平台和主播则大概率会实施该标签下的犯罪。正因如此，网络直播犯罪的类型多是涉黄、涉暴、涉赌等与娱乐密切相关的犯罪。

### （三）平台布局存在诱罪因素

目前，很多网络直播平台的布局为一些网络犯罪提供了条件。网络直播平台为了迎合用户的观看需求，设置了大量的娱乐版块，而且各个娱乐版块内部又根据直播内容细致划分为数个直播类型。同时，对于非娱乐直播，各直播平台或者不开设相关板块，或者开设相关板块但不再进一步划分直播类型。如斗鱼 TV，该直播平台设置了"推荐分类""网游竞技""单机热游""手游休闲""娱乐天地""科技教育""语音直播"和"正能量"共八大板块。其中，"推荐分类"中主要是比较热门的娱乐板块的子分类。"网游竞技""单机热游""手游休闲""娱乐天地"等板块之下又分为数量众多的子板块。与之相比，"科技教育"和"正能量"两个板块则简单不少。"科技教育"共有 7 个子板块，而"正能量"则没有子板块，这与其他板块动辄几十个子板块相比，难免显得"简陋"。此外，在斗鱼 TV 直播平台，"推荐分类""网游竞技""娱乐天地"等娱乐板块的排序靠前，其他非娱乐板块则被放置在末端。这样的布局就使大量的主播和观众集中在娱乐板块，而其他板块的使用人数则寥寥无几。由于网络直播平台形成了

---

① 李明琪主编：《西方犯罪学概论》，中国人民公安大学出版社 2010 年版，第 228 页。

② 李明琪、杨磐："犯罪学标签理论的应然走向"，载《中国人民公安大学学报》（社会科学版）2012 年第 3 期。

一种社交的网络空间，故可以以犯罪生态学的视角分析直播平台布局与平台犯罪之间的关系。

芝加哥学派的犯罪生态学，本质上是通过生态学的视角，分析不同社会空间中的人类关系，进而研究犯罪成因的理论体系。如芝加哥学派的城市生态学理论提出："人类社会也具有共生现象，人类社区的自然变动也经历一个'侵入、统治、接替'的过程。"① 在芝加哥学派这里，基础的物理空间布局引起的社会成员间不同的相互关系是犯罪发生的重要原因。具体而言，不同的城市社区之间存在环境、资源、政策等方面的区别，基于这些区别，不同社区的居民就会形成各具特色的社会关系和生活方式。如在贫民窟，因为基础设施较差，缺少政府管理，所以毒品犯罪、暴力犯罪、性犯罪多发。与物理空间类似，网络空间也存在这样的"社区"差异。如前文介绍的斗鱼 TV 的平台布局。在直播平台，娱乐版块本身就有相对非娱乐板块更高的犯罪可能性，加之平台布局使大量主播和用户集中在娱乐板块，这就进一步提高了网络直播犯罪的概率。此外，平台设置众多娱乐板块等于容纳了更多的娱乐主播。在用户人数不变的情况下，这意味着娱乐板块的观众资源相对减少。这时，主播之间的竞争则更加激烈。一些主播为了迎合观众的低俗趣味，便在直播中加入色情、暴力等元素。这些实施越轨行为的主播能够获得更多观众，而其他主播则因关注度降低则可能效仿越轨主播或者逐渐放弃直播，最终形成了越轨直播侵入、统治、接替娱乐板块的过程。总而言之，根据犯罪生态学的观点，直播平台"娱乐板块多且集中，非娱乐板块少且分散"的布局容易引发平台犯罪。

### （四）网络直播缺乏有效监管

中国信息通信研究院发布的《互联网平台治理研究报告（2019）》指出："平台具备市场参与者与组织者的双重身份，扮演了信息壁垒打破者与重构者的双重角色。特别是那些规模很'大'的超大型平台企业，甚至已经成为具备准公共产品属性的基础设施。"可见，目前的互联网平台往往具备多种角色。同时，这也显示出当下互联网平台定位的模糊。因此，有观点指出："在现有网络平台监管模式下，网络直播平台作为私法主体行使行政法上的监管职责，在被课予第三方义务时没有获得监管权力，在平台运营阶段基于合同获得监管授权，这种混乱的定位和平台以获取流量为盈利的模式造成了网络直播平台监管机制的硬性缺陷。"②

① 李明琪主编：《西方犯罪学概论》，中国人民公安大学出版社 2010 年版，第 228 页、第 184－185 页。

② 李梦琳："论网络直播平台的监管机制——以看门人理论的新发展为视角"，载《行政法学研究》2019 年第 4 期。

当前，网络直播的监管由政府相关部门和网络直播平台承担。政府主要通过监管平台来实现对网络直播活动的间接监管。同时，政府还采取对违法直播行为科以行政处罚的方式进行事后监管。而直播平台则承担对直播活动的日常监管。如《互联网直播服务管理规定》赋予了直播平台对违法违规直播活动采取行警示、关停等措施的权力，同时也规定直播平台应当配备专业人员并健全信息审核、直播巡查、应急处理等制度。① 但是，这种“政府 + 平台”的监管机制并不能有效地防止直播平台犯罪。原因除前述平台地位不清之外，还存在两方面的原因。一方面，目前由网信办、文化和旅游部门、市场监督管理部门等众多政府部门监管直播平台，难以厘清具体职责，多头执法最终影响监管效果。另一方面，虽然法律法规赋予了平台一定的监管权力，但平台更多是根据用户协议中规定的平台权利监管主播和用户。这就导致平台监管往往力度不足且处处掣肘。

以上多种原因造成的网络直播监管不力，在犯罪学的社会控制理论中就表现为社会控制的减弱，是犯罪产生的重要原因。“社会控制理论是指用社会控制的强弱来解释犯罪行为产生原因的一组理论。这种理论认为每个人都是潜在的犯罪人，而多数人不犯罪的原因在于施加在他们身上的社会控制较强”②。对于网络直播来说，由于其具有即时性、用户流量大和泛娱乐性的特点，一旦对其监管不到位，造成对用户、主播、平台的社会控制减弱，那么这些主体犯罪的概率就会急剧上升。

## 三、网络直播犯罪的防控对策

### （一）实现网络直播平台的科学布局

前文利用犯罪生态学的理论分析了网络直播的犯罪原因，最终得出直播平台“娱乐板块多且集中，非娱乐板块少且分散”的布局容易引发犯罪的结论。那么为了治理直播犯罪，从犯罪生态学的观点来看，可以通过改变平台布局的方式来降低犯罪发生的概率。仍以斗鱼 TV 直播平台为例，首先，斗鱼 TV 数量众多的娱乐板块吸引了大批主播和观众，造成了平台“娱乐人口”基数大的现状。同时，这些娱乐版块的直播时间往往比较集中。根据中国互联网络信息中心发布的《第 43 次中国互联网络发展状况统计报告》显示：网络直播类 APP 在 12 点、20

---

① 《互联网直播服务管理规定》第 7 条规定，互联网直播服务提供者应当落实主体责任，配备与服务规模相适应的专业人员，健全信息审核、信息安全管理、值班巡查、应急处置、技术保障等制度。提供互联网新闻信息直播服务的，应当设立总编辑。第 14 条规定，互联网直播服务提供者应当对违反法律法规和服务协议的互联网直播服务使用者，视情采取警示、暂停发布、关闭账号等处置措施，及时消除违法违规直播信息内容，保存记录并向有关主管部门报告。

② 参见张旭、单勇：《犯罪学基本理论研究》，高等教育出版社 2010 年版，第 98－99 页。

点、23点分别出现3次使用小高峰，其中在20点至23点这一时段，网络直播类APP的使用率明显高于其他类APP。巨大的“娱乐人口”基数与集中的高度使用率造成平台监管捉襟见肘。对此，网络直播平台一方面可以相应地减少热度较低的娱乐版块。如对于“网游竞技”板块来说，一般是最近比较火的网络游戏直播热度较高，而一些过时的网络游戏直播则少有人问津。因此，直播平台可以取消那些关注度较低的游戏直播，或者将类似直播归纳在另设的“其他网游”中。另一方面，平台可以安排主播进行错峰直播，合理分配直播观众流量，减轻动态监管的压力。

其次，直播平台的非娱乐板块较少，而且相对娱乐版块而言比较难找到直播内容。对此，直播平台一方面可以多设置一些非娱乐板块。虽然非娱乐主播人数较少，但是平台可以先扩大非娱乐板块“筑巢引鸟”。在增设非娱乐板块的同时，平台可以通过与网络上一些比较知名的具有正能量的自媒体人进行合作，邀请他们定期或者长期在平台进行直播。另一方面，直播平台可以在其“推荐分类”中加入非娱乐板块的直播，或者将非娱乐板块放置在平台较为显眼的位置，提高非娱乐板块的使用度。

### （二）明确网络直播平台的监管地位和监管权力

虽然“网络已全面介入社会生活。但世俗化的网络却尚未有与之匹配的安全保障机制”。[①] 这种安全保障机制的缺乏就导致了网络直播的社会控制力减弱，并引发了众多犯罪。对于网络直播而言，完善安全保障机制就意味着明确相关监管主体并赋予主体相应的监管权力。

首先，明确监管主体。目前，政府无疑是最具权威的网络直播监管主体。政府通过设立相关部门、颁布行政法规、处罚违法人员和企业单位的方式主导着整个网络直播的监管。但是政府监管是一种运动式、事后性的监管模式。这种模式对于瞬息万变的网络空间而言是不适应的。此时就应该由网络平台承担常态化的监管职责。实际上，目前的网络直播平台通过行政授权和契约授权已经成为网络直播的准监管人。这种准监管人的角色就像一个家庭中的“兄长”。在作为“家长”的政府之外，直播平台以“兄长”的身份对其“兄弟”（主播、观众等）进行监管。平台成为政府与主播、观众之间的桥梁。当平台监管尺度较严时，主播和观众受到的社会控制就强，反之则弱。可见，“在‘互联网+’时代，平台正逐步成为整个社会生产生活的组织者、协调者与管理者，且在网络空间中拥有

① 岳平：“世俗化网络社会安全的现实风险及治理——论当前个体被害聚集性现象的生成”，载黄河、高扬捷主编：《现代犯罪与社会治理：中国犯罪学学会年会论文集》（2018年），中国检察出版社2018年版，第465页。

特定的管理权（权力），这正是平台的身份定位。”①

其次，赋予监管权力。虽然网络直播平台根据相关法规和合同规定具有了一定的监管权力。但是现有的监管权力并不足以支持平台对整个直播过程进行有效监管。例如，对于运行阶段主播及观众个人信息的摘取、审核就缺乏依据。因此，未来可以通过更多的行政授权使直播平台有更充足的监管权。毕竟很多超大型网络平台已经具备了准基础资源的属性。

（三）弱化直播平台的“泛娱乐”与“犯罪”标签

在“标签理论”看来，任何针对犯罪的社会反应，都会在不同程度上起到对犯罪的反作用。因此，对于犯罪的治理，就需要在保证犯罪得到惩治的基础上，将对犯罪的社会反应降到尽可能低的程度。“标签理论”的这种建议实际上是对犯罪的一种去标签化。这种思路对于标签化严重的网络直播平台而言，可以在网络直播平台犯罪治理中进行借鉴。

具体而言，由于网络直播平台及其主播的“泛娱乐化”和“犯罪”标签是形成网络平台犯罪的重要原因。故治理网络平台犯罪的关键就在于对平台、主播的去标签化。

首先，对于“泛娱乐”标签的去标签化。直播平台和主播的“泛娱乐”标签主要来自各类社会媒体及其自身，目的在于借助“泛娱乐”标签获取更大利益。同时，“泛娱乐”并不仅是一个词语，而是目前客观存在的社会现象。基于以上两点，直接生硬地取缔“泛娱乐”标签一方面难度较大，另一方面也不尊重客观事实。因此，以一个具有中性色彩的标签替代“泛娱乐”标签是一个可行的选择。考虑到网络直播平台的技术属性及其互联网信息交互的功能，可以以“信息交互”平台替代原本的“泛娱乐”平台。这既不会损害网络直播平台和主播的利益，也不会违背客观事实，更不会诱导犯罪。据此，媒体和直播平台在报道和宣传中要尽量使用“信息交互”平台，放弃“泛娱乐”平台的叫法。

其次，平台和主播的“犯罪”标签是通过立法和司法活动获得的。因此，平台和主播“犯罪”标签的去标签化主要从立法和司法两个方面开展。在立法方面，面对日益频发的网络违法犯罪，立法活动要保持足够的理性。尤其是刑事立法，更要谨慎权衡针对网络直播平台犯罪刑事立法的成本与收益，坚守刑法的谦抑性和人权保障功能。因为，立法的功能“并不在于创造或生产法律，而在于从规范中选择有拘束力的法律以及给予作为有约束力的法律规范以象征的尊严”。② 因此，在目前网络直播平台犯罪并未给现有刑法体系带来颠覆性冲击，

---

① 姜瀛：“‘以网管网’背景下网络平台的刑法境遇”，载《国家检察官学院学报》2017 年第 5 期。

② 转引自王玉薇：“网络犯罪治理：从层级模式到功能分化”，载《河北法学》2018 年第 4 期。

依然可以根据现有刑法规范对直播平台犯罪进行惩治的情况下，应当审慎立法。在司法方面，司法机关不能受网络直播“泛娱乐”标签的影响，要根据案件事实准确定罪量刑，避免“一见到主播犯罪，立刻想到传播淫秽物品，立刻想到寻衅滋事，立刻想到开设赌场”的主观入罪。

### （四）推动网络直播价值目标高端化

在“社会失范理论”中，默顿构建的“价值目标——合法手段”的理论体系说明目标与手段之间的矛盾是犯罪产生的重要原因。因此，消灭犯罪产生的原因可以从“目标”与“手段”两个方面进行。但是，在市场经济条件下，网络直播平台作为企业具有盈利的本质属性，这种属性决定了其经营模式必须符合市场规律。就目前而言，网络直播平台的成功证明其经营模式是符合市场规律的。可见，通过改变直播平台的经营模式，在“手段”方面进行治理是行不通的。因此，根据“社会失范理论”，网络直播平台犯罪的治理可以通过改变网络直播价值目标来实现。

具体而言，改变网络直播的价值目标主价值目标的高端化。虽然目前网络直播以“盈利”为主要价值目标，但是网络直播属于文化产业，其目标体系也应当包含一定的文化目标。习近平总书记在中央文艺工作座谈会上指出：“文艺创作中低俗不是通俗，欲望不代表希望，单纯感官娱乐不等于精神快乐。”这就说明当下的文化应当具有高雅的本性，应当引导人积极向上。因此，治理网络直播平台犯罪，可以给网络直播设定更高的文化目标，推动网络直播内容提质升级。这一方面不会影响直播平台的创收，另一方面能够引导主播和观众培养高级趣味，摆脱低级趣味，最终实现网络直播的健康可持续发展。

### （五）完善网络直播中的未成年人保护

共青团中央维护青少年权益部与中国互联网信息中心联合发布的《2018 年全国未成年人互联网使用情况研究报告》指出：我国未成年人网民规模为 1.69 亿，其中曾遭受网络暴力的达到 15.6%，遭遇违法不良信息的达到 30.3%。可见，网络的普及在扩大未成年人网民规模的同时却也提高了未成年人遭受网络违法犯罪侵害的概率。面对严峻的针对未成年人的违法犯罪形势，有观点曾指出：虽然我国自 1994 年以来相继出台了 50 余部与未成年人网络保护有关的法律法规和司法解释等法律文件，但仍然缺少保护未成年人网络权益的专门法律。[①]

诚然，未成年人网络法律保护在立法方面存在不足。但也正是针对这一法制短板，国家互联网信息办公室发布的《儿童个人信息网络保护规定》现已实施，

---

① 参见杜智涛、刘琼、俞点：“未成年人网络保护的规制体系：全球视野与国际比较”，载《青年探索》2019 年第 4 期。

强调未成年人网络保护的未成年人保护法修订草案也将于近期提请全国人民代表大会常务委员会审议。全国未成年人保护法修订草案专门增设的“网络保护”一章，对未成年人网络沉迷防治作出了一系列规定，包括培养和提高网络素养，对企业责任、网络沉迷防治制度，以及关于网络游戏管控制度等的规定，要求进一步细化规定预防和矫治未成年人“网瘾”。另外，笔者所参与起草的《武汉市未成年人保护条例》第48条明文规定，网络服务提供者应当加强对网络信息的监管，发现未成年人接触网络不良信息或者接到相关投诉经查证属实的，应当立即停止信息传播、保存相关证据、删除不良内容并上报网信、文化、公安等部门。视频直播网站聘请未成年人担任主播或者为未成年人提供主播注册通道，应当征得未成年人的父母或者其他监护人的同意。在这方面，直播平台斗鱼公司已有一些实践探索。在注册环节，斗鱼使用第三方人脸实名认证系统，如发现注册者是未成年人将不予通过。未成年人如需直播，需其监护人手持身份证、授权书拍照上传，审核通过后方可；直播环节，审核人员会在开播时查看直播主体及内容，避免出现未成年人未经授权直播。严查直播内容，一旦违规将依规处理。当然，该规定的关键在于在技术方面如何落实。然而，技术方面的制约，最终使得斗鱼平台主动关停了包括XDD在内的未成年主播的直播间。

就此，可见立法对未成年人网络权益保护的努力。而在行业内部，一些网络直播平台也开始探索针对未成年人用户的新型服务模式。例如，虎牙直播在其直播服务中增加了青少年模式。该模式将在使用时间、使用功能、观看内容、监护密码设置等方面对青少年的网络权益进行保护。但是，直播平台针对青少年用户设置的以上使用限制能否真正起到保护作用仍存在疑问。原因在于两点：其一，当前非实名制、非注册制的网络直播使用方式以无门槛的形式接纳了各个年龄层的用户群体。这种网络直播服务方式给未成年人通过直播接触不良信息，遭受违法犯罪侵害创造了机会。其二，手机等移动网络终端的普及导致特定限制名存实亡。例如，平台虽然可以通过IP限制未成年用户在特定设备上的使用时长，但是未成年人仍可以通过更换设备继续获取直播服务。笔者认为，包括虎牙直播平台在内的网络直播平台现有的对策是在未成年人网络保护尚未形成完整体系情况下的无奈之举。而要真正实现强有力的未成年人网络保护，就应加快专门立法、构建起协同治理模式、引导行业自律以及发挥好家庭与学校的作用。只有形成以国家立法为指引，以行业平台为纽带，以校园、家庭为关键节点的未成年人网络保护体系，才能真正将未成年人网络保护落到实处。